누가 창의력을 죽이는가

누_____가
창 의 력 을
죽 이 는 가

켄 로빈슨·루 애로니카 지음 | 최윤영 옮김

21세기북스

사랑하는 제임스와 케이트에게

감사의 글

고대 중국 과거시험에서는 '당신은 무엇을 알고 있는가?'라는 단한 문제가 출제되었다고 한다. 그래서 가장 긴 답안을 쓴 응시자가 합격했다고 전해진다. 부모를 위한 자녀교육서를 쓰기로 마음먹었을 때 나 역시 비슷한 문제를 받아 든 기분이었다. 교육이라는 영역이 워낙 광범위하고 학생이나 부모의 유형도 저마다 다르기 때문에 어떤 내용을 다루어야 할지, 내가 알고 있는 것을 어떻게 정리해야 할지 한동안 막막하기만 했다. 그래서 개인적으로 가장 중요하다고 생각하는 분야에 집중하고, 교육문제에서는 지극히 개인적인 가치가 중시됨을 인정하기로 했다. 이 책에 등장하는 대부분의 내용은 실제로 진행된 연구와 전문적인 경험을 바탕으로 하고 있으나, 최대한 객관화하여 작성된 것임을 밝혀둔다. 또일부 내용은 나의 개인적인 견해에 따른 것임을 일러둔다. 객관적내용과 주관적 내용은 분명히 구분하여 표기했으며, 두 내용 모두중요한 이유에 대해서도 밝혔다.

　교육은 매우 광범위한 분야이기 때문에 그 누구도 모든 내용을 알 수는 없다. 그래서 내가 찾고 있는 내용에 대해 정확하게 조언해주신 분들, 길잡이 역할을 해주신 분들, 잘못된 방향으로 가고 있을 때 제대로 된 방향을 알려주신 모든 분께 감사의 마음을 전한다. 늘 그렇듯 모든 분을 한 명 한 명 언급할 수는 없다. 하지만 특정 주제에 대한 전문적인 조언을 해주신 분들께는 특별히 감사를 전하고 싶다. 릴리 에스켈센 가르시아, 로라 그로스, 밥 모리슨, 앤디 하그리브스, 데이비드 프라이스, 피터 감웰, 해들리 퍼거슨, 리처드 거버, 파시 살베리, 케이트 로빈슨, 앤서니 던, 제리 민츠, 엘리엇 와셔, 제임스 로빈슨, 신시아 캠포이-브로피, 미첼 바스, 미셸 킨더, 헤더 브라이언트에게 고마움을 전한다.

　이 책을 함께 쓴 루 아로니카에게도 특별한 감사를 전하고 싶다. 루의 초기 연구내용과 인터뷰, 사례 연구는 이 책의 토대가 되었다. 또한 저작권 업무를 맡아준 피터 밀러의 헌신과 열정에도 깊은 감사를 표하고 싶다. 책의 집필에만 집중할 수 있도록 스케줄 관리를 도맡아준 조디 로즈 역시 이 책의 일등 공신이다. 그리고 무엇보다 출판사 펭귄 랜덤 하우스와 더불어 전문 편집인 캐서린 코트, 캐서린의 훌륭한 조력자 빅토리아 사반의 헌신과 노력이 없었더라면 이 책은 세상에 빛을 보지 못했을 것이다. 진심으로 깊은 감사를 전하고 싶다. 그리고 누구보다 나를 믿고 지지해주는 나의 아내이자 평생의 연구 파트너 테리에게도 감사의 인사를 전한다.

차례 ....

제1장

교육 방향을 잡아라

You, Your Child, and School

당신의 자녀는 지금 학교에 다니는가? 그럼 이 책은 여러분을 위한 것이다. 내가 이 책을 쓰는 이유는 아이들이 좀 더 생산적이고 만족스러운 삶을 누리도록 자녀를 교육하는 데 실질적인 도움을 제공하기 위해서다. 나는 평생을 교육계에 몸담아오면서 학부모와 학교에 관해 수많은 이야기를 나누었다. 나 역시 자녀를 둔 부모이기에, 자녀를 키우는 데 기쁨만큼 많은 어려움이 따른다는 것을 잘 안다. 그런데 아이가 학교에 들어가고 나면 부모의 역할은 한층 더 복잡해진다. 사실 그전까지는 신체 발달이나 안정된 생활에 주의를 기울이는 것으로 부모의 역할은 충분하다. 그러나 학교에 입학하는 순간, 부모는 아이들이 생활하는 대부분의 시간을 다른 누군가에게 맡겨야 한다. 더구나 이 시기에는 아이들이 성격형성을 비롯한 전체적인 발달에 매우 중요한 영향을 받는다.

입학 첫날, 학교에 가는 아이를 보면서 그야말로 만감이 교차한다. 재밌게 공부하면서 친구와 잘 지내고 학교생활을 즐겁게 하길 바라는 한편으로 두려운 생각도 밀려든다. 학교생활은 이전과는 전혀 다른 관계의 시작이기 때문이다. 아이가 선생님에게 어떤 식으로 반응할까? 학교에서 내 아이의 특별한 점을 알아봐줄까? 친구들과 다른 학부모들은 어떤 사람일까? 새로운 관계에서 오는 문제를 잘 극복할 수 있을까? 아이를 처음 학교에 보내며 이런저런 생각이 드는 건 당연한 일이고 지극히 정상이다. 지금까지와는 전혀 다른 생활이 시작되기 때문이다.

영국에서 교사 생활을 하는 엠마 로빈슨Emma Robinson(나와는 관계가 없는 인물이다)은 엄마이기도 하기에 입학 첫날 아이를 학교에 보내는 부모의 마음이 어떤지 아주 잘 안다. 엠마는 그런 자신의 감정을 〈선생님께Dear Teacher〉라는 제목의 시로 표현했고, 이후 수많은 학부모에게 널리 읽혔다. 다음은 시의 일부를 발췌한 것이다.

눈코 뜰 새 없이 바쁘시죠? 저도 잘 압니다.
입학 첫날엔 정신이 하나도 없으니까요.
교실을 가득 메운 고사리손의 작은 녀석들.
그런데 오늘은 그중에 제 아이도 있네요.

선생님, 충분히 잘 돌봐주시리라 믿습니다.
경험도 많으실 테고요.
하지만 제 아들은 유난히 작고 어리답니다.
이제 갓 네 살을 지났는걸요.

오늘 아침, 교복을 입고 나서는데

꽤 크고 듬직해 보이더군요.
하지만 막상 학교에 와보니
녀석이 제대로 할 수 있을지 걱정이 앞섭니다.

바로 엊그제 같네요.
갓난아이를 처음 제 품에 안았을 때가 말이죠.
사랑하고 가르치고 안전하게 보호하는 것은
지금껏 제 몫이었지만,

이제 알아요. 아이의 볼에 한 번 더 입 맞춰주고
녀석이 혼자 나아갈 수 있도록 지켜봐줘야 한다는 것을요.
온전히 저만의 아들이었던 시간은 이제 돌아올 수 없겠죠?
지금까지 그랬던 것처럼요![1]

부모는 아이를 세상에 내보낼 때 걱정부터 앞선다. 특히 요즘에
는 학교 입학을 앞둔 자녀를 둔 부모의 걱정이 더욱 깊다. 많은 부
모가 학교교육을 못마땅해한다. 시험이 지나치게 많은 탓에 아이
들이 스트레스를 받을까 봐 우려하고, 커리큘럼이 매우 제한적이
라는 목소리도 높다. 미술이나 체육, 교외활동 같은 중요한 교과
과정이 대폭 축소되었기 때문이다. 부모들의 걱정은 여기서 그치
지 않는다. 내 아이가 온전한 인격체로서 대우를 받지 못하는 건
아닐지, 학교에서 아이의 호기심이나 창의성, 잠재력이 충분히 발
휘되지 못하는 것은 아닐지 우려한다. 학습 장애라는 진단을 받고

약물치료를 하는 아이가 많은 걸 보면 더욱 그렇다. 행여나 있을
지 모를 따돌림이나 집단괴롭힘에 대해서도 걱정의 끈을 놓을 수
없다. 그러다가 아이가 고등학생이 되면 해마다 오르는 대학등록
금 걱정에 더해 아이가 대학에 진학할 수 있을지, 나중에 취직은
할 수 있을지 걱정한다. 무엇보다 부모로서 해줄 수 있는 것이 거
의 없다는 데 무력감을 느낀다.

학교는 왜 즐거움이 아니라
인내의 공간이 되었나

최근 트위터와 페이스북을 통해 자녀교육에서 무엇이 가장 우려
되는지 설문조사를 진행한 적이 있다. 한 시간도 안 돼 전 세계에
서 수백 명의 학부모가 댓글을 남겼다. 그중 미국에 사는 벡이라
는 젊은 엄마는 다음과 같이 응답했다. "아이들의 장점은 발휘되
지 못하고 단점만 부각돼요. 자존감보다는 성적이 우선시되는 게
현실이죠." 또 킴미라는 엄마는 "과연 학교교육을 통해 우리 아이
들이 스스로의 잠재력을 발견하고 자신이 진정으로 원하는 직업
을 가질 수 있을까요?"라고 반문했다. 또 다른 엄마 콘치타는 "두
딸이 많이 걱정돼요. 지금의 교육체제하에서는 아이들의 역량이
마음껏 발휘될 수 없을뿐더러, 학습 과정에서 겪는 어려움과 심리
적 불안을 이겨내는 능력 또한 얻을 수 없거든요"라고 응답했다.
　한편 존은 이렇게 답했다. "학년이 올라갈수록 학습 과정을 즐

기기보다 무조건적으로 수용하는 경우가 많아요. 왜 배워야 하는지에 대한 합당한 이유도 찾지 못한 채 그저 일방적인 시스템을 좇아가는 거죠. 아이들에게는 그야말로 고역이에요. 이처럼 개개인의 특성을 고려하지 않은 획일화된 시스템 속에서 학습에 대한 호기심과 열망을 사그라지지 않도록 유지하려면 전쟁 치르듯 해야 해요." 이와 비슷한 맥락에서 카린은 다음과 같이 응답했다. "오늘날의 교육은 이미 제 기능을 하지 못해요. 아이들은 너무 많은 시험을 치르느라 심한 압박감을 느낍니다. 마치 같은 제품을 찍어내듯, 모든 아이를 같은 시스템에 몰아넣고 가르치죠. 어떻게 하면 이것을 바꿀 수 있을까요? 어떻게 하면 지금과 완전히 다른 교육제도를 만들어낼 수 있을까요?"

캐럴 역시 비슷한 대답을 내놨다. "획일화된 접근방식, 그리고 교육정책을 감독할 권리조차 없는 사람들이 만들어낸 교육제도는 우리 아이들을 점점 더 스스로 생각할 수 없는 사람, 실패에 대한 두려움을 극복할 수 없는 존재로 만들어가고 있어요." 또 다른 엄마 역시 비슷한 생각을 밝혔다. "학교가 우리 아이들을 창조적인 문제 해결자로 키워내고 있는지가 의문이에요. 시험이 다양한 사고능력을 키워주진 않기 때문이죠." 트레이시는 여러 학부모의 깊은 고민을 지적했다. "가장 우려되는 부분은 교육정책을 입안하는 사람들이 학부모의 목소리에 전혀 귀 기울이지 않는다는 점이에요. 부모의 생각은 무시되기 일쑤고, 교육현장을 전혀 모르는 사람들이 모든 의사결정을 해버리곤 하죠." 부모로서는 당연한 걱정이다. 아이를 학교에 보내는 순간, 여러분도 결코 이런 걱정에서 자유로울 수 없을 것이다.

때로 교육과정은 사회생활을 위한 준비기간으로 여겨지기도 한다. 직장을 갖거나 더 높은 교육과정의 예비단계로서 말이다. 어느 정도 타당한 부분도 있다. 그러나 어린 시절의 삶은 결코 이후의 삶을 위한 리허설이 아니다. 아이들 역시 생각과 감정을 갖고 여러 관계를 형성하며 자신만의 삶을 살아간다. 교육이 아이들의 현재 삶에 치중해야 하는 이유가 바로 여기에 있다. 아이가 훗날 어떤 사람이 되어 무엇을 하며 살아가느냐는 바로 지금 어떤 경험을 하느냐에 달려 있다. 그런데 아이가 편협한 틀 속에 갇혀 교육받을 경우 잠재된 재능이나 흥미를 발견하지 못할 수 있고, 현재의 생활을 풍요롭게 하는 것은 물론 아이의 미래에 영감을 줄 수 있는 기회마저 놓쳐버릴 수 있다.

이 책은 어떤 도움을 줄 수 있을까?

그렇다면 이 책은 여러분에게 어떤 도움을 줄 수 있을까? 나는 크게 세 가지 측면에서 도움이 되길 바란다. 첫째, 오늘날 우리 아이들에게 필요한 교육이 어떤 것인지 알아보고, 그것이 부모로서 여러분의 역할과 어떤 관련이 있는지 탐색하는 것이다. 때로 부모는 자신이 받았던 교육이 아이에게도 똑같이 필요하다고 생각한다. 물론 부모가 어떤 교육을 받았느냐에 따라 다르지만, 대체로 그 방법은 옳지 않다. 세상은 급속도로 바뀌고 있고, 교육방식도 그에 따라 빠르게 변하고 있기 때문이다. 둘째, 아이들의 교육을 뒷받침하면서 부딪치는 각종 문제를 살펴보는 것이다. 이들 중에는 공적 제도와 맞물려 있는 문제가 있는가 하면, 시대적인 특징과 관련된 문제도 있다. 셋째, 이러한 문제를 극복하며 부모로서 취할 수 있는 선택과 조치를 찾아보는 것이다. 그럼 지금부터는 몇 가지 유의사항을 전달하고자 한다.

우선, 이 책은 좋은 부모가 되기 위한 지침서가 아니다. 나는 그런 책을 낼 만한 용기도 배짱도 없다. 다만 이 책을 읽고 나면 어느 정도 위안을 얻을 수 있을 것이다. 누구나 경험할 법한 내용이기 때문이다. 스포크Benjamin Spock 박사의 책에서부터 타이거 맘(자녀를 엄격하게 훈육하는 엄마 – 옮긴이)이 쓴 책에 이르기까지 자녀 양육에 관한 책은 이미 차고 넘친다. 좋은 부모가 되려면 어떻게 해야 할까? 이에 대해 우리는 친구나 가족, 심지어 자녀에게서까지 이런저런 원치 않는 충고를 듣는다. 그런데 그것 말고도 인터넷에는 이와 관련된 블로그가 무려 400만 개가 넘고, 온라인 서점의 자녀 교육 카테고리에는 15만 권 이상의 책이 올라와 있다. 여기에 내 목소리까지 보탤 생각은 전혀 없다.

우리 부부에게는 장성한 자녀가 두 명 있고, 주변에 자녀가 있는 친척이나 친구도 많다. 그래서 이 책에 등장하는 부모들이 겪는 수많은 어려움을 나는 직접 경험하거나 목격해왔다. 나와 함께 책을 쓴 루 애로니카Lou Aronica 역시 마찬가지다. 여러 명의 자녀와 대가족을 이루어 살고 있는 애로니카는 부모가 느끼는 압박은 결코 줄어들지 않는다는 것을 잘 안다. 부모는 끊임없이 염려하며 자녀가 좋은 길로 갈 수 있도록 도움을 주고자 노력한다. 결국 부모 노릇은 평생의 숙제인 셈이다. 때로는 그 역할이 버겁게 느껴질 수도 있다. 이 책을 통해 여러분이 그런 압박에서 벗어났으면 하는 바람이다. 부모로서 우리는 모두 비슷한 고민과 생각을 하며 살아간다. 이 책에서 나는 교육 이론과 관련하여 다수의 연구와 경험으로 입증된 자녀 양육의 몇 가지 원리를 제시하고자 한다. 부모들이 실제로 겪은 수많은 시행착오 속에서 나온 충고나 제안을 통해 여러분은 결코 혼자가 아니라는 사실을 깨달을 것이다.

또한 이 책은 좋은 학교로 거듭나기 위한 가이드북이 아니다. 학교 커리큘럼이나 시스템에 관한 질문을 종종 받고 한다. 그러나 학교는 모두 다르다. 공립학교 중에도 좋은 학교와 나쁜 학교가 있고, 차터스쿨(공적 자금을 받아 교사·부모·지역 단체 등이 설립한 학교-옮긴이)이나 사립학교, 대안학교 역시 좋은 학교와 나쁜 학교로 갈린다. 중요한 것은 학교 자체의 좋고 나쁨보다 여러분과 여러분 자녀에게 맞는 학교인지를 살펴보는 것이다. 이를 위해서는 어떤 학교가 내 아이에게 좋은 학교인지를 따져볼 수 있는 정확한 눈이 필요하다. 그 점을 구체적으로 살펴볼 것이다.

나는 획일화된 해결책을 제시하지 않는다. 똑같은 아이는 결코 없으며, 여러분의 자녀 역시 마찬가지이기 때문이다. 그런데 부모의 양육방식과 우선순위는 자연히 그들 부모의 배경과 환경의 영향을 받는다. 편부모 가정에서 어렵게 자란 사람과 온전한 가정에서 부유하게 자란 사람이 선택하는 양육방식은 다를 수밖에 없다. 또 간혹 자녀의 학교를 직접 골라서 보낼 수 있는 부모도 있지만,

대부분의 부모는 그렇지 못하다. 그렇다면 그저 주어진 상황을 받아들이는 것만이 답일까? 결코 그렇지 않다. 여러분 앞에는 많은 선택지가 놓여 있다. 그것이 무엇인지는 차차 살펴보도록 하겠다.

요컨대 나는 이 책에서 좋은 교육이 갖추어야 할 요건과 자녀가 좋은 교육을 받도록 하기 위해 부모가 어떤 역할을 할 수 있는지 제시하고자 한다. 여기에는 현재의 교육 시스템이 지원할 수 있는 부분, 또 가능하다면 시스템 밖에서 지원할 수 있는 부분이 포함된다. 다음은 모든 부모가 선택할 수 있는 내용 중 일부다.

- 아이를 지역 학교에 입학시키거나 다른 학교로 전학시킬 수 있다.
- 교사와의 관계 구축을 통해, 그리고 집에서 다양한 지원을 함으로써 아이의 교육에 좀 더 적극적으로 임할 수 있다.
- 아이의 학교생활 전반에 좀 더 깊이 관여할 수 있다.
- 지역 학교 이사회를 통해 학교의 정책 결정에 영향을 끼칠 수 있다.
- 다른 부모들과 함께 학교 변화 캠페인을 전개할 수 있다.
- 다른 학교를 찾아볼 수 있다.
- 홈스쿨링이나 언스쿨링을 할 수 있다.
- 온라인 학습 프로그램을 활용할 수 있다.

자녀의 학교를 선택할 수 있는 상황이라면, 어떤 이유에서 어떤 학교를 선택해야 할까? 또 그렇지 못한 상황이라면, 학교에 어떤 점을 기대해야 하고 부족한 점은 어떻게 채워나갈 수 있을까? 이에 대한 답변은 주제별로 다르다. 각 장에서 하나씩 살펴보도록 하겠다. 첫 번째 주제는 부모의 전반적인 역할, 그리고 이 역할이 교육과 어떤 상관관계가 있는가다. 그리고 두 번째 주제는 출생부터 성인이 될 때까지의 전체적인 발달 과정이다. 이 주제들은 특히 부모와 학교가 아이에게 어떤 경험을 왜 제공해야 하는지를 알 수 있다는 점에서 매우 중요하다. 세 번째 주제는 아이의 재능·흥미·성격을 인지하는 것이 얼마나 중요한지에 관한 내용이며, 네 번째 주제는 오늘날 자녀 세대에게 필요한 교육이 부모 세대가 받았던 교육과 왜 다른지에 관해서다. 끝으로 다섯 번째 주제는, 그럼에도 여전히 교육방식이 변화하지 않은 이유, 그리고 변화를 위해 부모로서 해야 할 일에 관한 내용이다.

학습과 교육 그리고 학교

본격적으로 설명하기에 앞서, 이 책에 빈번하게 등장하는 세 단어 학습, 교육, 학교를 확실히 구분하고 넘어가도록 하자.

- 학습은 새로운 기술이나 내용을 습득하는 것을 의미한다.
- 교육은 체계적인 학습 프로그램을 의미한다.
- 학교는 학습자들로 구성된 공동체를 의미한다.

아이들은 학습을 좋아한다. 그러나 교육은 좋아하지 않을 수 있고, 때로 학교에서 큰 문제를 겪기도 한다. 이유가 무엇일까?

'학습'은 아이에게 자연스러운 과정이다. 어린아이의 학습 속도는 엄청나다. 언어를 예로 들어보자. 아이들은 의미를 알 수 없는 울음만 쏟아내다가 옹알이를 시작하고 드디어 말을 할 수 있게 된다. 이 모든 과정이 대략 24개월 내에 이루어진다. 그야말로 엄청난 성취가 아닐 수 없다. 부모를 포함해 그 누구도 아이에게 언어를 '가르쳐'주지 않는다. 사실 그 방법을 몰라서라도 가르쳐줄 수가 없다. 언어를 습득하는 과정은 매우 복잡하다. 그런데 어린아이들은 어떻게 이 복잡한 언어를 습득하는 것일까? 어린아이는 언어를 배울 수 있는 자연적인 능력을 타고나며, 그 과정을 즐긴다. 그렇다면 어떻게 학습하는 것일까? 부모와 다른 사람들의 말을 듣고 흉내를 낸다. 이에 부모는 미소와 기쁨으로 화답하고, 아이는 또 다른 말로 부모에게 기쁨을 준다. 말하자면 아이는 언어를 배우는 과정 자체를 좋아하고 또 스스로 할 수 있기 때문이다. 이후 평생에 걸쳐 다른 기술이나 지식을 배워가는 것 역시 학습하며 즐거움을 느끼기 때문이라고 볼 수 있다.

'교육'은 학습보다 좀 더 체계적인 접근방식이다. 공식적이거나 비공식적일 수 있고, 자발적으로 또는 누군가의 지도 아래 조직적으로 이루어질 수 있다. 집에서, 온라인상에서, 직장에서, 또 다른 어딘가에서 행해질 수 있다. 이에 대해 보스턴칼리지 심리학과 교수이자 『언스쿨링Free to Learn』의 저자인 피터 그레이Peter Gray는 다음과 같이 설명한다. "아이들은 스스로를 교육할 수 있는 능력을 타고난다. 대부분의 인류 역사에서 아이들은 관찰과 탐험, 질문, 놀이, 참여 등의 방법을 통해 스스로를 교육해왔다. 이러한 본능은 온갖 좋은 교육환경에 둘러싸인 오늘날의 아이들에게도 여전히 내재되어 있다."[2]

'학교'는 여러 사람이 함께 학습하기 위한 일종의 공동체다. 얼마 전 학교가 여전히 유효한 집단인가에 대한 질문을 받은 적이 있다. 나는 그렇다고 생각한다. 우리는 삶에서 배우는 대부분의 것을 다른 사람과의 관계 속에서 학습하기 때문이다. 학습은 개인적인 과정이기도 하지만 그만큼 사회적인 요소도 포함되어 있다. 그렇다면 핵심은 '어떤 종류의 학교가 아이들의 학습에 가장 도움이 되는가?' 하는 것이다. 오늘날 많은 아이들이 제도권 교육을 떠나고 있다. 학습이 싫어서가 아니다. 전통적인 학교의 틀에 박힌 체계가 오히려 학습에 방해가 되기 때문이다.

보통 정규 교육이라고 하면 초등학교 교육을 떠올리는 경우가 많다. 여러분은 '학교' 하면 어떤 그림이 연상되는가? 만약 고등학교라면 긴 복도에 일렬로 늘어선 사물함, 칠판이나 화이트보드가 정면에 놓여 있고 책상으로 가득한 교실, 무대가 딸린 커다란 홀, 체육관, 과학실, 음악실, 미술실, 운동장 등이 떠오를 것이다. 그곳에서의 어떤 광경이 연상되는가? 각기 다른 과목(어떤 과목은 다른 과목보다 중요할 수 있다), 정해진 일과, 종소리, 학년별로 줄지어 이동하는 학생들, 과목별 숙제, 방과 후 프로그램 등이 생각날 수 있다. 그렇다면 유치원이나 초등학교는 어떤가? 학교에 대한 여러분의 생각이 어떻든 간에 일단 졸업하고 나서 좀 더 관심을 갖고 보면 여러분이 어떤 집단에 속해 있었는지 단번에 이해할 수 있을 것이다. 19세기에 대중교육이 도입된 이래 학교는 전형적인 방식으로 운영되어왔다. 의례적인 부분은 당연한 것으로 여겨졌다. 오랜 시간 같은 형태를 띠고 있었기 때문이다. 물론 모든 학교가 그런 것은 아니지만, 그렇다고 모든 학교가 같은 방식일 필요도 없다. 문제는 많은 과정이 필요해서가 아니라 습관적으로 행해지고 있다는 점이다. 우리는 이 책에서 기존과 다른 방식으로 운영되는 학교의 사례를 찾아보고, 최고의 학교는 아이들이 학습 과정을 즐기며 자신의 역량을 마음껏 발휘할 수 있도록 어떤 식으로 환경을 조성하는지 살펴볼 것이다. 아이들이 교육 과정을 즐긴다는 건 아이들 자신은 물론 부모에게도 매우 중요한 문제다.

교육의 목적

미국의 경우, 대부분의 아이는 영아 때부터 시작해 약 14년을 학교에서 생활한다. 1년에 40주, 일주일에 5일, 그리고 숙제하는 시간을 포함해 하루에 약 8시간을 학교생활에 보내는 셈이다. 대학 기간을 제외해도 무려 2만 2,000시간에 달한다. 이는 작년 한 해동안 스위스 전체 운전자가 교통체증에 허비한 시간과 맞먹는다. 스위스 사람들은 대체로 참을성이 많지만, 그렇다 해도 엄청나게 긴 시간이다. 하지만 여기에는 등교 전 부모가 준비를 도와주는 시간, 아이를 바래다주고 다시 데려오는 시간, 숙제를 돌봐주는 시간, 각종 학교 행사나 모임에 참석하는 시간, 그 과정에서 교통체증에 허비하는 시간은 포함되어 있지 않다. 그렇다면 여러분은 이토록 많은 시간과 에너지를 쏟아 무엇을 얻고자 하는가? 자녀를 교육시키는 목적은 과연 무엇인가? 이를 통해 부모와 아이는 무엇을 기대하는가?

내 경험에 비추어보면 대부분의 부모는 학교교육을 통해 아이가 세상을 배우고, 자신의 재능과 흥미를 계발하며, 평범하게 사회생활을 하는 데 필요한 다양한 기술과 지식을 습득하기를 원한다. 아주 합리적인 기대치다. 우리가 자녀에게 그랬듯 우리 부모 역시 같은 기대를 품고 우리를 학교에 보냈을 것이다.

여러분이 무엇을 원하든 상관없이, 우리 아이들에게 어떤 교육이 필요하다고 생각하는가? 성적순으로 줄 세우는 지금의 교육방식이 최선이라고 생각한다면, 그것은 잘못된 판단일 가능성이 높다. 설사 여러분이 그렇게 생각하지 않더라도, 오늘날 교육정책을 만드는 사람 대부분이 지금의 방식에 동의한다. 문제는 여기에 있다. 필자는 이들의 판단이 옳지 않다고 생각한다.

시대에 따라 교육도 변화한다

오늘날의 교육에 대해서는 이전과 다른 관점에서 생각해야 하는 이유가 있다. 우리 아이들이 살아가는 지금 시대는 여러분, 그리고 여러분의 부모 세대가 성장했던 시대와 매우 다르기 때문이다. 이후 다른 장에서 좀 더 구체적으로 살펴보겠지만, 이것은 매우 중요한 점이다.

우선 가족이 변하고 있다. 오늘날 미국 아이들 중 엄마와 아빠가 결혼해서 낳은 경우, 즉 생물학적 부모와 함께 사는 경우는 전체의 60퍼센트에 불과하다. 나머지 40퍼센트는 다양한 형태의 가정에서 생활하고 있다. 편부모 가정, 조부모 가정, 동성 부모 가정, 혼합 가정(부모의 재혼 등으로 혈연이 아닌 이들이 가족 구성원으로 포함된 가정 - 옮긴이), 또는 이들 중 어느 곳에도 속하지 않은 가정 등 그 종류는 무척 다양하다. 비단 미국뿐 아니라 이 같은 추세는 다른 여러 나라의 공통적 현상이다. 그런데 혹시 '내가 부모인가?'라는 의문을 가진 사람이 있는가? 그렇다면 좀 더 명확하게 정리하고 넘어가자. 오늘날의 광범위한 사회적 변화를 고려해보면, 부모가 된다는 것은 단순히 혈연관계의 자녀가 태어나는 것 이상의 의미를 지닌다. 곧 부모로서 다양한 역할 수행이 필요하다는 것을 의미한다. 여러분은 자녀의 생물학적 부모일 수도 있고, 그렇지 않을 수도 있다. 어떤 상황이든 간에 막중한 책임감으로 보살펴야 할 아이가 있다면, 여러분은 부모라고 할 수 있다.

이 같은 가족 형태의 변화와 더불어 아이들도 변하고 있다. 아이들 중에서도 특히 여자아이가 신체적으로 성장하는 속도가 점점 빨라지고 있다. 이들은 대중문화와 소셜 미디어로부터 엄청난 사회적 압박을 받는다. 또 극심한 스트레스와 불안에 시달리는데, 그 원인은 대부분 학교에서 받는 압박감 때문이다. 더욱이 앉아 있는 시간이 많다 보니 건강은 점점 나빠진다. 실제로 소아비만의 경우 과거 30년 전에 비해 2배 이상 증가했고, 청소년 비만은 무려 4배 이상 증가했다.

직업 역시 변하고 있다. 디지털 기술의 발달로 기존의 수많은 직업은 사라지고 새로운 직업이 생겨나고 있다. 지금의 아이들이 5년 후, 10년 후, 15년 후에 어떤 직업을 갖게 될지 예측하기란 거의 불가능하다.

결국 사회 전체가 변하고 있는 셈이다. 우리 사회의 문화, 정치, 사회, 환경 등 모든 분야에서 대대적인 변화가 일어나고 있다. 따라서 우리 아이들이 자신의 길을 스스로 개척하고 나아가게 하려면, 교육정책에서 이 같은 변화의 속도를 고려해야 한다.

정부는 이 점을 충분히 이해하면서 각종 정책 및 학교의 방향을 수립하려 한다. 교육은 이제 주요한 정치적 이슈가 되었다. 여러분과 여러분의 자녀는 그 중심에 서 있다.

교육 개혁은 왜 실패하는가

지난 30여 년간, 각국 정부는 교육을 개혁하고 교육 수준을 향상시키기 위해 많은 자원을 쏟아부었다. 주된 동기는 대부분 경제적인 목적이었다. 디지털 기술의 발달로 국가 간 교역과 고용 부문에서 대대적인 변화를 겪으면서, 정책 입안자들은 높은 수준의 교육 시스템이 국가 번영 및 경쟁력 향상에 필수적이라는 사실을 깨달았다. 여기까지는 좋았다. 그러나 문제는 이들이 교육을 '개선'

하기 위해 채택한 전략이었다. 대다수 국가의 교육 시스템은 주로 네 가지 주제로 구성된다. STEM(과학Science, 기술Technology, 공학Engineering , 수학Mathematics 네 가지 과목을 의미한다 – 옮긴이), 시험과 경쟁, 학력주의, 다양성과 선택이다. 그리고 미국을 포함한 일부 국가에서는 여기에 한 가지 주제가 더 추가된다. 바로 수익성이다. 얼핏 보면 이 같은 개혁 전략은 꽤 합리적으로 보인다. 그러나 실제로는 상당한 역효과를 낳았고, 많은 아이와 그 가족에게 심각한 영향을 끼쳤다.

STEM

여러분은 부모로서 자녀가 공부를 잘해서 소질에 맞는 좋은 직업을 갖고 경제적으로 안정되게 살아가기를 바란다. 국가가 국민에게 원하는 바도 비슷하다. 하지만 정부가 여러분의 자녀 한 명 한 명을 일일이 신경 쓸 수는 없다. 정부는 국가 전체의 노동력을 생각하고 국민총생산GNP 같은 거시적인 문제를 논의한다. 정부가 STEM, 즉 과학·기술·공학·수학을 중시하는 이유도 바로 여기에 있다. 이들 네 과목이 국가의 경제성장과 경쟁력을 향상하는 데 필수적이라고 생각하기 때문이다. 오늘날의 경제는 STEM의 혁신에 좌우되기 때문에 해당 분야에서 우수한 자질을 갖추면 그만큼 좋은 직업을 가질 수 있다는 것이 정부의 논리다.

물론 STEM은 학생 입장에서나 국가의 경제적 측면에서나 매우 중요하다. 하지만 경제적 번영이 비단 과학자나 엔지니어, 수학자의 노력만으로 이루어지는 것은 아니다. 기업가, 투자자, 자선가의 활동에 좌우되기도 한다. 디자이너, 작가, 미술가, 음악가, 무용가, 연기자 등의 활동도 결코 빼놓을 수 없다. 애플Apple은 세계에서 가장 성공한 기업 중 하나다. 그러나 애플의 성공은 단지 소프트웨어 엔지니어와 암호 프로그래머의 노력만으로 이루어진 것이 아니다. 물론 이들의 역할도 중요했지만, 그 과정에는 스토리텔링·음악·영화·마케팅·판매 등 무수히 많은 영역에서 활동한 이들의 노력이 주효했다.

그러나 STEM에 대한 집착은 교과 과정에서 예술 및 인문학 과목이 축소되는 결과로 이어졌다. 이들 과목은 아이들의 균형적인 발달은 물론 지역사회와 국가경제의 활력 면에서도 매우 필수적이다. 하지만 요즘의 현상은 아이들에게 STEM 과목을 전공하지 않으면 쓸모없는 인재가 되어버린다는 잘못된 메시지를 전달한다.

지난 2011년, 파르카스 더펫 연구소FDR에서는 미국 공립학교에 재직 중인 3학년에서 12학년 담임교사 1,000명을 대상으로 설문조사를 실시했다.[3] 조사의 목적은 교사의 행동 및 학급 현황에 대해 전반적인 자료를 수집하는 것이었다. 교사들에게는 수업시간을 주로 어떻게 보내는지, 학업성취도 평가는 교사의 업무에 어떤 영향을 끼치는지, 어떤 과목에 좀 더 집중하고 어떤 과목에 좀 덜 집중하는지 등 학교 및 학급에서 실제로 일어나고 있는 일에 대해 구체적으로 설명해달라는 질문이 주어졌다. 대부분의 교사는 수학, 국어 등의 과목에 주력하고 미술, 음악, 외국어, 사회 등의 과목은 경시하게 되면서 학교 커리큘럼의 범위가 매우 좁아지고 있다고 응답했다. 학생들 역시 이 같은 변화에 영향을 받고 있었다. 교사들은 특히 초등학교에서 이러한 커리큘럼 제한 현상이 더욱 두드러지게 나타난다고 설명했다.

콰드런트 리서치Quadrant Research의 창립자이자 교육정책의 권위자인 밥 모리슨Bob Morrison은 학교교육에서 미술 과목의 중요성을 역설한다. 모리슨은 오늘날 학교교육이 지나치게 시험 중심으로 이루어진 결과 현장학습은 물론 미술 등 다양한 체험활동이 급격히 감소했다고 설명한다. 그 이유에 대해 상당수 교사는 시간이 너무 부족하다고 응답했다.[4]

대부분의 교사가 양질의 교육을 위해서는 다양한 커리큘럼이 필수적이라고 생각했다. 또 수학과 국어 과목의 학업성취도 평가가 커리큘럼 제한 현상을 부추긴다고 여겼으며, 평가방법은 교사의 수업방식이나 학교문화 자체를 완전히 바꾸어놓았다고 응답했다. 한편 다른 과목을 배제한 채 수학과 국어만 중시하는 현상은 또 다른 결과로 이어졌다고 교사들은 설명했다. 교사 중 열에 아홉은 특정 과목이 학업성취도 평가 대상으로 채택되고 나면 하루아침에 매우 중요한 과목이 된다고 밝혔다. 세 명 중 두 명은 그래서 수업에 필요한 각종 기술과 자료에 대한 재정적 지원을 받기도 쉬워진다고 응답했다.

오늘날 균형 잡힌 교육을 지지하는 이들은 STEM에 미술Arts 과목을 추가해서 STEAM으로 재정의하자고 주장한다. 아주 좋은 방법이라고 생각한다. 미술뿐만 아니라 인문학Humanities도 소홀히 해서는 안 된다. 그렇다면 SHTEAM 과목은 어떤가? 여기에 체육도 빼놓을 수 없다. 이제 무엇이 문제인지 정확히 파악했으리라. 무엇보다 중요한 것은 오늘날 교육의 문제점을 제대로 인식하고, 이 같은 제한된 과목 선택에서 벗어나는 것이다. 우리는 바로 이 점을 지속적으로 요구해야 한다.

시험과 경쟁

교육정책을 수립하는 사람들은 하나같이 교육 수준 향상의 필요성을 역설한다. 물론 이 같은 주장에 토를 다는 게 아니다. 교육 수준을 낮추자는 게 아니니까 말이다. 하지만 문제는 방법에 있다. 이들이 선택하는 방법이란 대개 선택형 객관식 문제를 내는 표준화된 시험이다. 따라서 채점 과정도, 결과를 처리하는 방법도 매우 간편하다. 교사들은 시험 결과를 종합하여 성적표와 비교표를 작성한다. 교과 과정이 주로 STEM에 집중되어 있기 때문에 시험 역시 수학이나 과학, 국어 과목을 중심으로 치러진다.

이 같은 학업성취도 평가의 본래 목적은 교육 수준 향상을 자극하는 것이었지만 오히려 학생과 교사의 사기만 떨어뜨리는 결과를 낳았다. 1980년대 미국 고등학생들은 1년에 고작 2~3회만 시험을 치렀다. 돌발퀴즈 같은 건 제외하고, 상급 학년 진학이나 고등학교 졸업, 또는 대학 진학 등에 결정적인 영향을 주는 중요한 시험 말이다. 그러나 지금은 초등학교 때부터, 심지어 유치원 때부터 해마다 수도 없이 많은 시험을 치른다. 이것은 학생은 물론 부모에게까지 엄청난 중압감으로 다가온다. 학교에서 시험을 중시하는 이유는 한 가지다. 학생들의 시험 결과가 교사의 월급과 학교의 기금 수입에 직결되는 학교 간 성적 비교에 활용되기 때문이다.

작가이자 언론인인 아냐 캐머네츠Anya Kamenetz는 특히 교육에 관심이 많다. 아이를 둔 부모이기도 한 캐머네츠는 매년 공립학교에서 치러지는 수많은 시험에 대해 자신만의 확고한 견해를 갖고 있다. "마치 '버블 현상'처럼 나타나고 있는 오늘날의 시험제도는 학생뿐 아니라 교사, 학교, 지역, 나아가 국가 전체 교육 시스템의 운명까지 결정하고 있습니다. 실질적인 효과는 거의 없는데도 말이에요. 또 시험 성적으로 상급 학년 진학 및 졸업 자격 여부가 결정되기 때문에 대다수의 소외계층과 빈곤층, 영어 학습자, 학습 장애아들은 학습할 기회 자체를 얻지 못하죠. 학생들의 시험 성적은 교사의 역량 평가 잣대로 사용되기도 합니다. 교사들은 학생들의 시험 성적에 따라 정년 보장에서 제외되기도 하고, 심지어 해고되기도 합니다. 또 목표 점수를 달성하지 못한 학교는 교육당국의 제재를 받죠. 책임자가 교체되거나 학교가 문을 닫는 경우도 있습니다. 지역이나 주에서는 반드시 지정된 시험을 시행하도록 관내 학교를 관리합니다. 만약 규정을 어긴다면 수십억 달러의 연방정부 교육지원금을 받지 못합니다."5 캐머네츠가 제시한 사례는 오늘날 남발되고 있는 각종 시험의 가장 명확하고 직접적인 결과에 불과하다. 이외에도 간접적인 영향은 무수히 많다. 시험 성적만으로 학교 전체를 평가하는 풍토는 결국 사회 전체에 영향을 끼치고 있는 셈이다.

현재 미국에서는 학령기 아동 열 명 가운데 아홉 명이 공립학교에 다닌다. 그런데 시험 위주의 교육제도는 이들의 학교를 '행복하지 않은 곳'으로 만들어가고 있다. 수많은 검증시험, 모의고사, 현장시험, 진단평가가 있어 일부 지역에서는 1년에 최대 33번의 학업성취도 평가가 시행되기도 한다. 체육, 미술, 외국어를 비롯한 필수과목은 주요 과목 시험에 대비하기 위해 교과 과정에서 제외되고 있다. 재정이 부족한 일부 지역에서는 학생들에게 꼭 필요한 과목마저 배제되고 있는 실정이다.[6]

특정 학교와 대학에 진학하기 위한 경쟁이 점점 더 치열해지는 상황에서 시험 결과는 당락의 기초자료로 활용된다. 학생들은 대학에 진학하려면 반드시 좋은 성적을 내야 하며, 단 한 번의 실수조차 재앙이 될 수 있다는 얘기를 누누이 들어왔다. 반대로 좋은 성적을 내지 못하면 AP클래스를 수강할 수 없고, 수강이 좌절되면 명문대학에 진학할 수 없으며, 그렇게 되면 졸업 후에 남들에게 인정받는 번듯한 직업을 가질 수 없다고 귀가 따갑도록 들어왔다. 여기에는 잘못된 부분도 많지만, 아이들은 매일같이 학교에서, 또 부모에게서 이런 말을 듣는다.

그동안 수십억 달러의 세금을 쏟아부었지만, 이 같은 시험 중심의 제도는 실질적인 교육 수준의 향상을 이끌어내지 못했다. 수학·과학·국어의 성취도는 거의 변하지 않았고, 전 세계 아이들과 비교했을 때도 미국의 순위는 큰 변동이 없었다. 그저 아이와 부모, 교사에게 엄청난 스트레스만 안기고 있는 것이다. 또 과학, 기술, 수학 전문가들은 시험 위주의 문화가 이들 과목에 대한 학생들의 흥미와 창의성을 떨어뜨린다고 우려한다.

학력주의

교육 개혁의 핵심은 대학에서 필요한 학습능력의 기준을 높이는 것이다. 이와 함께 정부는 최대한 많은 사람이 대학에 진학하도록 권장하고 있다. 대학졸업자는 기업에서 요구하는 다양한 자질을 갖추고 있어 대학을 나오지 않은 사람에 비해 취업이 쉽다고 생각하기 때문이다.

아주 전략적인 판단으로 보이지만, 문제는 크게 실효성이 없다는 데 있다. 오늘날 대학졸업장은 더 이상 좋은 직장의 보증수표가 아니다. 대학을 나온 사람이 너무 많은 탓에 기업에서는 대졸 지원자라고 해서 무턱대고 반기지 않는다. 이들은 그저 정치인의 표심을 자극하는 대상일 뿐이다. 각종 산업이 급속도로 변하고 있는 오늘날의 현실에서 고용주는 적응력이 뛰어나고 새로운 업무와 과제에 재빠르게 대응할 수 있는 사람을 필요로 한다. 또 창의적이고 참신한 아이디어로 새로운 제품과 서비스, 시스템을 개발하면서, 동시에 주변 사람과 원만하게 협업할 수 있는 인재를 원한다. 그런데 고용주들은 오늘날 대학졸업장을 가진 젊은이들 대다수가 적응력과 창의력, 팀플레이 능력이 현저히 떨어진다고 불평한다. 왜 이렇게 되었을까? 시험 위주의 교육제도 속에서 그저 좋은 성적만을 목표로 경쟁하며 살았기 때문이다.

이러한 현상은 단지 미국만의 문제가 아니다. 지난 2016년, 세계경제포럼에서는 2020년 전 세계 근로자에게 필요한 다섯 가지 핵심 역량, 즉 창의성·유연성·협동심·팀워크·감성지능을 언급한 보고서를 발간했다. 포럼은 이들 능력이 반드시 교육을 통해 배양

되어야 함을 인정했다. 개개인의 흥미와 소질이 철저히 무시되는 오늘날의 학교에서 시험 위주의 교육방식은 직업교육마저 소홀히 한다. 직업교육이 향후 취업에서 매우 핵심 역할을 하게 될 것임에도 말이다.

다양성과 선택

한때는 지역 내에서 공립학교가 전부인 시절도 있었다. 그러나 지금은 공립학교, 사립학교, 차터스쿨, 영리 목적의 학교, 사이버학교, 마그넷 스쿨(과학·예술 등 특정 분야 학생을 선발하는 특수 공립학교−옮긴이), 대안학교 등이 있어 부모가 자녀의 학교를 선택할 수 있는 폭이 매우 넓어졌다. 또 홈스쿨링이나 언스쿨링을 선택할 수도 있다. 지역에 따라 양육보조금을 지원하는 바우처제도를 운영하는 곳도 있다. 이처럼 공교육을 대체하는 다양한 학교는 제대로 운영될 수도, 그렇지 못할 수도 있다. 하지만 이들 학교로 지원되는 기금은 공교육 자원을 삭감하고 많은 부모의 선택권을 축소시키는 결과를 낳았다. 바우처제도를 예로 들어보자.

미국의 여러 주와 유럽 국가에서는 바우처제도가 시행된 바 있다. 이것은 학생 수에 따라 학교에 공적 자금을 지원하지 않고, 각학생별 지원자금을 바우처 형태로 부모에게 지급하는 제도다. 이론상으로는 부모가 자녀의 학교를 선택할 수 있고, 이후 해당 학교에 바우처를 지급하면 된다. 학부모에게 학교 선택권을 제공하면 전반적인 교육 수준을 높일 수 있다는 전제하에 학교 간 경쟁을 부추겨보자는 것이 본 제도의 목적이었다. 얼핏 보면 부모에게 매력적인 제도로 보인다. 지역 내 공립학교가 마음에 들지 않으면, 바우처를 사용해 자녀를 차터스쿨이나 일반 사립학교에 보낼 수 있다. 그러나 실제로 이 제도는 전혀 효과를 거두지 못했다.

학교가 수용할 수 있는 학생 수는 제한되어 있는데, 인기 학교는 대개 지원자가 정원을 초과한다. 그래서 지원자가 너무 많으면 시험성적, 가족관계 등 구체적인 입학 기준을 마련하거나 추첨제도를 활용한다. 전자의 경우 일부 학생에게 유리할 수 있지만, 후자의 경우는 누구에게나 기회가 공평하게 돌아간다. 이 같은 방식을 거부하면 지역 내 공립학교에 진학할 수밖에 없다. 그런데 공립학교는 바우처제도 때문에 정부지원금이 줄어 이미 열악한 실정이다.

부모에게 학교 선택권을 준다는 말은 아주 그럴듯하게 들린다. 하지만 부모가 학교를 선택하는 것만큼 당연한 일도 없을 것이다.

수익성

공교육에는 많은 재원이 투입되지만, 대부분의 정부는 이를 수용하고 지원한다. 하지만 미국과 영국 같은 나라에서는 교육시장을 민간기업에 개방함으로써 정부 부담을 줄이고 있다. 그 결과 공교육 시스템은 망가지고 교육 분야는 대기업의 수익성 좋은 먹잇감으로 전락하고 말았다. 영리 목적의 학교가 마치 체인점 형태로 늘어나는 상황에서 각종 신기술 플랫폼, 수천 개의 교육용 앱, 무수히 쏟아져나오는 교육장비는 자녀의 우수한 성적과 성공을 꿈꾸는 부모들에게 날개 돋친 듯 팔려나간다. 정부의 목적은 명확하다. 교육재정의 부담을 민간기업과 나눠 지겠다는 것이다. 그런데 이러한 운영방식은 영리 목적의 다른 시장과 똑같은 결과를 낳았다. 수익성이 좋은 학교는 성공한 반면, 그렇지 못한 학교는 살아남지 못했다. 자, 이제 여러분은 스스로에게 질문해봐야 한다. 과연 돈이 양질의 교육을 보장할 수 있는가? 돈이 목표인 시장이 내 아이의 교육을 좌우하도록 내버려둘 것인가?

학교를 떠나는 아이들

교육 개혁으로 빚어진 혼란은 학생들과 그 가족에게 여러 가지 문제를 낳고 있다. 이러한 상황을 해결하는 데는 무엇보다 부모의 역할이 중요하다. 일부 아이들에게 개혁의 결과는 심각한 부작용으로 이어지고 있다.

실제로 고등학교를 졸업하지 않은 젊은이들의 숫자는 우려할 만한 수준이다. 미국의 경우 9학년을 시작한 학생 가운데 약 다섯 명 중 한 명은 학업을 끝까지 마치지 못하고 있다. 매년 100만 명 이상의 학생이 졸업 전에 학교를 떠나는 것이다. 이는 26초당 한 명꼴이다. 일부 지역의 상황은 훨씬 심각하다. 전체적인 통계는 매년 다르지만, 2016년 발간된 분석자료에 따르면 오리건주 올버니 지역은 고등학교를 제때 졸업하는 학생의 비율이 50퍼센트 남짓으로서 전국 최하위 수준이었다(가장 높은 졸업률을 보인 도시는 텍사스 셔먼-데니슨 지역으로 무려 95퍼센트에 달했다).[8] 나는 여기서 '중퇴'라는 단어를 사용하지 않겠다. 중퇴자라고 하면 아이가 학교 시스템에 적응하지 못했다는 느낌을 주기 때문이다. 졸업률이 이토록 낮은 이유를 설명하는 데는 학교 시스템 자체가 아이를 적응시키는 데 실패했다는 것이 좀 더 정확한 표현일 것이다.

숫자는 잠시 잊고 실제 아이들과 그 가족을 생각해보자. 어떤 아이든 학업을 마치지 못한 데에는 그만한 이유가 있을 것이다. 재정적 어려움 때문일 수도 있다. 또 먹고사는 데 바빠 아이의 교육에 신경 쓸 겨를이 없는 부모와 함께 사는 것도 이유가 될 수 있다. 한 통계자료에서는 18세 이하 미국 아이들 중 3분의 1이 편부모 가정에 속한 것으로 나타났다. 10대의 임신 역시 학업을 포기하는 이유가 될 수 있다. 실제로 10대 부모가 고등학교를 졸업하는 비율은 고작 40퍼센트에 그쳤다. 그리고 이러한 패턴은 자녀세대로 대물림되고 있다. 10대 부모에게서 태어난 아이들 가운데 고등학교를 마치는 비율은 3분의 2 남짓이었다.

이외에도 고등학교를 졸업하지 않는 데에는 다양한 이유가 있을 것이다. 그런데 나는 압박감이나 답답함도 한 가지 이유일 수 있다고 생각한다. 여러분이라면 어떻겠는가? 아무 의미 없어 보이는 시험을 준비하기 위해 하루 종일 책상 앞에 앉아 있어야 한다면 불만을 갖거나 학교를 뛰쳐나가고 싶은 건 당연하지 않겠는가? 시험은 교육 과정의 한 요소일 뿐이다. 그러니 당연한 듯 수없이 치러지는 시험 문화를 그대로 좇지 않는 아이들도 있을 수 있다. 우리는 교육의 '어떤' 요소가 아이들을 학교 밖으로 내몰고 있는지 살펴보는 것에 그쳐서는 안 되며, 교육이 '어떻게' 이들을 내

쫓는지에도 주목해야 한다.

아이에게 실패에 대한 불안을 심어주지 마라

그럼에도 훌륭한 학교와 교사는 무척 많다. 하지만 이들은 정치적 압박을 엄청나게 받기 때문에 여러분의 자녀가 받기를 원하는 양질의 교육마저 왜곡돼버릴 수 있다. 지금과 같은 시험 위주의 교육방식이 옳지 않다고 생각하는가? 그렇다면 여러분의 생각이 맞다. 또 다수의 교육자 역시 그러한 방식을 선호하지 않는다. 교사들은 시험을 준비하고 시행하느라 정작 아이들에게 꼭 필요한 도움을 줄 시간이 부족하다. 이른바 '시험 공장'에서 자잘한 업무를 처리하느라 전문 교사로서의 역할은 줄어든 셈이다. 이에 교사들은 많은 부담과 분노를 느낀다. 학부모와 마찬가지로 교사 역시 아이들에 대한 교육이 시험과 성적에 집중되어 실패에 대한 끊임없는 불안을 심어줘서는 안 된다고 생각한다. 교사도 학교의 변화를 원한다. 그리고 교사는 이 같은 변화를 실현할 핵심 파트너다.

그러나 이미 확고하게 체계가 잡힌 학교는 자체적으로 많은 문제를 낳고 있다. 그리고 이러한 체계는 늘 해오던 습관일 뿐, 의무는 아니다. 예를 들어, 아이들을 학년별로 나누고 관리하는 제도는 특정 영역의 학습 속도가 또래보다 늦거나 빠른 아이에게는 장애가 될 수 있다. 또 이른바 주요 과목 학습 때문에 실용과목이나 직업 훈련을 배제한다면 창의적인 활동을 즐기는 아이를 학교에서 멀어지게 만들 수 있다. 학교가 특정 과목의 시험 결과로 평가나 지원을 받아 어쩔 수 없는 상황이라면 어느 정도 이해는 되지만, 그렇더라도 그건 잘못된 방법이다. 시스템 자체를 바꾸면 문제는 자연히 해결된다는 사실을 기억하자.

한 가지 희망은 그래도 아직 변화의 여지가 남아 있다는 것이다. 실제로 많은 학교가 변하고 있다. 그리고 그 변화의 중심에는 부모의 노력이 있다. 일부 국가적인 시스템 또한 변하고 있다. 새로운 기술의 혁신적 영향은 이 같은 변화의 움직임에 한몫하고 있다. 교육은 충분히 달라질 수 있다. 그리고 학부모들은 생각보다 훨씬 더 많은 영향을 끼칠 수 있다. 가장 첫 단계는 여러분의 아이를 어떻게 교육하고 싶은지, 그리고 어떤 학교가 그 교육을 제공해줄 수 있을지를 분명히 하는 것이다.

학교의 종류

우선 몇 가지 근거 없는 믿음은 없애고 가자. 첫째, 좋은 학교라고 해서 외관이 꼭 그럴듯할 필요는 없다. 학교 벽에 걸려 있는 상아의 양과 실질적인 교육의 품질 사이에는 아무런 상관관계가 없다. 방글라데시에는 배 위에서 수업하는 학교도 있고, 중국에는 동굴 학교도 있다. 또 인도에는 모든 수업을 기차에서 진행하는 학교도 있다. 미국 뉴멕시코주의 아보초등학교는 건물 전체가 지하에 있고(핵전쟁의 위기가 한창이던 때 지어졌다), 캘리포니아주의 첨단기술 고등학교는 초근대식 설계에 외벽이 모두 유리로 되어 있다. 또 필라델피아의 '미래의 학교'라는 독특한 이름의 학교는 9학년 교실이 마치 박물관처럼 지어져 있다. 플로리다 사이버학교는 모든 수업이 온라인으로 이루어지기 때문에 건물이 아예 없다. 이것들이 모두 실제로 존재하는 학교의 모습이다. 영화 〈굿 윌 헌팅Good Will Hunting〉에 등장하는 멋진 모습은 아닐지라도 말이다.

또 한 가지 잘못된 믿음은 사립학교가 공립학교보다 무조건 좋다는 생각이다. 전혀 그렇지 않다. 사립학교 중에도 좋은 학교가 있는가 하면 그렇지 않은 학교도 있다. 이것 말고도 명심해야 할 부분이 또 있을까?

공립학교

미국 학령기 아동의 90퍼센트 이상(약 5,040만 명)이 공립학교에 다닌다. 공립학교는 국가의 재원으로 운영되기 때문에 수업료가 없다. 학생 수에 따라 관할 당국으로부터 자금을 지원받는 형식이다. 또 지역사회나 학부모 등으로부터 추가로 지원받을 수도 있다. 공립학교의 재원 마련은 관할 당국과 지역사회에 달려 있다. 관할 당국은 어떤 학교에 어떤 학생과 교사를 배정할지 결정한다. 학생의 경우 대개 집에서 가장 가까운 학교로 배정된다. 특별한 사유가 없는 한 공립학교는 배정된 학생과 교사를 받아들여야 한다. 또 커리큘럼, 시험, 직원 인증 등 주정부 또는 연방정부에서 규정한 의무사항을 그대로 따라야 한다. 이를테면 좋든 나쁘든 이 같은 정책은 공립학교 운영과 학생들의 교육에 중요한 영향을 끼친다.

　물론 상황은 나라별로 조금씩 차이가 있다. 상당수 국가에서 대부분의 아이들이 공립학교에 진학하지만, 부모는 여러 공립학교 중에 한 곳을 선택할 수 있다. 교사 역시 일방적으로 배정되지 않고 특정 학교에 지원할 수 있다. 공립학교는 학교와 학생, 지역사회의 구체적인 수요를 반영한 기준에 따라 운영자금을 지원받는다. 대부분의 국가에서 공립학교는 아동 및 청소년 교육에 가장 중요한 자원이다.

차터스쿨

미국의 차터스쿨은 공립학교와 별개로 운영된다. 차터스쿨은 교과목, 지도방법 등 몇 가지 운영방식에서 공립학교와 차이를 보인다. 또 특정 문화공동체를 지향하기도 한다. 일부 규정은 주정부 또는 연방정부에서 정한 의무사항을 따라야 하는 경우도 있다. 다시 말해 무엇을 가르치고 어떻게 운영할 것인가를 결정할 때 일반 공립학교보다 훨씬 자유롭다는 뜻이다. 최초의 차터스쿨은 1992년 미네소타주에 설립되었고, 이후 다른 주로 확대해야 한다는 목소리가 높아졌다. 표면적으로는 공교육의 혁신 증대를 위해서였다. 2016년 기준으로 미국에는 약 6,000개의 차터스쿨이 운영되고 있으며, 학생 수는 공립학교의 5퍼센트 수준이다.

　차터스쿨의 설립은 교사, 부모, 지역사회 지도자, 교육사업가 등 누구라도 제안할 수 있다. 단, 운영원리, 지배구조, 책임소재 등을 명확히 정의한 '차터 설립 계획안'을 갖추고 허가를 받아야 한다.

대부분의 경우 차터스쿨은 주정부와 학교의 협의하에 운영된다. 그러나 많은 자율성이 주어지는 만큼 강한 책임도 뒤따른다. 일단 주정부가 설립을 허가하고 나면 공립학교처럼 학생 수를 기준으로 자금을 지원한다. 한 가지 차이가 있다면, 관할 당국에서 학생을 일방적으로 배정하지 않고 학교가 자체적으로 학생을 모집해야 한다는 것이다. 이는 곧 인기 있는 학교의 경우 학생이 몰려 선택적으로 수용해야 함을 의미한다. 여기서 한 가지 비판이 제기되는데, 차터스쿨은 학생에 대한 선택권이 있기 때문에 성취도 측면에서 공립학교와 비교하면 훨씬 유리하다는 것이다. 그러나 크게 성공을 거두는 학교가 있는가 하면 그렇지 못한 학교도 있다. 이런 면에서는 공립학교와 크게 다르지 않다.[10]

사립학교

사립학교는 정부의 지원 없이 수업료와 각종 기금 마련 활동을 통해 재원을 충당한다. 2016년 기준 미국 사립학교의 평균 학비는 1인당 약 1,200만 원에 달했으며, 일부 지역에서는 이보다 훨씬 높은 것으로 나타났다.[11] 일반적으로 사립학교는 공립학교보다 훨씬 안정적으로 운영되지만, 최근 들어 재정적 위기에 직면하고 있다. 턱없이 높은 학비를 충당할 수 있는 학부모가 많지 않고, 차터스쿨이나 영리 목적의 학교 체인, 온라인 교육 등 사립학교보다 낮은 학비로 교육받을 수 있는 대안이 늘어났기 때문이다.

　사립학교는 규모나 교육 범위, 철학 등이 매우 다양하다. 종교적 신념을 기반으로 설립된 학교, 특정 분야를 전문으로 교육하는 학교, 고유의 지도방식을 고수하는 학교 등 종류가 무척 많다. 교육의 품질이나 가치 등도 학교별로 차이가 많이 난다. 대다수의 사립학교는 교사에게 국가자격증을 요구하지 않지만, 급여는 상대적으로 낮다. 혜택의 종류와는 상관없이 가족의 전통에 따라 사립학교를 선호하는 부모가 있는가 하면, 아이의 사회적 기회를 고려해 선택하는 경우도 있다.

이와 관련해 버지니아대학교 커리교육대학의 로버트 피안타 Robert Pianta 학장은 다음과 같이 설명한다. "사립교육의 효과는 대체로 아이의 성장 과정에 가족이 어떤 영향력을 끼치는가가 좌우한다. 사립학교 그 자체보다는 사립교육을 선택한 가족의 경제력과 결정이 훨씬 큰 요소로 작동하는 셈이다."[12] 사립학교 교육에 효과가 있다면, 그것은 학습 과정 및 동기부여에 대한 또래의 영향력 때문이다. 또래의 영향력은 대체로 사립학교에서 훨씬 크게 나타난다. 그러나 특권층의 자녀가 많이 몰린다는 이유로 사립학교 선택을 고려하고 있다면, 오히려 공립학교가 더 나은 선택일 수 있다.[13]

기타 사립 교육기관

공립학교 및 차터스쿨, 각종 사립학교 중에는 특정 철학과 방법론을 기반으로 운영되는 곳이 있다. 몬테소리Montessori, 발도르프Waldorf, 빅 픽처Big Picture, 킵KIPP, Knowledge Is Power Program, 그린 도트Green Dot 등의 이론으로 교육하는 곳이다. 학부모들은 종종 내게 이런 기관을 추천하는지 묻곤 한다. 나는 이 같은 접근방식을 강력히 지지한다. 이에 관해서는 이후에 좀 더 구체적으로 살펴보도록 하자. 만약 이들 기관에 자녀를 보내려고 생각하는 부모에게 내가 해줄 조언은 늘 똑같다. 마음에 두고 있는 학교에 대한 자료를 꼼꼼히 들여다보고, 그곳을 직접 방문해보라는 것이다. 실제로 잘 적용되는 방법론이 있는가 하면 그렇지 않은 경우도 있다. 선생님도 만나보고 다른 학생, 학부모와 이야기도 나누면서 학교의 전반적인 느낌을 경험해보고 내 자녀에게 맞는 학교인지 확신할 수 있어야 한다.

공립학교의 중요성

잠시 주제를 돌려 공립학교의 중요성에 대해 이야기해보자. 공립교육의 대중적인 시스템은 대부분의 나라에서 19세기에 확립되었다. 산업혁명의 맥락에서 발달한 것으로, 여기에는 경제적인 이유가 가장 컸다. 각국 정부는 제대로 교육받은 인력이 산업경제 발달에 핵심 역할을 한다는 사실을 알고 있었던 것이다.[14] 산업 노동자층, 곧 전문성이 다소 떨어지는 블루컬러 노동자층의 형성은 공립교육 시스템을 도입한 주된 이유였다. 당시 공립교육의 선구자들에게는 또 다른 목표가 있었다. 공립교육은 사회적이고 문화적인 요소 또한 포함해야 한다는 것이었다.

전미교육협회의 회장인 릴리 에스켈슨 가르시아Lily Eskelsen Garcia는 일부 자선가 및 교육정책 입안자의 좀 더 광범위한 목적을 언급한다. 그중에서도 특히 미국 공립학교의 아버지라 불리는 호러스 맨Horace Mann의 비전에 대해 설명한다. 맨은 공익과 민주주의의 필수 요소로서 공립교육에 대해 명확한 견해를 갖고 있었다.

1800년대 중반, 보스턴에서 변호사로 활동하던 호러스 맨은 각종 사립학교와 부인학교Dame School(17~18세기 영국에서 나이 든 부인이 자신 또는 다른 부인의 거실이나 부엌에서 초등학교에 들어가기 전의 어린이들을 불러 모아 가르치던 학교 – 옮긴이)가 혼재된 상황에서 이민자 수가 급격히 늘어나는 상황을 목격한다. 당시 맨은 이토록 다양한 언어와 관습, 종교가 뒤섞인 미국이 어떤 방향으로 나아가야 할 것인가가 몹시 궁금했다. 그는 모든 국민이 한데 모일 수 있는 장소가 필요하겠다는 생각을 하게 되었다. 그곳은 지역사회 내에 존재하는 물리적 장소여야 했다. 전문적인 교사도 필요했다. 또 아무런 조건 없이 누구나 다닐 수 있는 법적 장치도 마련되어야 했다. 이와 더불어 교회는 물론 사회 어느 곳에서도 나란히 앉지 못했던 아이들이 함께 어울려 공부할 수 있는 곳이어야 했다. 맨은 모든 미국인이 스스로를 진정한 미국인으로 생각하는 데 이 같은 시스템이 반드시 필요하다고 믿었다.[15]

공교육의 중요한 목적 가운데 하나는 배경에 상관없이 모든 아이에게 공정한 기회를 보장하는 것이다. '평등성'과 마찬가지로 '공정성'은 민주주의 사회의 가장 기본적인 원리다. 평등성이 모든 국민에게 같은 권리와 지위를 부여하는 것이라면, 공정성은 이러한 기본 권리의 혜택을 보장하려면 일부 국민의 경우 다른 국민보다 좀 더 많은 지원과 자원이 필요함을 인정하는 것이다. 공교육의 목표는 모든 사람이 만족할 만한 삶을 누리고 공익에 기여할 수 있도록 기회를 제공하는 것이다. 이것은 곧 기회가 가장 필요한 사람을 우선적으로 지원함을 의미한다. 우리는 내 자녀를 최고의 학교에 보내고 싶어 한다. 그러나 가르시아는 이에 대해 한 가지 경고를 보낸다. "공교육의 존재 이유가 공익의 차원에서 지역사회 아이들을 교육하고 민주주의의 공적 기능을 실현하기 위해서라는 기본적인 이해가 없다면 매우 위험한 상황이 초래될 수 있습니다."[16]

차터스쿨이나 사립학교, 영리 목적의 학교 등은 믿을 만한 교육을 제공할 수도, 그렇지 않을 수도 있다. 내가 직접 방문해본 결과 역시 마찬가지였다. 일부 기관의 교육은 신뢰할 수 있었지만, 그렇지 못한 곳도 있었다. 차터스쿨과 사립학교에 근무하는 아주 열정적인 몇몇 교사를 만나보니 이들 학교는 주정부나 연방정부의 각종 의무사항에 엄격하게 묶여 있는 공립학교보다 혁신의 자유가 훨씬 많았다. 하지만 혁신적으로 운영하는 곳도 있었지만 그렇지 않은 곳도 많았다. 높은 수준의 교육 시스템을 갖춘 곳을 포함해 대부분의 나라는 미국처럼 사립학교나 차터스쿨을 장려하지 않고 오히려 공교육 시스템 강화에 주력한다. 미국의 사립학교나 차터스쿨을 지지하는 쪽에서는 이들 학교가 새로운 아이디어를 고안하고 실천함으로써 공교육에 활력을 불어넣어준다고 주장한다. 물론 사실일 수 있다. 그러나 한 가지 확실한 것은 이들이 공교육의 자원을 빼내지 않고 공립학교와 건설적인 공생 관계를 추구했다면 훨씬 좋았을 것이라는 점이다.

어느 쪽이든 대부분의 아이와 가족에게 공립학교는 교육받을 유일한 기회다.[17] 그러나 상당수 공립학교가 어려운 여건에서 운영되고 있으며, 때로는 가혹한 정치적 역풍을 맞기도 한다. 공립학교가 최고의 역할을 수행할 수 있도록 최상의 여건을 만들기 위해서는 진정한 교육 개혁이 필요하다. 그리고 이것은 우리 아이들에 대한 교육이 건강한 민주주의 성장에 핵심적이라는 사실을 이해했을 때 비로소 성취될 수 있다. 호러스 맨이나 여러 공교육 선구자들이 언급한 것처럼 말이다. 교육을 개인적 차원이나 영리의 목적으로 바라봐서는 안 된다. 교육은 공익적 차원에서 접근해야 한다. 오늘날 다른 여러 분야와 마찬가지로 교육 분야에서도 평등성과 공정성은 지속적이고 적극적인 권리 보호의 기본 원리다.

변화 만들기

나는 예전에 루와 함께 『학교혁명Creative Schools』이라는 책을 썼는데, 21세기 우리가 일상생활과 직업에서 맞닥뜨리게 될 각종 도전 과제를 극복하려면 아이들에 대한 교육을 어떻게 근본적으로 변화시켜야 하는가에 관한 내용을 담고 있다. 또한 이 변화를 어떤 식으로 유도해야 하는지와 함께, 실제로 변화를 이루어내고 있는 여러 학교의 사례도 포함되어 있다. 이와 함께 학부모를 위한 내용도 다루고 있다. 여러분이 읽고 있는 이 책은 『학교혁명』의 속편 격으로 부모의 대응전략을 좀 더 구체적으로 다루고 있다.[18]

부모로서 여러분의 역할은 자녀가 행복하고 생산적인 삶을 살 수 있도록 최선을 다해 지원하는 것이다. 이 가운데 가장 핵심이 바로 교육이다. 대부분의 부모는 자신의 바람대로 자녀가 성장하는 데 교육이 충분히 제 역할을 수행하고 있는지 늘 촉각을 곤두세운다. 내 자녀가 중요하고 가치 있는 지식을 습득하고 있는가? 꼭 필요한 기술을 익히고 있는가? 자신의 강점을 발견하고, 부족한 부분에서는 적절한 도움을 받고 있는가? 각종 도전에 참가하며 즐기고 있는가? 자신감 있고 능력 있게 성장하고 있는가? 앞으로 이에 관해 하나씩 살펴보면서 도움이 될 수 있는 여러 가지 의견과 자료를 제시하겠다.

만약 여러분의 자녀가 받고 있는 교육의 바탕이나 품질이 염려된다면, 여러분에게는 세 가지 대안이 있다. 첫째, 현재의 교육 시스템 내에서, 특히 여러분 자녀의 학교가 다양한 변화를 이루도록 노력할 수 있다. 둘째, 현재의 교육 시스템에 변화를 요구할 수 있다. 셋째, 현재의 교육 시스템 밖에서 자녀를 교육할 수 있다. 어떤 부모는 내 자녀의 교육에만 관심이 있을 수 있다. 이런 부모는 다양한 방법으로 적극적으로 변화를 위해 노력할 수 있다. 또 관심을 좀 더 광범위하게 확대할 수도 있다. 여러 가지 활동을 통해 내가 사는 지역과 주, 나아가 국가 전체의 교육정책에 영향을 끼칠 수 있다. 혼자서 또는 동료 학부모나 교사, 지지 단체, 캠페인 단체 등 다른 사람과 함께 활동함으로써 교육 개혁 반대자의 생각 또한 적극적으로 변화시킬 수 있다.

이 모든 활동의 출발점은 자녀의 성장 과정에서 부모가 원하는 것은 무엇이며, 자녀가 부모에게 무엇을 필요로 하는지, 그렇다면 교육은 전체적인 퍼즐을 어떻게 맞춰가야 하는지를 이해하는 것이다. 이 퍼즐의 일부 조각은 급속도로 변하고 있는 반면, 거의 변화가 없는 조각도 있다. 각각의 퍼즐 조각이 무엇인지 제대로 아는 것은 교육 개혁이라는 도전과제의 시작이자 부모로서 기쁨을 누리기 위한 출발점이다.

제2장

부모의 역할을 제대로 알라

You, Your Child, and School

부모나 가족을 생각하면 가장 먼저 어떤 모습이 떠오르는가? 퇴근해서 집으로 돌아온 아빠를 아이들이 쪼르르 달려나가 맞이한다. 엄마는 부엌에서 나오면서 아빠에게 오늘 하루를 어떻게 지냈느냐며 인사를 건넨다. 물론 다른 모습일 수도 있다. 이 같은 가족의 전형은 1956년에나 해당되는 것이기 때문이다. 하지만 여전히 '부모'라고 하면 많은 사람이 직접 낳은 아이들을 기르며 살아가는 결혼한 부부를 떠올린다. 그리고 이러한 유형의 부모는 아직도 많은 나라에서 전체 부모의 절반 이상을 차지한다. 하지만 간신히 절반을 넘길 뿐이다. 전형적인 핵가족 형태를 더 이상 가족의 표준으로 볼 수 없는 이유가 바로 여기에 있다.[1] 오늘날 가족 구성원의 조합은 그 형태를 나눌 수 없을 정도로 무수히 많다.

풀리처상 수상 작가 나탈리 앤지어Natalie Angier는 〈뉴욕타임스〉 기사를 통해 이전과는 완전히 다른 모습으로 변화하고 있는 미국의 가족 형태를 소개하고 있다. 나탈리의 기사는 번스 가족의 이야기로 시작한다. "그야말로 무질서한, 좀처럼 쉽지 않은 조합이다. 아내가 두 명의 전남편 사이에서 낳은 눈썰미 좋은 두 아들에, 남편이 두 번째 결혼에서 얻은 아들 하나 딸 하나, 수시로 들락거리는 서로의 전 남편과 아내들, 그리고 이들의 현 배우자까지. 여기서 끝이 아니다. 때때로 혼란을 초래하는 양가 가족들에 컴퓨터 키보드를 침대 삼아 잠들어버리는 새끼 고양이 아그네스도 있다." 이들의 모습이 전형적인 미국의 핵가족 형태는 아니라고 생각하는가? 그렇다면 슐츠웨이저 가족은 어떠한가?

동성끼리 결혼한 두 명의 아빠가 여섯 명의 아이와 강아지 두 마리를 키우며 살아간다. 아니면 애틀랜타의 성공한 이민자 부부 인드라크리시난 가족의 모습은? 이들 부부의 10대 딸아이는 평범한 학교생활을 하면서도 틈틈이 인도 전통춤을 즐기곤 한다. 그것도 아주 정확한 발놀림을 구사하면서 말이다. 성인이 다 된 두 아이와 살아가는 로스앤젤레스의 글루삭 부부도 있다. 중산층으로서 이들이 겪어낸 각종 경험담은 마치 한 편의 영웅소설을 보는 것 같다. 할렘가의 동거 커플 아나 페레즈와 줄리안 힐은 힘겹게 생계를 이어가고 있다. 하지만 세 아이만큼은 워런 버핏Warren Buffett처럼 큰 인물이 될 것이라 꿈꾸고 있다. 또 부모가 투옥 중인 경우도 적지 않다. 미국은 세계 어느 나라보다 징역형 선고 비율이 높은 곳이기 때문이다.[2]

이처럼 오늘날의 가족은 매우 다양한 형태를 띠고 있다. 루의 가족 역시 마찬가지다. 이들 가족은 전 부인과의 결혼생활에서 태어난 두 아이, 지금의 아내 사이에서 낳은 딸 하나, 그리고 에티오피아에서 입양한 딸로 이루어져 있다. 그렇다면 이제는 조금 다른 이야기로 넘어가보자. 가족의 형태와 상관없이 부모에게는 자식에 대한 마땅한 책임과 역할이 따르는 법이다. 그 역할과 책임은 과연 무엇일까?

심리학자 에이브러햄 매슬로Abraham Maslow의 피라미드 형태를 본 적이 있을 것이다. 이 그림은 인간의 다섯 가지 욕구를 단계적으로 나타낸 것으로, 이 모든 욕구를 채워주는 것이 부모의 역할이라고 말할 수도 있다. 피라미드의 가장 아랫 부분은 생리적 욕구로, 살아가는 데 꼭 필요한 기본 욕구를 의미한다. 부모라면 최소한 아이들의 생리적 욕구만큼은 충족시켜야 할 책임이 있다. 여기에 동의하지 않는다면, 이 책은 그만 덮는 게 낫다. 두 번째는 안전에 대한 욕구다. 부모는 자녀를 위험으로부터 보호해야 할 의무가 있다. 이 역시 부모의 당연한 책임으로, 더 이상의 부연 설명이 필요하다면 전문적인 치료를 받아보기 바란다. 세 번째는 애정과 소속감에 대한 욕구로, 이 단계부터는 보는 사람에 따라 견해가 조금씩 다를 수 있다.

네 번째는 존경에 대한 욕구다. 부모는 아이들이 자신감을 갖고 스스로 존중받고 있다는 사실을 느낄 수 있도록, 또한 다른 사람을 존경할 수 있도록 곁에서 도와야 한다. 마지막으로 매슬로가 정의한 인간의 최상위 욕구는 자아실현을 향한 욕구다. 이것은 내면 깊숙이 잠재하는 열망을 뜻하는 의학용어로, 인간은 누구나 존재의 의미와 삶의 목적을 발견하고 뭔가를 성취하고자 하는 욕구

를 갖고 있음을 의미한다. 부모에게는 자녀의 이 같은 자아실현을
지원할 책임이 있다.

이상 부모의 다섯 가지 역할과 책임에 동의하는지 스스로에게
물어보자. 필자는 동의하지만, 그렇지 않은 사람도 있을 수 있다.
사실 모든 사람이 늘 동의했던 것도 아니다. 아동기에 대한 정의
와 부모의 역할을 바라보는 관점에는 시대별로 상당한 차이가 존
재했으며, 일부 문화권에서는 그 차이가 여전히 남아 있다.

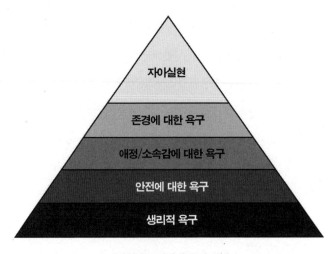

매슬로의 인간 욕구의 단계

아동기에 대한 (아주) 간략한 역사

오늘날 우리가 생각하는 아동기는 상대적으로 최근에 생겨난 개
념으로, 19세기 후반 유럽과 미국에서 그 형태를 갖추기 시작했다.

그 이전까지만 해도 어린아이들은 단지 체구가 작은 성인으로 간주되어 생활이나 노동에서 자신에게 주어진 역할을 다해야 했다. 이후 신체적으로 성숙해지면 으레 어른들의 일까지 떠안았다. 농촌지역 아이들은 대개 농사를 지었다. 또한 산업혁명 당시 수백만 명의 사람들이 일자리를 찾아 도시로 떠나자 외곽 지역에 남겨진 아이들은 나이에 상관없이 광산, 주조소鑄造所, 공장에서 어른들과 함께 일해야만 했다.[3]

도시라고 크게 다르지 않았다. 산업혁명으로 새롭게 형성된 도시 노동자층은 대부분 사람들로 빽빽이 들어찬, 위생시설조차 제대로 갖추어지지 않은 좁은 건물에서 생활했다. 어딜 가나 사납고 포악한 이들로 가득했다. 수많은 아이들이 절망적인 환경에서 살아갔다. 제대로 된 교육은 고사하고 글자도 못 읽는 아이들이 수두룩했다. 건강에 대한 지원은 물론 사회적 지원 시스템도 전혀 없었다. 미국의 경우, 남부 재건 이후 도시를 배회하거나 부모를 잃고 떠도는 노예아동까지 무수히 생겨났다.

이 같은 혼란 상황 속에서 사회개혁가들은 다양한 역할을 자처하고 나섰다. 이들은 경제적 어려움 완화와 빈곤 해소, 극빈층 구제를 목표로 각종 시설과 자선단체를 만들고 사회적 보호를 위한 다양한 시스템을 구축했다. 상당수 개혁가는 어려운 여건에서 살아가는 아이들에게 유독 깊은 관심을 나타냈다. 그즈음 교육가를 비롯한 여러 분야의 전문가들은 아동기 자체를 새로운 개념으로 정의하는 데 상당한 매력을 느끼고 있었다.

18세기 후반, 철학자 장자크 루소Jean-Jacques Rousseau는 아동기와 교육에 대해 논한 『에밀Emile』을 펴내 커다란 반향을 불러일으켰다. 이 책에서 루소는 아동기를 한없이 순수하고 천진한 시기로 묘사하며, 아이들은 그 자체로 소중하게 다뤄져야 하고 어른들의 타락한 가치로 말미암아 발생하는 부정적 영향으로부터 보호받아야 한다고 규정했다. 이 같은 개념은 빅토리아 시대의 사회개혁가를 비롯해 심리학, 정신의학, 소아과학 등 다양한 분야의 선구자에게 강력한 울림을 주었다. 이후 아동기는 어른 및 전문가 집단의 보살핌과 보호가 필요한 매우 취약한 성장기로 인식되기 시작했다. 대중교육이 그 모습을 갖춰가기 시작한 것도 이즈음이었다. 대중교육이 보편화되면서 제도권 교육에서 보호받는 기간이 늘어났고, 사춘기와 청소년기, 그리고 이전에는 전혀 존재하지 않았던 '10대'라는 개념도 새롭게 등장했다. 내 아버지의 경우 1928년 열네 살의 나이로 학교를 그만두었는데, 당시 아버지는 자신이 10대라는 사실을 인지하지 못했다고 한다. 주변 사람들도 마찬가지였다. 1950년대까지는 10대라는 개념 자체가 존재하지 않았기 때문이다.

부모로서 자신의 역할을 인지하는 방식은 우리가 아동기를 어떻게 생각하는지, 또 아이들이 부모의 지원 없이 할 수 있는 일과 할 수 없는 일이 무엇인지 정의하는 것과 밀접한 관련이 있다. 부모의 역할은 또한 문화적인 가치와 믿음으로 형성되기도 한다. 우리는 자신의 문화적 맥락에서 특정 현상을 바라볼 때, 그것이 상식선인지에 대해 늘 생각한다. 그런데 삶의 다른 영역에서와 마찬가지로 자녀교육에서도 상식의 기준은 때때로 달라진다. 예를 들어, 유럽과 북미 지역에서 남자아이와 여자아이는 같은 기회를 얻고 부모에게도 동등하게 대우받는다.[4] 물론 예외는 있지만, 전제는 동일하다.

그러나 아랍 일부 지역의 상황은 전혀 다르다. 이들은 문화적으로 여자는 남자에게 복종해야 한다고 생각하며, 여자는 의사결정을 하거나 특정 활동에 참가하기 전에 반드시 남자 보호자, 이를테면 아버지나 남편, 오빠 등의 허락을 받아야 한다. 또 인도네시아대륙 일부 지역의 경우 남자아이와 여자아이를 대하는 부모의 태도는 극단적으로 갈리며 때로는 치명적이다. 그래서 임신을 하면 대부분 남자아이를 낳게 해달라고 기도하고, 여자아이를 낳으면 처벌받을 수 있다는 두려움에 사로잡힌다. 그 결과 여자아이는 존재 자체로 무시당하고 모욕당하며, 심지어 가족에게 살해되기도 한다.[5]

자녀의 욕구 채워주기

매슬로가 언급한 인간의 다섯 가지 욕구에 동의하는가? 그렇다 해도 부모가 아이의 이러한 욕구를 채워주기란 결코 쉬운 일이 아니다.

생리적 욕구

부모의 첫 번째 책임은 음식이나 물, 집처럼 아이가 생명을 유지하는 데 필요한 환경을 제공하는 것이다. 그러나 이것조차 제대로 해결해줄 수 없는 부모가 많다. 전 세계 수백만의 가족은 여전히 건강한 음식, 깨끗한 물, 안전한 쉼터를 찾아 고군분투하고 있다. 인구증가와 기후변화가 가속화되면서 생존에 필수적인 요소를 확보하기란 우리 모두에게 점점 더 어려운 일이 될 것이다.

그러나 자원을 구입할 수 있는 여력이 되는가의 문제는 이 같은 자원의 가용성과 전혀 별개의 문제다. 전 세계 6억 명의 아이가 극도의 빈곤 속에 살아가고 있으며, 세계 인구의 절반에 해당하는 30억 명 이상의 사람들이 하루 약 3,000원 미만의 돈으로 생계를 이어가고 있다.[6] 이것은 비단 개발도상국만의 문제가 아니다. 미국의 경우 다섯 명 중 한 명, 약 1,400만 명의 아이가 빈곤선(적절한 생활수준을 영위하는 데 필요한 최소 소득 수준 - 옮긴이) 아래에서 생활하고 있으며, 또 다른 1,400만 명의 아이는 부모의 소득이 빈곤 기준치의 두 배 이하인 가정에서 살아가고 있다. 2015년에는 4,300만 명 이상의 미국인이 하루 약 2,400원 이하로 생활하는 빈곤층인 것으로 나타났다. 이들에게는 하루하루 음식을 먹는 것 자체가 전쟁인 셈이다.

그나마 형편이 좀 나은 이들이라 해도 경제적으로 힘들기는 마찬가지다. 빈부격차가 점점 커지면서 한때는 미국 중산층에 속했던 이들마저 심한 압박을 받고 있다. 그래서 부모가 둘 다 있는 가정이라 해도 맞벌이인 경우가 대부분이고, 심지어 한쪽 또는 양쪽 부모 모두 두 개 이상의 직업을 가진 경우도 많다. 좀 더 부유하게 살기 위해서라기보다는 그저 빚을 지지 않고 가계를 꾸려나가기 위해서다. 한부모가정인 경우, 대개는 엄마가 가장이다.

이외에도 부모에게는 또 다른 책임이 있다. 필수 영양소를 고루 챙겨주는 일이다. 오늘날에는 먹음직스러운 사진으로 우리를 유혹하는 값싼 패스트푸드와 청량음료가 넘쳐난다. 하지만 주머니가 가볍고 시간이 없을 때는 이만한 음식이 없다. 게다가 맛까지 좋으니 금상첨화다. 물론 어느 정도 이해는 할 수 있다. 하지만 지나친 가공식품 섭취는 건강을 심각하게 위협할 수 있다. 이것은 오늘날 수많은 선진국에서 목격되는 광경이다. 요컨대 가장 기본적인 생리적 욕구를 충족시켜주는 일조차 어려운 부모가 많다.

안전에 대한 욕구

자녀에게 신경을 쓰는 부모라면 기본적으로 신체적 안전을 염려하기 마련이다. 앞서 아랍의 사례에서 살펴봤듯, 문화적 믿음 때문에 전혀 다른 생각을 갖는 부모도 있지만 말이다. 사실 자식이나 새끼를 보호하려는 욕구는 대자연의 가장 기본적인 이치다. 하지만 여기에도 예외는 있다. 워싱턴 D.C. 스미소니언 국립동물원의 포유동물 큐레이터 토니 바델Tony Barthel은 아주 놀라운 사실을 언급한다. 개, 고양이, 곰, 파충류 (그리고 거미) 등은 모두 새끼를 잡아먹는다는 것이다. 전혀 자연스러워 보이지 않지만, 여기에는 먹이와 관련된 이유가 있다고 바델은 설명한다.

포유류는 자신이 배가 불러야 새끼를 잘 보살필 수 있다. 그래서 배고픈 어미 곰이나 사자, 들개는 새끼를 먹을 수도 있는 것이다. 그렇다 해도 대개는 아프거나 온전치 않게 태어난 새끼만 먹잇감으로 삼는다. 하지만 야생에서는 먹이가 부족하면 그저 닥치는 대로 잡아먹는다. 이에 대해 바렐은 다음과 같이 언급한다. "새끼가 어미를 배부르게 하는 셈이죠. 여기에는 또 한 가지 장점이 있습니다. 죽은 동물을 해치워 자신의 굴에 썩을 것을 아무것도 남겨두지 않죠. 이를 통해 포식자의 접근을 차단합니다."[7] 너무 잔인한 이야기일 수 있다. 하지만 사람 역시 자녀를 희생시키는 극단적인 선택을 한다. 잡아서 먹지는 않지만, 우리는 아이를 버린다.

영국 빅토리아 시대에 자선활동이 급증한 것은 수많은 극빈층 부모가 자신의 아이를 포기하거나 길가에 유기했기 때문이다. 비극적인 현실이지만 오늘날에도 전 세계 수백만 명의 아이가 부모에게 버림받은 채 살아가고 있다. 하루하루 생계를 유지하기 힘들어 아이를 버리기도 하고 길거리로 내보내 구걸을 시키기도 한다. 심지어 돈 받고 파는 경우도 있고 강제노동에 동원하기도 한다. 오늘날 노예생활을 하는 이는 약 2,500만 명이며, 이 중 대다수가 어린아이인 것으로 추정된다. 여기에는 성노예, 국내 및 해외 지역의 노예, 어장노예, 산업노예 등이 포함되며, 악랄한 군부 휘하로 끌려가 강제 복무를 하는 아이들도 있다.[8]

그러나 매우 좋은 환경에서도 자녀를 극도로 학대하는 부모도 있다. 이 같은 소식을 접할 때면 대부분은 구역질을 느낀다. 아이를 해치는 것은 아이를 보호하고자 하는 우리의 본능과 정면으로 배치되기 때문이다. 하지만 아이를 신체적으로 처벌하는 일은 서구사회에서 일반적으로 일어났고, 일부 지역에는 여전히 이러한 관습이 존재한다. 불과 얼마 전까지만 해도 미국을 포함한 대부분의 국가에서는 아동 체벌이 자유로웠을 뿐 아니라 적극적으로 권장되는 훈육방식이었다. '매를 아끼면 자식을 망친다'는 속담이 있을 정도였으니 말이다. 그래서 회초리를 들거나 엉덩이를 때리는 모습은 미국과 유럽 학교에서 흔히 볼 수 있는 광경이었다. 미국 일부 지역에서는 이러한 지도방식이 아직도 존재한다.[9]

하지만 대부분의 부모는 자녀를 신체적으로 보호할 의무를 기꺼이 수용한다. 여기서 중요한 것은 부모 역할의 균형점을 찾는 것이다. 아이들은 안전에 대한 욕구를 충족하는 동시에 강하고 독립적으로 성장해야 한다. 따라서 과잉보호는 그 자체로 많은 위험을 내포한다. 자녀를 안전하게 보호하는 것이 중요한 만큼 회복력과 자립심을 길러주는 것도 중요하다. 이 두 가지는 전혀 다른 부모의 역할을 요구하는 셈이다.

애정과 소속감에 대한 욕구

자녀가 충분한 사랑과 소속감을 느낄 수 있도록 하는 것 역시 부모의 책임이다. 사랑의 형태는 가족의 형태만큼이나 많다. 사랑을 정의하고 표현하는 방식에는 수많은 해석이 따른다. 고대 철학자는 사랑을 네 가지 종류로 구분했다. 남녀 간의 사랑을 뜻하는 에로스eros, 자연만물과 인류에 대한 보편적 사랑을 뜻하는 아가페agape, 우정과 특정 무리에 대한 호의를 뜻하는 필리아philia, 가족 간의 사랑, 특히 자녀에 대한 부모의 사랑을 뜻하는 스토르게storge가 여기에 포함된다.[10]

다른 사랑의 유형과 마찬가지로 부모의 사랑은 음식이나 물처럼 제한된 자원이 아니다. 사랑은 큰아이에게 준 만큼 작은아이에게도 똑같이 줄 수 있다. 아이가 둘이라고 해서 부모의 사랑이 반으로 나뉘지 않는다는 뜻이다. 오히려 사랑은 배가된다. 나는 1950년대와 60년대 영국 리버풀에서 7남매와 함께 어린 시절을 보냈다. 남자 형제가 여섯 명, 여자 형제가 한 명이었다. 그런데 지금 생각해보면 당시 부모님은 어떻게 그 힘든 시간을 견뎌냈는지 그저 놀랍기만 하다. 당시는 2차 세계대전으로 황폐해진 도시에서 장기 실업의 망령이 이어지고 있었다. 사치는커녕 생계를 근근이 이어가기조차 힘겨운 상황이었다.[11] 하지만 부모님은 어떤 어려움 속에서도 우리에게만큼은 늘 사랑으로 대해주었다. 그래서 우리는 사랑받고 있다는 느낌, 소속되어 있다는 느낌이 충만했다. 또한 부모님은 우리 7남매를 똑같이 대하지 않았다. 한 명 한 명 모두 다른 사람이기 때문이다. 하지만 모든 형제자매를 동등하게 대해주었고, 7남매 모두 우리 가족 구성원으로서 서로에게 중요한 존재라는 사실을 일깨워주었다.

하지만 형제자매가 있는 곳에는 언제나 경쟁심리가 있게 마련이다. 우리 남매 역시 마찬가지였다. 서로 더 관심을 받으려 다투기도 했고, 끼리끼리 모여 부모에게 아첨하기도 했다. 그러다 부모님이 크게 화를 내는 경우도 있었다. 하지만 언제 앞으로 나아가고, 언제 뒤로 물러나야 할지 정도는 우리도 잘 알고 있었다. 적어도 나는 그렇게 생각한다. 부모로서 여러분의 역할은 자녀의 감정 발달에 매우 큰 영향을 끼친다. 그리고 감정의 발달 정도에 따라 자아상이 형성되고 자신감의 크기가 결정된다. 그렇다고 감정 발달이 전적으로 부모의 역할에 좌우되는 건 아니다.

존경에 대한 욕구

여러분의 자녀가 어떤 삶을 살아가는가는 자기 자신은 물론 다른 사람을 얼마나 가치 있게 여기는가의 문제와 직결된다. 그래서 자존감은 우리의 목적의식, 야망, 가치관은 물론 삶을 대하는 태도에까지 영향을 끼친다. 아이들은 사춘기를 지나 청소년기로 접어들면서 자신의 외모, 대인관계, 재능, 잠재력 등에 대한 이런저런 의심으로 힘겨운 시간을 보낸다. 자기확신은 나이에 상관없이 낮아질 수 있지만, 어린아이의 경우 특히 더 취약하다.

때로 부모는 무조건적인 칭찬을 통해 아이들의 자존감이 높아지기를 기대한다. 그러나 이런 식의 접근법은 오히려 역효과를 낼수 있다. 자존감은 끝없이 칭찬만 해준다고 높아지지 않는다. 어떤 부모는 아이가 스스로 가치 있는 존재로 여기기를 바라는 마음에 아이가 하는 모든 행동을 칭찬한다. 시를 쓰건, 그림을 그리건, 공놀이를 하건 무조건 "잘했어" "정말 멋져"라고 말하며 하이파이브를 하거나 기쁨의 탄성을 지른다. 부모와 교사의 적절한 칭찬과 긍정적인 반응은 아이를 격려하는 효과적인 수단이다. 하지만 건설적인 비판과 균형감이 배제된 마구잡이식 칭찬은 그저 부풀려지기만 할 뿐 아무런 가치를 지니지 못한다.

아이들은 뭔가를 열심히 해서 좋은 결과를 얻고 나면, 스스로 자랑스럽게 여겨도 될 만한지 여부를 충분히 인식한다. 이때 자부심에 대한 엄격한 잣대가 없이 그저 기분만 들떠 앞으로 개선해야 할 점을 생각하지 못하면 아이의 자부심은 자칫 스스로를 제멋대로 생각하는 태도로 이어질 수 있다. 아이의 자존감을 길러주는 일은 중요하다. 그러나 지나친 자존감으로 이어지지 않도록 하는 것 역시 그만큼 중요하다. 도덕을 교육하는 일은 물론 각종 기준을 설정하고 의사결정 방법을 가르치는 데 부모의 적극적인 역할이 중요하다는 뜻이다.

부모는 자녀의 자존감에 어떤 식으로든 영향을 끼친다. 하지만 원인과 결과가 명확한 경우는 많지 않다. 어떤 아이는 부모를 모델로 삼고 똑같이 되고자 노력한다. 부모의 직업을 따라서 선택하는 경우도 있고, 다른 방식으로 모방하기도 한다. 아니면 그저 부모의 모습 자체를 자랑스러워할 수도 있다. 그래서 부모의 발자취를 그대로 좇으며 직업적으로 생활적으로 모든 면에서 같은 길을 걷고 싶어 한다.

그러나 아이들은 성장해가면서 다양한 외부적 요소에 노출되기 시작하고, 이것은 아이가 스스로를 어떻게 생각하고 판단하는지에 영향을 끼친다. 그리고 학령기 아동이나 10대 청소년의 경우, 가족보다는 이러한 외부적 요소에 훨씬 더 많은 영향을 받는다. 때로는 아이들이 다른 사람 말은 다 들으면서 부모 말만 안 듣는 것 같은 시기도 찾아온다. 하지만 부모는 이 부분을 해결할 수 없다. 열심히 노력할수록 오히려 역효과만 낼 뿐이다. 이처럼 자녀와의 관계가 극으로 치닫는 경우라 해도 책임감 있는 부모라면 자녀의 정서적 건강 상태를 끊임없이 주시하며 적절한 도움을 주어야 함을 잊지 않는다.

자아실현의 욕구

두 권의 책 『엘리먼트The Element』 『엘리먼트: 실천편Finding Your El-ement』에서 나는 '엘리먼트'라는 개념을 재능과 열정이 만나는 지점으로 정의했다. 사람마다 타고난 재능은 모두 다르다. 수학에 소질 있는 사람이 있는가 하면 피아노에 소질 있는 사람이 있고, 물리학이나 축구에 소질 있는 사람이 있다. 그래서 자신만의 엘리먼트를 찾는 것은 내가 기본적으로 뭘 잘하는지를 발견하는 것과 관련이 있다. 하지만 엘리먼트를 찾는 것에는 나의 재능을 발견하는 것 이상의 의미가 있다. 수많은 사람들이 뭔가를 잘하지만, 결코 즐기지는 않기 때문이다. 진정한 엘리먼트란 그 일을 사랑하는 것까지 포함한다. 따라서 엘리먼트를 찾으면 헛되이 보내는 시간이 생기지 않는다. 다른 사람에게는 무척 어렵게 느껴지는 일도 본인에게는 큰 기쁨일 수 있다. 결국 어떤 일을 누가 하느냐에 따라 전혀 다른 결과로 이어질 수 있는 셈이다. 여러분의 자녀가 엘리먼트를 찾을 수 있도록 도와주는 것은 곧 삶의 목표와 방향을 잡을 수 있도록 도와주는 것이다. 매슬로는 이것을 '자아실현'으로 표현했다. 우리 모두는 각자 자신의 삶을 만들어간다. 부모로서 아이 내면의 잠재력을 개발하도록 돕는 것이야말로 만족스러운 삶을 살아갈 수 있도록 하는 최선의 길이다. 획일적인 교육이 잘못된 이유가 바로 여기에 있다.

다른 네 가지 욕구가 충족되지 않은 상태에서는 자아실현의 욕구가 충족되기 어렵다. 무엇보다 아이의 자아실현을 위해서는 부모와 교육의 역할이 절대적이다. 교육은 자아실현에서 핵심 역할을 하기 때문이다. 따라서 올바른 교육방식의 선택은 아이가 자신의 꿈을 이루어나가는 데 중요한 역할을 한다.

완벽한 부모도 완벽한 자녀도 없다

좋다, 여기까지는 이론이다. 실제 삶에서는 문제가 훨씬 복잡하다. 부모의 역할은 과학처럼 딱 떨어지지 않는다. 만약 부모가 예술작품이라면, 분명 가장자리는 해질 대로 해져 있을 것이다. 그만큼 어렵고 힘든 게 부모의 역할이다. 가족 내에서의 사랑과 소속감의 유형은 결코 단순하지 않다. 어머니와 딸, 아버지와 아들, 아버지와 딸, 어머니와 아들의 관계는 제각기 다르다. 이들 관계의 사랑과 소속감은 경우에 따라 더 진해지기도, 더 묽어지기도 한다. 기본적으로 이러한 사실을 나는 잘 알고 있다. 여러분은 자녀들을 대할 때 공정해야 한다. 공정하다는 것은 똑같이 대하는 것과는 다르다. 자녀별로 서로 다른 '맞춤식 관계'를 유지해야 한다는 뜻이다. 아이는 자신이 누구이고, 가족 내에서 어떤 위치에 있느냐에 따라 부모에게 제각기 다르게 반응한다. 장남 또는 장녀, 막내, 가운데 서열의 아이의 반응이 모두 다르다. 부모는 똑같은 반응을 보여도 아이들이 자신의 위치에 따라 전혀 다른 반응을 보이는 이유가 여기에 있다. 한 아이는 무척 행복해하는 반면 다른 아이는 너무도 슬픈 표정을 짓는다.

이제 아이는 잠시 잊어보자. 부모에게도 부모의 삶이 있다. 여러분은 부모로서 매일같이 온갖 압박에 시달리며 산다. 직장인으로서, 부모로서, 남편 또는 아내로서, 사회인으로서 모든 역할을 동시에 하느라 애를 먹고 있을 것이다. 물론 부모의 역할은 혼자 하지 않는다. 아내 또는 남편이라는 동반자가 있다. 가족의 형태가 아무리 달라졌다 해도 부모의 존재는 두 명인 경우가 대부분이다. 적어도 대도시의 일반적인 가정에서라면 말이다. 여러분이 두 명(혹은 그 이상)의 부모 가운데 한 명이라면, 여러분과 자녀의 관계는 부모 두 사람의 관계뿐 아니라 나머지 한 명의 부모와 자녀의 관계로부터 직접적인 영향을 받는다. 부모 각자가 자녀와 어떤 관계를 맺고 있느냐에 따라 아버지와 자녀, 어머니와 자녀의 관계도 달라지는 셈이다. 더 가까워질 수도, 더 멀어질 수도 있다.

요즘에는 소셜 미디어를 통해 다른 부모들의 삶까지 쉽게 들여다볼 수 있다. 그러면서 우리는 내가 부모의 기준에 부합하는지 궁금해한다. 만약 그렇다면, 여러분은 자녀를 보호하기 위해 이른바 어른 버전의 '또래집단 압박'을 느끼는 상황일 수 있다. 포기 마미라는 이름의 한 블로거는 이 감정에 대해 다음과 같이 표현하고 있다.

모든 건 핀터레스트Pinterest 때문이다. 생일파티 장식에서부터 디저트, 상차림은 마사 스튜어트Martha Stewart의 잡지에서나 나올 법한 화려하고 기발한 아이디어로 가득하다. 특히 상차림은 아이들이 좋아하는 『선반 위의 요정Elf on the Shelf』 속 그림을 그대로 옮겨놓은 것만 같다. 이런 사진을 보고 있으면 나도 이렇게 해야 하는 건 아닐까라는 생각이 든다. 따라 하지 않으면 사진 속 부모들만큼 기발하지도, 똑똑하지도 않은 것 같은 생각에 사로잡힌다. 다른 부모들의 일상을 엿보는 건 재밌고 즐겁다. 나도 인정한다. 하지만 그 후에 느끼는 감정은 그리 개운치 않다. 내게는 그런 화려한 일상을 시도할 만한 경제적 능력도, 재능도 없다는 걸 알기 때문이다. 그저 부모로서의 죄책감만 깊어질 뿐이다. 전혀 진취적이지 않다. 부모로서 우리는 아이들과 여가시간을 어떻게 보낼지, 어떤 가족문화를 지향할 것인지, 사회가 부모에게 기대하는 모습은 무엇인지를 생각한다. 그런데 오늘날에는 이것이 대체로 소셜 미디어에 좌우되곤 한다.[12]

이처럼 부모로서 느끼는 또래집단의 압박은 일명 '슈퍼부모'가 되어야 한다는 강박으로 이어진다. 이들은 완벽한 부모, 완벽한 아내 또는 남편, 완벽한 직장인의 모습을 동시에 추구한다. 먼지 한 톨 없는 깨끗한 집을 유지하는 것은 물론 건강도, 미소도 잃지 않는 슈퍼부모를 꿈꾸는 것이다.[13] 어떤 부모는 아이가 매사에 부족한 것처럼 느낀다. 소셜 미디어에 등장하는 부모들을 보면서 자녀에 대한 기준을 너무 높게 설정한 탓이다. 터무니없이 높게 잡은 목표에 가까이 가지 못하는 건 당연하다. 또 부모로서 아이에게 실망하는 것 역시 당연한 수순이다. 요컨대 중요한 것은 여러분이 과연 어떤 부모가 되고 싶은지를 명확히 이해하는 것이다. 능력 있는 부모가 되라는 얘기가 아니라 부모의 역할을 어떻게 시작할 것인지 생각해보라는 뜻이다. 이것은 여러분 각자의 성격과 자라면서 경험했던 다양한 생각과 행동에 좌우될 것이다. 이 모든 것이 한데 합쳐져 여러분의 양육방식을 결정한다. 이것은 과연 무엇을 의미할까?

자신만의 양육방식을 찾아라

1960년대 초반, 심리학자 다이애나 바움린드Diana Baumrind는 방대한 규모의 설문조사를 진행했다. 부모의 양육방식을 세 가지 종류로 구분하고, 이를 뒷받침하기 위해 진행한 조사였다. 그리고 30년 후, 엘리노 매코비Eleanor Maccoby와 존 마틴John Martin은 바움린드가 설정한 세 가지에 한 가지를 더해 부모의 양육방식을 권위적인 방식, 지휘적인 방식, 방임적인 방식, 무관심한 방식의 총 네 가지로 구분했다.

우선 권위적인 부모는 자녀가 따라야 할 일련의 규칙을 제시한다. 이때 자녀에게는 자율적으로 결정할 수 있는 권한을 주지 않고, 규칙을 왜 지켜야 하는지에 대해서도 충분히 설명하지 않는다. 규칙을 어기면 가혹한 처벌이 따른다. 권위적인 부모는 자신의 지시를 아이가 그대로 따라주기를 원한다. 어떠한 이의제기도 없이 말이다. 조사 결과, 이 같은 부모 밑에서 자란 아이들은 일단 자신이 시작한 일은 무난하게 완수하는 것으로 나타났다. 하지만 대체로 행복감을 느끼지 못하며, 사회생활에서 문제를 보이는 경우가 대부분이었다.

두 번째로 지휘적인 부모 역시 일련의 규칙을 제시하지만, 이들은 규칙의 이유를 설명하려고 애쓴다. 또 각각의 상황에 맞게 자녀의 의견을 충분히 들어주고 수용한다. 규칙을 어길 경우 처벌하기보다 아이를 가르칠 수 있는 기회라고 생각하고 잘 타이른다. 또 자신이 설정한 규칙을 자녀가 따라주기를 바라지만, 이 규칙은 언제든 더 좋은 쪽으로 바뀔 수 있다고 생각한다. 지휘적인 부모를 둔 아이는 다른 어떤 부모 밑에서 자란 아이보다 행복지수가 높고 사회생활도 잘하며, 자신이 설정한 목표를 성공적으로 이뤄내는 것으로 조사되었다.

세 번째로 방임적인 부모는 아이에게 지나치게 관대한 모습을 보인다. 때로 자녀를 자신과 동등하게, 또는 친구처럼 대하기도 한다. 규칙을 제시하는 경우가 거의 없고, 아이에게 별 기대를 하지 않는다. 자녀를 보살피는 것으로 충분하다고 생각하며, 자녀가 어떤 행동을 하든 크게 신경 쓰지 않는다. 방임적인 부모를 둔 아이는 학교처럼 규칙이 존재하는 곳에서 많은 문제를 보였고, 사회생활에도 잘 적응하지 못하는 것으로 나타났다.

마지막으로 무관심한 부모는 부모로서의 역할 수행을 최소한으로 줄인다. 아이에게 쉴 곳을 마련해주고 먹을 것을 주지만, 아이에게 길을 제시하거나 보살핌을 제공하는 등의 역할은 거의 하지 않는다. 이 같은 부모 밑에서 자란 아이들은 십중팔구 자기통제력, 자존감, 행복지수 등에 많은 문제가 있는 것으로 나타났다.[14]

양육방식을 기준으로 부모의 유형을 구분했을 때, 가장 끝단에는 이른바 '헬리콥터 부모'가 있다. 이들은 자신의 아이를 강박적으로 보호하는 부모를 일컫는다. 헬리콥터 부모는 아이를 끊임없이 통제한다. 늘 지근거리에 머물면서 행여나 높은 곳에서 떨어지지는 않는지, 몸을 다치지는 않는지 관찰한다. 또 숙제를 완벽하게 하는지 감시하고, 학교 선생님이나 친구들 때문에 아이의 자존심이 조금이라도 다친 듯 보이면 득달같이 학교로 달려가 항의를 일삼는다. 이에 대해 인디애나대학교에서 심리학을 연구하는 크리스 메노Chris Meno는 다음과 같이 설명한다. "아이들이 뭔가를 스스로 헤쳐나갈 수 있는 기회를 갖지 못하면, 문제해결 방법을 배울 수가 없습니다. 스스로의 능력에 자신감을 가질 수 있는 경험을 해보지 못하면, 이는 자존감에까지 영향을 끼칩니다. 또 다른 문제는 실패의 경험이 없기 때문에, 실패로 인해 다른 사람을 실망시킬 수 있다는 것에 극도의 두려움을 갖는다는 것입니다. 낮은 자신감과 실패에 대한 두려움은 우울이나 불안의 감정으로 이어집니다."[15]

이들 네 가지 양육방식을 보면 대부분의 부모는 '난 지휘적인 부모가 되어야겠군'이라고 생각할 것이다. 물론 지휘적인 부모 밑에서 자란 아이들이 가장 행복하고 성공적인 삶을 사는 것처럼 보이는 건 사실이다. 그러나 여기에는 몇 가지 생각해봐야 할 점이 있다. 모든 부모가 똑같이 지휘적인 양육방식을 가질 수는 없다. 부모 자신이 양육되어온 방식, 배경, 환경 등이 각자 다르기 때문이다. 또 자녀에 따라 지휘적인 양육방식이 맞지 않을 수도 있다. 똑같은 부모가 있을 수 없듯, 똑같은 자녀도 있을 수 없기 때문이다. 우리 모두는 각기 다른 존재다.

여러분 각자 아이에게 기대하는 행동이나 제공하는 자유, 아이와 함께 보내는 시간은 결코 같을 수가 없다. 그리고 자녀와의 관계는 시간이 흐르면서 변하게 마련이다. 자녀는 삶의 각 시기마다 부모에게 원하는 게 다르기 때문에 부모 역시 아이가 무엇을, 언제 원하느냐에 따라 유연하게 대처해야 한다. 모든 상황에 같은 접근방식을 써서는 안 된다는 뜻이다. 어떤 양육방식을 취해야 하는지는 매순간 고민해봐야 한다. 부모가 정한 모든 규칙을 무조건 따르게 해야 할 때도 있다. 예를 들어, 어린 자녀의 안전이 우려되는 상황이나 부모의 설명이 오히려 아이에게 불필요한 불안감을 야기하는 경우 등이 해당된다.

나는 무관심한 부모나 헬리콥터 부모의 역할은 좀처럼 받아들이기가 어렵다. 그러니 이 두 가지 경우는 생략하도록 하자. 여러분의 양육방식은 권위적인 부모, 지휘적인 부모, 방임적인 부모 세 가지가 적절히 섞여 있을 것이다. 그런데 너무 억지로 양육방식을 바꾸려고 하다 보면 오히려 부모나 자녀 모두에게 역효과가 날 수 있다. 또 여러분의 양육 동반자인 남편이나 아내의 양육방식과 더불어 자녀가 그와 같은 방식에 어떠한 영향을 받는지도 잘 알아야 한다.

부모의 역할을 아는 것부터가 시작이다

부모가 된다는 건 인생에서 가장 풍요로운 경험일 수 있다. 그러나 부모는 때로 가슴이 저리고 머리가 아픈 힘든 역할이라는 것도 받아들여야 한다. 아이를 부모가 원하는 대로 행동하고, 부모가 생각하는 길로 가도록 한다는 건 끝없는 전쟁과도 같다. 비단 젖먹이 어린아이 시절뿐만 아니라 유아기를 거쳐 격동의 청소년기에 이르기까지 아이와의 싸움은 결코 끝나지 않는다. 부모는 자녀를 사랑하고, 격려하고, 지원해줄 수 있다. 또 기준을 정해 때로는 꾸짖으면서 아이가 잘하기를 기대한다. 그러나 때로는 부모의 역할과 관계가 있지만 부모가 직접적으로 통제할 수 없는 상황에 맞닥뜨리기도 한다.

긍정적이든 부정적이든 부모는 자녀에게 결코 지워지지 않는 영향을 끼친다. 하지만 그렇다고 자녀의 속마음이나 장래에 뭘 하면서 살아갈지에 대한 부분까지 통제할 수는 없다. 부모는 다만 자녀가 성장하는 데 필요한 최선의 여건과 기회를 제공할 수 있을 뿐이다. 이것이 부모의 역할이다. 자, 부모의 역할을 아는 것만으로 문제의 절반은 끝났다. 나머지 절반은 자녀를 제대로 아는 것이다.

제3장

자녀를 제대로 알라

You, Your Child, and School

누구나 자신의 아이는 단번에 알아본다. 아랫마을에 사는 아이를 내 아이로 착각하는 사람은 없다. 그렇다고 여기서 눈송이 비유(눈송이의 결정체는 각기 다르다는 내용 – 옮긴이)를 하겠다는 건 아니다. 단순한 사실만을 언급할 뿐이다. 이 지구상의 모든 아이는, 심지어 같은 부모에게서 태어난 형제자매조차도 각기 다르다는 사실 말이다. 같은 아이는 단 한 명도 없다. 두 명 이상의 자녀를 가진 부모라면 아이는 백지상태로 태어나지 않는다는 사실을 잘 알고 있을 것이다. 아이들은 각자 타고난 성격과 재능, 특징이 있다. 그래서 유전적으로도 각기 다른 삶을 살 수밖에 없도록 태어난다. 물론 외모가 비슷할 수는 있지만 아이의 고유한 특징은 각기 다르다. 그렇다면 이러한 사실이 자녀교육에는 어떠한 의미가 있을까?

아이들은 누구인가

'선천성 vs. 후천성'의 논쟁을 한번쯤 들어봤을 것이다. 아이들은 선천적 특징과 후천적 경험 중 과연 어느 것에 좌우되는가? 만약 부모가 아이의 생물학적 부모인 경우, 부모의 유전적 특징은 아이에게 대물림된다. 예를 들어, 딸아이는 여러분의 눈매와 머리색, 매운 음식 알레르기 등을 그대로 닮을 수 있고, 배우자의 콧날, 키, 강한 햇빛에 대한 알레르기 반응 등을 똑같이 갖고 태어나기도 한다. 또 1960년대 록밴드에 열광했던 여러분의 취향이나 고양이가 등장하는 미스터리 소설을 끔찍이 싫어하는 배우자의 취향을 그대로 닮기도 한다. 이러한 부분은 대체로 후천적인 경험에서 비롯된다. 그렇다면 과연 우리 아이들에게는 선천적 특징과 후천적 경험 중 어떤 것이 더 중요할까?

선천적 특징이 중요하다고 주장하는 일명 '선천주의자'들은 사람의 타고난 능력과 기질이 인생 전체를 지배한다고 주장한다. 사람의 운명은 유전자에 달려 있다는 것이다. 반면, 후천적 경험의 중요성을 설파하는 이른바 '후천주의자'들은 우리의 삶은 성장환경이나 다양한 경험에 따라 달라진다고 주장한다. 이 같은 논쟁은 수년간 지속되었고, 다행히 무승부로 끝났다는 소식을 전하게 되어 무척 기쁘게 생각한다. 최근 학계에서는 이정표로 남을 만한 연구가 진행되었다. 전 세계 39개 국가의 쌍둥이 1,400만 쌍을 대상으로 1만 7,000개 이상의 특징에 대해 조사를 실시한 것이다. 그 결과 유전자가 인간의 삶에 영향을 끼치는 비율은 49퍼센트, 환경

이 영향을 끼치는 비율은 51퍼센트인 것으로 나타났다.[1]

만약 그렇다면, 2퍼센트의 차이는 있을지언정 우리는 단순히 선천성과 후천성 가운데 뭐가 더 중요한지를 놓고 싸울 게 아니라 선천성과 후천성의 상관관계를 살펴봐야 한다. 이 관계는 자녀교육에서도 중요한 시사점을 갖는다. 중요한 것은 자녀의 특징을 파악하는 것이다. 이에 대해서는 추후에 알아보도록 하겠다. 그전에 아이들의 공통적인 특징부터 살펴보자.

타고난 학습능력

모든 신생아는 그야말로 가능성 덩어리다. 침대에 누워 있는 아기를 보면 어떤 생각이 드는가? 아무것도 모른다는 듯 모든 것을 엄마에게 맡긴 채 누워 있는 순수한 모습만 보이는가? 물론 그럴 수도 있다. 부모가 없이는 거의 아무것도 할 수 없기 때문이다. 그러나 이들의 발전 속도는 놀라울 정도다. 침대에 누워 있는 아기는 '어디서도 찾아볼 수 없는 대단한 존재이며, 우주에서 가장 뛰어난 학습머신'이다.

작디작은 손가락과 입은 자신을 둘러싼 신세계를 탐험하는 훌륭한 도구이며, 그 정확성은 화성 탐사선보다도 뛰어나다. 쭈글쭈글 양쪽 귀로 들려오는 말은 도무지 이해할 수 없지만, 이내 그럴듯한 언어를 구사해낸다. 때로 마음속을 들여다보는 듯한 초롱초롱한 눈

망울은 실제로 상대방의 깊은 감정까지 읽어낸다. 솜털 보송한 머리로 둘러싸인 뇌는 매일같이 수백만 개의 새로운 연결을 만들어낸다. 이것이 최소 30년간의 과학적 연구를 통해 밝혀진 내용이다.[2]

태어나는 순간부터 사회생활을 시작해 첫 월급을 받을 때까지 여러분의 자녀는 신비에 가까운 '변형'의 과정을 거친다. 충분한 영양과 휴식을 제공하고, 적절한 운동을 할 수 있도록 도와주면 아이들은 신체적으로 성장해나간다. 몸집이 커지고 힘이 세지며 외모에도 변화가 생긴다. 또 뇌와 신경조직이 정교해짐에 따라 정서적으로도 성장을 거듭한다. 세상에 대한 지식과 이해가 깊어지면서 인지적으로도 발달하며, 다른 사람과 관계를 맺고 살아가는 사회적 능력 또한 성장한다. 뿐만 아니라 삶의 의미와 목적을 찾아가며 정신적으로도 성숙해나간다.

이렇듯 다양한 과정을 거치며 성장하지만, 각 과정을 분리해서 생각해서는 안 된다. 아이의 발달은 과정 하나하나가 분리되어 이루어지지 않는다. 신체적 발달은 인지적 발달에 영향을 끼치고, 인지적 발달은 사회적 경험을 통해 성숙하며, 이 모든 과정은 아이가 자신의 감정과 생각대로 스스로를 판단하고 세상을 이해하는 데 영향을 끼친다. 갓 태어난 아기는 뭔가 불편하거나 불안함을 느끼면 자지러지게 울어댄다. 그러나 하나둘 경험하고 적응해나가면서 자기통제력이 증가한다. 걸음마를 하는 시기가 되면 운동능력은 한층 더해져 자기 신체는 물론 주변 환경까지 통제할 수 있게 된다. 그러면서 걷고, 말하고, 마음대로 안 되면 주먹으로 바닥을 치거나 소리를 지르기도 한다.

학교에 들어갈 나이가 되면, 아이들의 운동능력은 훨씬 정교해지면서 신체적으로 거의 완벽한 통제력을 갖춘다. 사춘기에 접어들면 몸과 뇌에서 이른바 '미지의 세계'로 각종 화학물질이 분비되기 때문에, 이때부터 부모는 아이 방 출입을 조심해야 한다. 청소년기 내내 호르몬이 분비되기 때문에 아이들은 때로 자기 자신은 물론 주변 사람에 대해 주체할 수 없는 감정에 휩싸이기도 한다. 감정을 통제하는 성숙한 능력은 뇌에서 일어나는 각종 연결 작용과 관계가 깊다. 이러한 연결 작용은 특히 전두엽 피질에서 활발히 일어나며, 대부분 20대 중후반까지 지속된다. 이 복잡한 과정을 거쳐 드디어 성인기에 진입한다. 어느 정도 균형과 평정이 찾아오면 좋겠지만, 나이가 들어 몸이 고장 날 때까지 우리는 끊임없이 변화를 거듭한다.

세계적인 소아과 의사이자 베스트셀러『세상에서 가장 행복한 아기The Happiest Toddler on the Block』의 저자이기도한 하비 카프Harvey Karp는 어린아이의 초기 발달 과정을 인간의 역사적 진화에 비유한다. 카프 박사는 아이들은 1세부터 4세까지 급속한 발달 과정을 거치는데, 이것은 마치 인간의 진화 과정이 초단시간 안에 재현되는 것이나 다름없다고 설명한다. 고대 인류가 수백억 년의 긴 시간 동안 거쳐온 진화의 과정을 아이들은 단 3년 만에 완성해버린다는 것이다. 그 예는 다음과 같다.

• 직립보행 능력

- 손과 손가락의 정교한 사용 능력
- 말하기 능력
- 복잡한 생각(비교/대조)
- 읽기 능력[3]

별로 받아들이고 싶지 않은 독자도 있겠지만, 유전적으로 침팬지는 인간과 가장 흡사한 동물이다. 인간과 침팬지는 98퍼센트의 유전형질이 같지만, 나머지 2퍼센트에 의해 모든 차이가 발생하는 것이다.

어린아이의 경우 처음부터 엄청난 능력을 갖고 태어난다. 그리고 같은 시기의 다른 종이 성장을 멈춘 후에도 아주 오랫동안 지속적으로 발달을 이어간다. 출생 후 2년 동안은 인간과 침팬지의 성장 속도가 거의 비슷하다. 그러나 1년만 더 지나면 거의 모든 면에서 인간이 침팬지를 추월한다. 인간은 지적 능력이 지속적으로 성장하는 데 비해 침팬지는 성장이 완료되고 나서도 고작 4세 아이의 지적 능력밖에 지니지 못한다. 기본적인 수화를 배우고 복잡한 사회체계도 마련하지만, 고차원적 추리나 창의성에 버금갈 만한 능력은 갖지 못한다.

인간은 지구상의 어떤 동물보다 정교한 형태의 지적 능력을 갖고 있다. 인간은 언어나 수학, 과학, 예술 등의 독자적인 방식으로 자신의 생각을 표현하고 주변 사람과 의사소통을 한다. 그리고 그 과정에서 무수히 많은 통찰과 혁신이 창출된다. 인간은 또 의사결정과 감정 통제, 논리와 추론, 창의성, 비판적 사고 등에 탁월한 능력을 갖고 있으며, 연민과 동정심도 깊다. 이 모든 역량은 아이가 성장하고 성숙해가면서 점차 증대된다. 그렇다면 인간과 침팬지의 이 같은 발달상의 차이는 무엇을 의미하는 것일까?

한 가지 중요한 사실은 인간은 그 어떤 종보다 아동기가 길다는 것이다. 일부 종의 경우 아동기가 거의 없다 싶을 만큼 무척 짧다. 새끼 침팬지는 어린아이보다 두 배나 빠른 속도로 성장한다. 세 살짜리 아이가 여기저기 걸려 넘어지고 있을 때에도 대다수 종의 새끼는 스스로 독립하여 모든 일을 알아서 처리한다. 한 가지 이유는, 어린아이의 경우 뇌가 빠르게 성장하고 있어 많은 에너지를 필요로 하기 때문이다. 그래서 우리 몸의 다른 신체가 빨리 자랄 수 있을 만큼 에너지가 남아 있지 않은 것이다.[4] 인간의 뇌는 다른 유인원의 뇌보다 약 세 배 크다. 성인 인간의 뇌 무게는 약 1.3킬로그램으로, 전체 몸무게에 비해 매우 무겁다. 이처럼 거대한 뇌는 우리가 먹는 영양분의 4분의 1을, 호흡하는 산소의 5분의 1을 사용한다.

또 한 가지 중요한 점은 대뇌피질의 크기다. 이곳은 잔주름이 많이 잡힌 뇌의 외층부로 인간의 대뇌피질 밀도는 침팬지보다 훨씬 높다. 어린아이의 뇌는 약 1,000억 개의 신경세포로 이루어져 있으며, 세포 간 연결 건수도 셀 수가 없다. 아이가 성장과 학습을 거듭하면서 이들 신경세포는 축삭돌기라는 긴 섬유물질을 통해 무수히 많은 조합을 만들어낸다. 이 복잡한 연결망이 급성장하는 아이들의 지적 능력을 조절하는 것이다. 그리고 여기에는 미엘린이라는 물질 또한 관여한다.

백색의 지방질인 미엘린은 축삭돌기를 덮고 있으며 이곳을 지나가는 전기자극이 흩어지지 않도록 보호한다. 미엘린을 형성하는 데 걸리는 시간은 침팬지보다 인간이 훨씬 길다. 그래서 신생아에게는 미엘린이 거의 없다. 아동기를 거치면서 조금씩 생겨나기 시작하고 청소년기, 초기 성년기를 거쳐 완전히 발달한다. 그러나 침팬지는 미엘린이 어느 정도 형성된 채로 태어나며, 사춘기 전에 완전히 발달한다. 수십억 개의 신경세포 조합에서 미엘린의 발달 속도가 느린 것은 매우 중요한 부분으로, 고차원적 인지능력이라는 인간만이 갖고 있는 고유의 지적 역량의 핵심을 이룬다.[5]

놀이활동이 지적 잠재력을 키운다

아이들에게 노는 것만큼 중요한 것은 없다고 해도 과언이 아니다. 적극적이고 새로운 놀이활동과 뇌의 활동 및 발달에는 직접적인 상관관계가 있다. 이러한 놀이를 통해 창의력, 분석적 사고 능력, 문제해결 능력, 협동심 등이 발달한다. '실제적인 놀이활동'의 수많은 효과에 대해서는 다음 장에서 좀 더 구체적으로 살펴보도록 하겠다. 실외에서의 신체활동은 아이의 건강한 성장과 발달에 필수적이다. 다른 동물보다 훨씬 긴 아동기를 거치면서 인간은 한층 다양하고 전체적인 방식으로 언어를 학습하고, 놀이를 통해 비판적인 사회성을 기르며, 각종 실수와 실패로부터 교훈을 얻는다.[6] 그 결과 사회적·문화적으로 훨씬 복잡한 체계를 갖춘다. 인간의 뇌 발달 기간이 다른 종보다 훨씬 긴 만큼 다양한 문화적 경험을 통해 뇌가 성장할 수 있는 기회 또한 더 늘어난다.

요컨대 인간은 태어나 얼마 동안 스스로 우유 한 잔 꺼내 마실 수 없는 무능력함과 그 속에 내재된 엄청난 지적 잠재력을 맞바꾼 셈이다. 그런데 이는 아주 현명한 거래로 보인다. 시작은 느릴지 몰라도 마치 경주용 자동차처럼 빠른 속도로 다른 종을 앞지르니 말이다. 자, 그러니 네 살배기 자녀가 식당을 휘저으며 말썽을 부려도, 좀처럼 철들지 않을 것처럼 보여도, 기나긴 발달 과정은 언젠가 달콤한 보상으로 다가올 것임을 잊지 말기 바란다.

누구나 비슷한 발달단계를 거친다

아이들 중에는 또래보다 조숙한 아이도 있고, 지적 능력 면에서 훨씬 앞서는 아이도 있게 마련이다. 그러나 대부분의 아이는 비슷한 발달 패턴을 보인다. 많은 과학자와 교육자는 이 복잡한 발달 단계를 몇 가지로 나누어 구분하고자 했다. 그중 대표적인 인물로 장 피아제Jean Piaget를 꼽을 수 있다. 피아제는 아동의 발달 단계를 감각동작기(출생부터 2세까지), 전조작적 사고기(2세부터 7세까지), 구체적 조작기(7세부터 11세까지), 형식적 조작기(11세 이상)의 네 단계로 나누었다.

먼저 감각동작기에는 아이들이 자신의 신체와 주변 환경의 상관관계를 탐색한다. 대상의 영속성을 학습하고, 비록 눈에 보이지 않아도 존재한다는 사실을 이해하게 된다. 전조작적 사고기로 넘어가면 아이들은 대상을 상징적으로 생각하기 시작하고, 이들의 관계를 비유적으로 연결한다. 이후 구체적 조작기에는 독단적으로 행동하기보다 논리적으로 생각하며 이해하고자 노력한다. 그러다 형식적 조작기에 접어들면 추상적인 개념에 대한 사용법을 익히며 비로소 논리적으로 사고하기 시작한다.[7] 여러분의 자녀는 누구나 일정 시기에 비슷한 단계를 거칠 것이다. 그야말로 아이들이기 때문이다.[8] 이것은 선천적 효과의 한 부분이라 볼 수 있다. 그렇다면 후천적 효과란 과연 무엇일까? 후천성이 선천성보다 우위에 있다면(딱 2퍼센트), 과연 어떤 이유 때문일까?

문화와 기회의 중요성

아이들의 선천적 능력이 무엇이든 간에 성장 환경은 발달에 깊은 영향을 준다. 성장 환경에 따라 아이의 기본 바탕이 형성된다는 말이다.

샴데오는 1972년 인도의 숲에서 발견되었다. 당시 네 살짜리 어린아이였던 그는 새끼 늑대와 함께 지내고 있었다. 이빨은 날카롭게 갈려졌고, 손톱은 갈고리처럼 길게 굽어 있었다. 또 닭을 잡아채는 능력도 탁월했다. 아무 말도 할 줄 몰랐고 또래 아이가 보일 법한 사회적 특징을 전혀 보이지 않았다. 이후 아이는 시설로 보내져 날고기는 더 이상 먹지 않게 되었지만, 끝내 말을 하지는 못했다. 아주 기초적인 수화만 겨우 배울 수 있을 뿐이었다.

옥사나 말라야의 경우도 비슷하다. 여덟 살 옥사나는 1991년 우크라이나의 한 개집에서 발견되었다. 옥사나가 두 살 되던 해, 알코올중독이었던 부모가 집 밖에 잠시 놔둔 사이 옥사나는 개집으로 들어가 결국 그곳에서 지내게 되었다. 발견 당시 옥사나는 네발로 걷고 있었고, 개처럼 짖으며 킁킁대기도 했다. 말은 '예' '아니요' 단 두 마디만 기억하고 있었다. 이후 어느 정도의 의사소통 방식을 배워나갔고, 지금은 사는 곳 인근의 병원에서 일하며 가축들과 함께 지내고 있다.

존 세분야는 앞의 두 아이와 비교하면 꽤 행복한 결말에 속한다. 비록 이야기의 시작은 훨씬 더 끔찍하지만 말이다. 세 살 되던 해 존은 자신의 아버지가 어머니를 죽이는 장면을 직접 목격하고 우간다의 한 숲으로 도망쳐버렸다. 이후 3년 동안 원숭이와 함께 지내며 나무 타는 법, 먹을 것 구하는 법 등을 배웠다. 그러나 샴데오나 옥사나보다 야생에서 지낸 시간이 길지 않았기 때문에 존은 다시 인간의 삶으로 돌아와 적응해나갈 수 있었다. 언어구사력에는 어느 정도 한계를 보였지만, 탁월한 노래 실력 덕분에 우간다 어린이합창단에 들어가기도 했다.[9]

샴데오, 옥사나, 존의 이야기는 인간세계와 고립되어 야생에서 자란 이들의 전형적인 사례에 속한다. 이 같은 사례는 이들 외에도 무려 100건 이상 보고된 바 있다. 보고되지 않은 숫자까지 합치면 훨씬 더 많을 것이다. 아주 극단적인 경우이긴 하지만, 이들 사례는 문화적인 영향의 중요성을 아주 명확하게 보여준다.

이러한 문화적 영향력을 탐지해내는 일이 늘 쉬운 것은 아니다. 지역 축구팀이 있는 이웃 동네로 이사하는 건 늑대 무리 속에서 성장하는 것보다는 영향이 덜할 수 있다. 하지만 단지 정도의 차이일 뿐이다. 아이들은 결코 문화적 진공 상태에서 자라지 않는다. 수많은 환경적 요소가 아이의 발달에 영향을 끼친다. 여기에는 언니 또는 여동생이 네 번째 결혼생활마저 끝내버린 결정에서부터 가족들과 얼마나 자주 즐거운 시간을 갖는지, 신앙이 있는 집안에서 자랐는지(또 어떤 종교인지), 갱단이 득실거리는 도시 지역에서 살았는지, 고산지대의 채식공동체 안에서 성장했는지 등의 수많은 요소가 포함된다. 일부 요소는 특히 더 많은 영향을 끼칠 수 있다. 자, 그럼 대체로 선천적인 영향력으로 치부되지만 후천적 요소와도 긴밀히 연관되는 두 가지에 대해 살펴보기로 하자.

돈의 중요성

가족의 수입은 자녀의 성장 및 발달에 직접 영향을 끼친다. 비단 무엇을 사고 무엇을 할 수 있느냐의 문제를 떠나서 아이가 자신의 삶을 어떻게 생각하고 기대하느냐와 깊게 관련되기 때문이다.

빈곤의 원인은 여러 가지가 있을 수 있다. 다니던 직장이 파산해서 재정적 위기를 겪을 수도 있다. 또 경기침체로 부유하던 가정이 하루아침에 빚더미에 앉을 수도 있다. 이혼이나 건강상의 문제로 생계유지가 막막해질 수도 있다. 부모의 낮은 교육수준도 빈곤의 원인이 된다. 범죄에 연루되었거나 극도로 궁핍한 환경 탓에 실직 상태이거나 새로운 일자리를 찾기 힘들 수 있다. 그런데 낮은 소득 문제는 다른 사회적 문제와 복합적으로 나타날 수 있다. 다시 말해 저소득층은 범죄율이 높거나 기타 다른 문제가 있는 지역에 거주할 확률이 높다는 것이다.

극빈층. 가정에 속한 아이는 방치나 학대의 위험이 소득이 높은 가정의 아이보다 무려 여섯 배나 높다. 또 신체적 안전을 보장할 수 없는 지역에서 거주할 확률 역시 매우 높은 것으로 나타났다. 이와 함께 아주 어린 시절에 빈곤을 경험한 아이는 어느 정도 성장한 후 빈곤을 경험한 아이보다 각종 질병이나 결핍에 시달릴 가능성이 훨씬 높게 나왔다. 그러나 가장 우려할 만한 경우는 몇 년에 걸쳐 지속적으로 빈곤에 노출된 아이다. 저소득층 아이는 소득이 높은 가정의 아이보다 영양결핍으로 말미암아 건강상의 문제와 더불어 신체적 발달에도 문제가 있는 것으로 나타났다. 몸무게가 적은 상태로 태어나 더디게 성장했을 가능성이 높다. 이들은 학습능력 또한 취약할 가능성이 높다. 자연히 학교에서 보내는 시간이 적어 고등학교 졸업률까지 낮아지는 것이다. 게다가 정신적으로 행동적으로 문제를 보일 가능성도 높고, 10대 임신 확률 역시 그렇지 않은 아이들보다 세 배나 높다.[10]

빈곤은 아이들의 잘못이 아님에도 불구하고 대를 물려 이어진다. 저소득층 아이들은 제대로 된 교육을 받지 못할 가능성이 높고, 성인이 되어서도 특별한 능력이 없어 소득이 낮은 직업을 택할 수밖에 없다.[11] 당연히 자신의 아이들 또한 어려운 환경에서 살아가는 것이다. 대부분의 사람들은 이 같은 빈곤의 악순환이 끊어지길 바라지만 그 어떤 것도 피해갈 수가 없다. 가족의 소득이 아이들의 성장과 발달, 성취에 가장 큰 요인이라는 것은 명확한 사실이다. 그러나 소득의 문제는 선천성과 후천성이 복합적으로 얽혀 있는 한 가지 사례에 지나지 않는다. 최근 떠오르고 있는 또 다른 문제가 있다. 바로 성의 정의에 관한 것이다.

남자아이는 남자아이로 자라게 될까?

모든 예비부모가 가장 궁금해하는 것은 바로 아이의 성별이다. 그래서 가족이나 친구들도 아이가 태어나면 남자아이인지 여자아이인지를 제일 먼저 묻는다. 의사나 조산사는 이 질문에 대답해줘야 할 법적 의무를 지닌다. 이것은 아주 간단한 일처럼 보일 수 있다. 하지만 때로는 전혀 간단한 문제가 아니다. 우리는 대체로 남자와 여자를 분명한 경계선을 정해두고 명확하게 구분한다. 그러나 실제로 이 경계선은 매우 모호할 수 있다. 또 성별sex, 성gender 그리고 성적 취향sexual orientation의 개념에는 상당한 차이가 있다. 성별은 생물학적 기준인 데 반해, 성은 개인의 정체성에 관한 것이다. 그리고 성적 취향은 성에 대한 지향성을 의미한다. 이 세 가지는 모두 관련이 있으며 보기보다 매우 복잡하다. 먼저 성별부터 살펴보자.

갓난아이의 성별을 알아보는 직관적인 방법은 생식기를 확인하는 것이다. 그러나 해부학적 관점에서 성적 정체성은 겉으로 드러나는 것보다 훨씬 복잡하다. 성별은 외부 생식기, 내부 생식기, 염색체, 호르몬이라는 최소 네 가지의 물리적 기준에 의해 구분될 수 있다. 남자와 여자의 외부 생식기가 어떻게 다른지에 대해서는 군이 설명하지 않아도 될 것 같다. 내부 생식기로도 성별은 구분된다. 보통 여자아이는 자궁과 난소를, 남자아이는 고환을 갖고 태어난다. 또 여자는 XX 염색체를, 남자는 XY 염색체를 가진다. 하지만 예외도 있다. 일부 아이는 여성의 외부 생식기를 가졌지만 자궁과 난소가 없이 태어나기도 한다. 또 겉으로는 남자아이처럼 보이지만 여성의 유전자와 내부 생식기를 가진 아이들도 있다. 이들은 생식기의 구조상 중성으로 분류되며 흔히 말하는 남자와 여자 어느 쪽에도 속하지 못한다. 이처럼 남성과 여성의 경계를 모호하게 하는 구조상의 변형에는 최대 여덟 가지가 있다.[12]

호르몬 역시 중요한 구분 기준이다. 임신 초기 엄마의 자궁에서 분비되는 테스토스테론의 양은 태아의 동일한 조직이 음경과 음낭, 혹은 음순과 질을 형성하게 될 것인지의 여부를 결정한다. 아이들이 성장하면서 호르몬 수치의 차이는 신체적·정서적 발달에 직접적인 영향을 준다. 경우에 따라 여성 유전자를 가진 여자아이지만 남성 호르몬이 분비되는 경우도 있고, 반대로 남성 유전자를 가진 남자아이지만 여성 호르몬이 분비되는 경우도 있다. 그래서 페이스북은 가입 절차에서 성별을 표시하지 않도록 했다. 대신 52개의 다양한 항목을 통해 자신을 나타낼 수 있다.

그렇다고 해도 당분간은, 최소한 의사라면 아이가 태어나면 반드시 남자인지 여자인지 구분해야 할 것이다. 외부 생식기의 구분이 모호한 경우, 아이의 성별은 대개 가족들이 원하는 방향으로 결정된다. 정말 어려운 결정이 아닐 수 없다. 경우에 따라 남성의 생식기를 가져 남자로 양육되지만, 여성 호르몬이 분비되어 여성의 정체성을 갖고 살아갈 수도 있다.

'성'은 생물학적 성별보다 훨씬 복잡하다. 개인의 성별(생물학적 성), 남성인지 여성인지 중성인지 아니면 그 어느 쪽에도 속하지 않는지에 대한 내면의 생각(성적 정체성), 그리고 성 역할을 포함해 성에 대한 자각과 관계되어 겉으로 드러나는 표현과 행동(성적 표현) 사이에는 매우 복잡한 상관관계가 존재한다.[13] 이 세 가지 구분의 접점에서 개인의 진짜 성이 드러난다. 그러면서 스스로가 바라보는 자신의 성과 다른 사람이 인식하는 자신의 성을 모두 경험하게 된다. 태어날 때 주어진 성은 이후 스스로 인식한 성과 다를 수 있다. 이들은 보통 엄청난 스트레스를 겪게 되는데, 이 같은 감정은 '성별 불쾌감'으로 알려져 있다. 가령, 어떤 이들은 여자아이처럼 느끼고 행동하지만, 끊임없이 남자아이처럼 행동하고 대우받길 강요당한다. 반대의 경우도 있다. 성적 정체성과 성, 성적 취향의 특이성은 때로 따돌림이나 괴롭힘으로 이어지기도 한다. 특히 사춘기 청소년 시기에 심각하게 나타난다.

성에 대한 또 다른 잠재적 문제 요인은 바로 가정에 있다. 성 역할과 더불어 성에 대한 고정관념이 가정에서 어떻게 강화되는지를 보면 알 수 있다. 여자아이는 분홍색, 남자아이는 파란색 식으로 연결되는 경우가 대표적이다. 태어나서 2세까지는 대부분의 아이들이 성별에 상관없이 파란색을 좋아한다. 그러나 2세 무렵이되면 여자아이는 분홍색을 선호하는 특성을 보이기 시작한다. 이것은 문화적 영향 때문일 가능성이 높다. 여자아이에게는 보통 분홍색 드레스에 분홍색 장난감을 사주기 때문이다.[14] 아이들은 주변 어른의 행동을 통해 학습하기도 한다. 성에 대한 고정관념이 확고한 가정에서 자란 아이가 자신의 성 정체성에 대해 혼란을 느끼는 경우, 자신의 정체성과 정반대로 부여되는 역할에 매우 난처해할 수 있다.

아이들은 유전적으로 매우 비슷한 모습을 보일 수 있다. 하지만 한 명 한 명 모두 다른 특징을 가진 하나뿐인 존재다. 자, 내 아이가 지닌 고유의 재능과 감성을 계발해주려면 과연 부모는 어떻게 해야 할까?

내 아이의 특별함을 발견하자

내 아들 제임스가 일곱 살 때 일이다. 우리 부부는 아이가 다니던 학교가 본인에게 맞지 않다는 사실을 알고 좀 더 잘 맞는 학교를 찾기 시작했다. 그 과정에서 한 학교를 방문했다. 교장은 15분간 학교 자랑을 늘어놓더니 제임스를 데리고 다른 교실로 들어가 아이를 '평가'하기 시작했다. 아내와 나는 꽤 시간이 걸릴 것으로 생각했다. 하지만 전혀 그렇지 않았다. 10분 정도 지나자 교장은 아이를 데리고 나왔다. 그러고는 "흠" 하고 입을 떼더니 이렇게 말했다. "아이가 천재는 아니군요. 하지만 기꺼이 입학시키겠습니다." 더 이상 생각할 것도 없이 우리는 학교에서 나와버렸다.

너무나 충격적이었다. 심지어 오랫동안 교직에 몸담은 교장이라는 사람이 10분도 안 되는 시간에 한 아이를 판단하다니! '천재'

라는 표현은 제쳐두고라도 그 교장이 생각한 '능력'이란 과연 어떤 의미였을까? 단 몇 마디 대화로, 추측건대 한두 개의 정형화된 질문으로 어떻게 제임스의 관심과 재능, 강점과 약점을 충분히 파악했다는 것일까? 그렇게 말도 안 되는 기준으로 아이를 판단하고 의기양양해하던 교장의 모습을 보며, 아내와 나는 교장은 물론 학교 전체를 전혀 신뢰할 수 없었다.

또한 우리 부부는 교장이 말한 천재라는 개념에도 동의할 수 없었다. 내 아이, 또는 여러분의 아이가 일반적인 개념에서의 천재인지는 여기서 중요하지 않다. 오늘날에는 아이 재능을 조기에 발견해야 한다는 사회적 압박이 점점 더 커지고 있다. 즉, 아이가 2세 무렵에 영재로 평가받지 못하면, 애초에 좋은 학교 보내는 건 포기한 채 그저 최저임금이나 받으며 살아갈 인생을 준비시켜야 한다는 것이다. 정말 말도 안 되는 생각이다. 여러분도 같은 압박을 느끼고 있다면, 단언컨대 이러한 생각이 아이에게 전달되지 않도록 최선을 다해 노력하기 바란다. 모든 아이가 혁신적 기술 개발자나 저명한 의학자로 성장하지는 않는다. 또 누구나 체스 달인이 되는 것도, 국민가요의 작곡자가 되는 것도 아니다. 나는 여기서 천재라는 단어를 스티븐 호킹Stephen Hawking이나 마야 앤절루Maya Angelou, 스티브 잡스Steve Jobs, 모차르트Mozart 같은 전형적인 사례를 넘어 좀 더 근본적인 의미에서 사용하고자 한다.

미국의 학습 및 인간 개발 연구소 부소장 토머스 암스트롱Thomas Armstrong은 『교실 속의 천재 깨우기Awakening Genius in the Classroom』라는 책에서 '천재'라는 단어의 의미를 '기쁨을 낳는 행위'로 해석한다.[15] 사실 이 단어는 본래 고대 그리스어와 라틴어의 '태어나다' '나타나다'라는 말에서 유래했다. 이 두 단어는 '기원' '유쾌함'이라는 단어와 연결되는데, 여기에는 '축제를 즐기는' '성장을 돕는' '더 재미있게 하는' '쾌활한'이라는 의미가 포함되어 있다. 이 같은 천재라는 단어의 유래를 확인하는 순간, 모든 아이는 각자의 고유한 재능을 갖고 있다는 평소 나의 생각에 더욱 확신이 들었다.

오늘날 교육의 뿌리 깊은 문제 중 하나는 학교에 아이들의 지적 능력에 대한 매우 제한적인 접근방식이 만연해 있다는 것이다. 여러분은 부모로서 이 점을 매우 심각하게 받아들여야 한다. 교육에서 성취란 여전히 학문적 능력을 기준으로 판단하는 경우가 많다. 또 대체로 학문적 능력과 전체적인 지적 수준을 혼동한다. 학문적 능력에는 다양한 종류의 언어적·수학적 추론 능력이 포함된다. 학교에서 아이들이 그토록 오랜 시간을 글쓰기와 수 계산에 투자하는 이유가 바로 여기에 있다. 학문적 능력이 중요하지 않다는 말이 아니라 전체적인 지적 능력의 전부가 아니라는 뜻이다. 만약 그랬다면, 인류 문화는 지금보다 훨씬 지루했을 것이다.

학교교육이 이처럼 좁은 개념의 학문적 능력을 중심으로 운영된다면 아이들의 다른 능력은 그대로 묻혀버리고 만다. 여러분의 자녀에게 학교에서 펼쳐보지 못한 많은 재능과 흥미가 있을 수 있다. 그러나 '똑똑하다'는 정의가 좁은 의미의 학문적 능력으로 국한된다면 부모와 학교는 아이가 전혀 똑똑하지 않다는 결론을 내려버릴 수 있다. 하지만 모든 아이가 각자의 분야에서 지적 능력이 뛰어나다는 사실을 인정하고 나면 매우 다양한 분야에서 주목할 만한 성과를 이뤄내는 아이들의 모습을 볼 수 있을 것이다.

　이른바 지구의 '인류자원'은 적어도 다음 세 가지 분야에서만큼은 '천연자원'과 유사한 모습을 하고 있다.

다양성

인간의 재능과 흥미는 그 종류를 헤아릴 수가 없다. 인류의 업적이 상상을 초월할 만큼 다채로운 이유가 여기에 있다. 예술, 과학, 기술, 스포츠, 건축, 공예, 정치, 의료 등 각종 분야에서 이뤄낸 무수한 업적과 성과를 생각해보면 쉽게 알 수 있다. 하버드대학교에서 심리학을 연구하는 하워드 가드너Howard Gardner 교수는 인간의 지적 능력을 다음 여덟 가지 형태로 구분했다.

- **공간적 능력** 대규모의 공간을 개념화하고 조작하는 능력(예: 비행기 조종사, 항해사), 또는 비교적 소규모의 공간을 구성하고 만들어내는 능력(예: 건축가, 체스 플레이어).
- **신체적 운동 능력** 모든 신체 또는 일부 신체(손이나 입 등)를 사용하여 문제를 해결하거나 작품을 만들어내는 능력(예: 무용가).
- **음악적 능력** 리듬, 음률, 박자, 음조, 선율, 음색 등이 민감한 능력. 대체로 노래를 부르거나 악기를 연주하거나 작곡하는 능력이 수반됨(예: 지휘자).
- **언어적 능력** 단어의 의미, 단어 간 질서, 단어의 소리·리듬·

억양·박자 등에 민감한 능력(예: 시인).

- **논리·수학적 능력** 특정 행위나 기호 간의 논리적 관계를 개념화하는 능력(예: 수학자, 과학자).

- **대인관계 능력** 다른 사람과 효과적으로 상호작용하는 능력. 다른 사람의 기분, 감정, 기질, 동기 등에 민감한 능력(예: 협상가).

- **성찰 능력** 개인의 생각과 목표, 불안한 감정 등에 민감하게 반응하는 능력. 자신의 기질에 맞춰 계획을 세우고 행동하는 능력.

- **자연관찰적 능력** 세상의 모든 사물을 결과론적으로 구분하는 능력. 행성의 종류를 구분하고, 구름별 형성 과정을 구분하는 능력이 대표적이다(예: 분류학자).[16]

심리학자 로버트 스턴버그Robert Sternberg는 지적 능력은 세 가지 구성 요소로 이루어진다고 설명한다. 첫째는 사물을 비교·판단하는 분석적 능력, 둘째는 새로운 아이디어를 개발하고 익숙지 않은 상황에 대처하는 창의적 능력, 셋째는 자신이 처한 환경에 적응하고 이를 통제하는 실천적 능력이다.[17] 이외에도 여러 가지 이론이 있으며, 각 이론별로 정의하는 지적 능력의 형태와 구분방식은 모두 다르다. 그러나 이들 이론이 공통적으로 인정하는 것은 한 가지 형태의 지적 능력은 있을 수 없으며, 우리는 각자 뛰어난 지적 능력이 모두 다르기 때문에 고유의 능력대로 그것을 사용하면 된다는 것이다.

발견

지구상의 천연자원과 마찬가지로 인간의 재능은 대개 지면 아래에 묻혀 있다. 그래서 재능을 사용하려면 그것을 덮고 있는 흙을 걷어내야 한다. 전 세계인이 오직 한 가지 언어를 사용한다고 생각해보자. 여러분이 얼마나 많은 언어를 구사할 수 있는지 어떻게 알 수 있을 것인가? 또 바이올린을 한 번도 켜본 적이 없고, 현미경이나 톱, 라켓을 잡아본 적이 없다면, 음악이나 생물학, 목공, 테니스에 재능이나 흥미가 있는지 어떻게 알 수 있겠는가? 아이들은 자신이 어떤 사람으로 변해가고 있는지에 대해 끊임없이 신호를 보낸다. 앞서 소개한 두 권의 책 『엘리먼트』『엘리먼트: 실천편』를 보면, 아주 어린 시절부터 다양한 활동과 경험을 해본 아이들이 소개된다. 이들 중에는 어린 시절 부모나 학교가 아이의 재능을 무심코 지나쳤지만, 그 능력이 확연하게 드러난 경우도 있다. 온종일 레고 놀이에 푹 빠져 있다가 훌륭한 건축가로 성장한 아이, 주야장천 낙서만 하다가 유명한 만화가로 자란 아이, 지나치게 활동적이어서 걱정을 샀지만 전문 무용수나 체조선수로 성공한 아이, 조용히 책 읽기를 즐기더니 교수가 된 아이 등이 모두 여기에 포함된다.

계발

역량과 능력은 의미상 차이가 있다. 역량은 타고나는 것인 반면 능력은 우리가 발견하고 연마해야 생겨나는 것이다. 많은 사람이 글을 읽거나 쓰지 못한다. 이들은 역량이 부족해서가 아니라 단지 배우지 못했기 때문이다. 타고난 재능이 무엇이든 간에 실질적인 연습이나 의지, 주변으로부터의 권유가 없다면 특정 분야에 대한 역량이 있는지 확인할 길은 없다.

그렇다고 자신의 역량을 깨달은 아이가 반드시 행복하다는 보장은 없다. 다만 타고난 재능을 알게 되면 스스로 보람을 느끼면서 다른 사람에게 도움을 줄 수 있는 삶을 살아갈 가능성이 높다. 자녀가 잘할 수 있는 일을 찾아 그 속에서 진정한 기쁨을 느낄 수 있도록 부모가 지원한다면 그 가능성은 더욱 높아진다. 제대로 된 교육을 제공하는 것은 아이의 역량을 발견하는 데 가장 확실한 방법이다.

학교는 다양하고 균형 잡힌 교육 프로그램을 통해 아이들의 신체적·정서적·인지적·사회적·정신적 능력이 잘 계발될 수 있도록 노력해야 한다. 그렇다고 모든 책임이 학교에 있는 것은 아니다. 아주 오래전 예를 들면 아이의 역량 계발에 대한 책임은 부모와 가족, 지역사회의 몫이었다. 학교는 상당 부분 그 책임에서 떠나 있었다. 부모는 학교를 일종의 파트너로 생각해야 한다. 아이가 성장해갈수록 기회의 균형은 학습자 개인의 역량과 선호도에 따라 변화해야 한다. 좋은 학교는 이러한 역할을 훌륭히 수행한다. 오늘날 우리 아이들이 직면하는 문제 중에는 부모의 역할과 관계된 것과 학교의 역할과 관계된 부분이 공통으로 존재한다.

제4장

자녀를 강하게 키워라

You, Your Child, and School

모든 것이 제멋대로인 아이들에게 우리의 앞날을 맡긴다면, 더 이
상 미래는 없다고 본다. 요즘 아이들은 너무나 조심성이 없다. 말로
다 할 수가 없다. 우리가 어렸을 때만 해도 매사에 신중하고 어른을
공경하라고 배웠다. 하지만 요즘 아이들은 매사에 참을성이 없다.

- 고대 그리스 시인 헤시오도스, 기원전 700년

모든 세대는 이전 세대와 차이가 나게 마련이다. 신세대는 늘 기
성세대에 불만을 품는다. 기성세대 또한 신세대를 향해 '요즘 애
들은 버릇이 없다'며 혀를 찬다. 헤시오도스는 아주 오래전 기성
세대에 속한 인물이었다. 250년 전, 새뮤얼 존슨Samuel Johnson은
이에 대해 다음과 같이 언급했다. "모든 기성세대는 점점 더 타락
하는 현실과 더불어 신세대의 무례한 태도를 불평하곤 한다."

여러분의 자녀가 성장과 함께 겪는 이런저런 고통은 인류의 역
사만큼 오래된 것들이다. 그 내용은 고대 서사시나 셰익스피어
William Shakespeare 희곡, 여러분이 지금껏 봤던 수많은 영화에 모두

담겨 있다. 이러한 성장통은 지극히 자연스러운 것이다. 그러나 아이들의 고통은 주변 환경에 의해 후천적으로 생겨나기도 한다. 산업화 시대의 아동노동 착취, 영아 노예, 특권층에게만 부여되는 혜택, 전시 징집 등은 모두 당시 상황에서 어쩔 수 없이 겪어야 했던 아픔이다. 이처럼 우리 아이들이 마주하는 문제는 특정한 시대의 산물일 수 있다. 하지만 이들 문제 또한 부모와 학교가 공통으로 관련되어 있다.

아이는 부모가 생각하는 이상으로 스트레스를 받는다

여러분의 학창시절을 떠올려보자. 중요한 시험이나 어려운 수업, 또는 큰 경기나 공연을 앞두고 정신적인 압박을 받았던 경험이 있을 것이다. 하지만 이렇게 어쩌다 한 번씩 느끼는 불안은 오늘날 대부분의 아이들이 시달리는 만성 스트레스에 비하면 아무것도 아니다. 미국 10대 청소년 열 명 중 여덟 명 이상은 학교생활 중 극도의 또는 보통 수준의 스트레스를 경험하고, 네 명 중 한 명은 극도의 스트레스를 받는 것으로 나타났다.[1] 또한 이보다 훨씬 많은 수의 학생들이 두통이나 수면부족, 분노, 짜증 등 스트레스와 관련된 각종 문제를 겪는 것으로 나타났다. 10대 청소년 가운데 3분의 1 이상은 학년이 올라갈수록 정신적 스트레스가 더욱 강해질 것이라고 생각했다. 때로는 이러한 생각이 스트레스 자체보다 더 심각한 문제를 초래하기도 한다. 미국 소아과학회에 따르면, 미국 청소년 다섯 명 중 한 명이 정신장애를 갖고 있으며, 적절한 치료를 받고 있는 경우는 장애아이 다섯 명 중 한 명에 불과한 것으로 조사되었다.[2]

요즘 아이들이 특별히 더 정신적 압박을 심하게 받는다고 생각하지 않는가? 사실 대다수가 그렇게 생각한다. 최근 한 설문조사에 따르면, 아이들이 실제로 느끼는 정신적 압박의 강도와 부모들이 생각하는 자녀의 스트레스 강도에는 상당한 차이가 있는 것으로 나타났다. 조사 대상 학생 가운데 거의 절반은 심각한 정도의 스트레스를 느끼고 있었다. 하지만 부모가 알아차린 경우는 3분의 1에 불과했다. 또 세 명 중 한 명이 극도의 정신적 압박을 느낀다고 대답했지만, 이를 인지한 부모는 스무 명 가운데 채 한 명도 되지 않았다. 또 40퍼센트의 학생이 두통을 겪는다고 응답했지만, 13퍼센트의 부모만이 이 같은 사실을 알고 있었다. 또 절반에 달하는 학생이 수면부족으로 고통받고 있었지만, 이를 알고 있는 부모는 10퍼센트 남짓에 불과했다. 식이문제를 겪는 아이도 40퍼센트에 달했지만, 오직 8퍼센트의 부모만 인지하고 있었다.[3]

그렇다면 오늘날의 아이들은 왜 이토록 많은 스트레스에 시달리는 것일까? 수차례 진행된 연구 결과 고등학생들은 정신적 압박의 가장 주요 원인으로 성적 및 명문대 진학에 대한 끝없는 압박, 우등생을 바라는 부모의 기대를 꼽았다. 다음으로는 오늘날 시대적 특성에 따른 각종 요구사항의 증가를 들었다. 이를테면 학교 과제나 예비과정 수업, 방과 후 활동 등의 수준은 과거 10년 또는 그 이전보다 훨씬 높아졌다. 이 같은 상황에서 많은 아이들이 숨 쉴 틈조차 없이 굴러가는 학교생활에 불만을 표시한다. 진로에 대해 깊이 고민해볼 시간도 없이 그저 치열한 경쟁에만 파묻혀 살아가는 셈이다. 아이들은 모든 것이 정해진 시간표대로 굴러가는 답답한 생활 속에서 '온전히 아이로서 누릴 수 있는' 시간조차 보장받지 못한다. 실제로 세 명 중 두 명의 아이는 시간 관리의 어려움을 호소했으며, 집에서나 학교에서나 제대로 쉴 수 없는 힘든 일정을 정신적 압박의 주요 원인으로 꼽았다.

가족의 기능 부재 역시 스트레스의 원인인 것으로 나타났다. 부모의 다툼, 돈 문제, 형제자매의 포악성, 맏이로서 부끄럽지 않게 행동해야 한다는 압박 등 가족 간의 문제에서 아이들이 느끼는 스트레스 역시 상당한 수준이었다. 모든 아이는 삶의 시기별로 어느 정도의 스트레스를 경험한다. 그 원인에 따라 스스로 조절할 수 있는 스트레스가 있는 반면, 일상생활에 심각한 영향을 끼치는 스트레스도 있다. 이 같은 압박은 또 다른 트렌드와 맞물려 나타나기도 한다.

디지털 문화의 중심에 선 아이들

30년이 채 안 되는 시간 동안 디지털 기술은 우리가 생활하는 방식은 물론 일하고 여가시간을 보내는 방식까지 그야말로 혁명적으로 바꿔놓았다. 비틀스Beatles와 롤링스톤스Rolling Stones가 전 세계를 돌아다니며 콘서트를 열고 베트남전쟁이 한창이던 1960년대에는 인터넷이나 웹사이트라는 단어조차 존재하지 않았다. 또 휴대전화를 가진 사람도 없었다. 얼마 전 1969년 우드스턱에서 열린 록 페스티벌에 관한 다큐멘터리 영상을 본 적이 있다. 당시 나는 그 자리에 없었지만 몇십 년이 지난 오늘날 인터넷을 통해 생생하게 즐길 수 있다는 것만으로 엄청난 혁신인 셈이다. 수천 명의 사람들이 여기저기 누워 음악을 들으며(극히 일부였다) 춤을 추고, 또 이야기를 하며 그 시간을 만끽하고 있었다. 그 누구도 휴대전화를 들여다보거나 문자 메시지를 보내고 셀피를 찍거나 인터넷을 검색하지 않았다. 이때는 이런 문화가 전혀 존재하지 않았다. 하지만 서서히 다가오고 있었다.

1950년대에는 유럽이나 미국의 돈 많은 극히 일부의 기관에서나 컴퓨터를 사용했다. 당시의 컴퓨터는 오늘날 우리가 생각하는 그런 컴퓨터가 아니다. 휴대용 노트북은커녕 집에서 사용하는 경우도 드물었다. 그야말로 트럭만 한 크기에 속도도 매우 느린 고가의 장비였다. 수많은 밸브와 함께 철사가 둘둘 감긴 온갖 선으로 복잡하게 연결되어 있었다. 당시 컴퓨터는 정부기관이나 일부 대기업에서나 구입하거나 관심을 보이는 대상이었다. 하지만 기술은 급격히 발전했다. 1960년대 중반 미국 정부는 컴퓨터 네트워크를 이용해 각 학계와 군사시설 간 의사소통 증진 방안을 연구했다. 그 결과 1980년대, 오늘날 인터넷의 모체라 불리는 아르파네트ARPANET라는 이름의 원형 네트워크가 개발되었다.

이후 컴퓨터는 점점 더 작아지고 빨라지고 값도 저렴해졌다. 네트워크 투자 역시 점차 증가했다. 1989년, 당시 스위스에서 근무하던 영국 출신의 컴퓨터 과학자 팀 버너스리Tim Berners-Lee가 월드와이드웹World Wide Web이라는 프로토콜을 개발하면서 인터넷은 1990년대부터 본격적으로 그 형태를 갖추기 시작했다. 그리고 최근 30년 동안 인터넷은 인류 역사상 가장 역동적이고 언제 어디서나 존재하는 의사소통 시스템으로 진화했다. 지금 내가 이 글을 쓰고 있는 순간에도 전 세계 인구의 절반에 해당하는 35억 명 이상의 인구는 인터넷에 연결되어 있다. 기술의 발달로 인터넷 접속 인구는 매년 빠른 속도로 증가하고 있다.

디지털 문화는 우리를 변화시키고 있다. 인터넷은 마치 인간사회를 수많은 연결망으로 촘촘하게 뒤덮고 있는, 일종의 살아 움직이는 거대한 피질과도 같다. 그리고 그 연결망은 우리가 생각하고 행동하는 것은 물론 앞으로 무엇이 될 것인가에도 영향을 끼친다. 국내 컴퓨터 산업 초창기만 해도 컴퓨터 관련 일을 할 때는 데스크톱이나 노트북을, 전화통화를 할 때는 휴대전화를 각기 따로 사용했다. 그러나 10년 전, 디지털 문화는 획기적인 변화를 맞이한다. 2007년 애플은 처음으로 아이폰을 출시했고, 이때를 기점으로 모든 것이 변하기 시작했다.[4] 이제 전 세계 수십억 인구에게 스마트폰 없는 생활은 거의 불가능하다. 우리는 스마트폰을 이용해 의사소통을 하고, 쇼핑을 하며, 사진을 찍고, 게임을 즐긴다. 또 음악을 듣고, 뉴스를 보며, 사진이나 영상으로 기억을 저장한다. 가끔씩 시간 때우기용으로도 이만한 것이 없다. 이처럼 스마트폰은 우리의 일상에 너무나 깊숙이 들어와 있어 10년 전 스마트폰이 없던 시절은 이제 상상조차 하기 어렵다.

페이스북의 전 세계 가입자 수는 20억에 달한다. 매일 10억 명이 모바일 기기를 이용해 로그인을 하고 3억 개의 사진을 포함해 50억 개 이상의 콘텐츠를 공유한다. 또 천만 개 이상의 웹사이트에서 '좋아요' 또는 '공유하기' 버튼이 눌러진다.[5] 이와 더불어 1초마다 다섯 개의 프로필이 새롭게 만들어진다. 1분마다 50만 개의 댓글이 달리며, 30만 개의 상태 정보가 업데이트되고, 15만 개의 사진이 등록된다. 전에 없던 완전히 새로운 세상인 셈이다. 그리고 그 중심에 여러분의 아이들이 있다.

이 같은 연결망에서 우리는 많은 혜택을 얻는다. 디지털 네트워크는 일을 하는 데는 물론 각종 레저활동과 창의력 증진, 공동 작업에 엄청난 자원을 제공해준다. 또 학습과 교육, 학교생활에도 상당한 잠재적 혜택을 제공한다. 그러나 여기에는 아주 커다란 문제점도 함께 수반된다. 첫째는 각종 블로그, 웹사이트, 아카이브, 홍보물, 광고 캠페인, 개인 홈페이지 등 인터넷을 통해 밤낮으로 쏟아지는 무수한 정보를 꼽을 수 있다. 여기에는 우리가 상상할 수 있는 거의 모든 주제와 시각이 담겨 있다. 인터넷이 생겨나기 전에는 주로 간행물 성격의 자료가 생산자에서 소비자에게로 유입되었다. 소수의 사람들이 자료를 생성하고, 나머지는 그대로 수용하는 방식이었다. 그러나 이제 누구나 자신이 원하는 자료를 발행해 게재할 수 있게 되면서 자료의 진위 여부를 가려내기가 힘들어졌다. 그래서 인터넷 검색은 마치 금을 캐내는 작업과도 같다. 어디를 보고 있는지, 무엇을 찾고 있는지 주의 깊게 살펴야 하고, 그 결과를 확인하는 과정도 반드시 필요하다.

　디지털 문화는 마치 블랙홀과도 같다. 그래서 우리의 시간과 주의를 단숨에 빨아들인다. 오늘날 아이들은 매일같이 각종 스크린 앞에서 수많은 시간을 보낸다. 성인의 경우 최대 아홉 시간 정도를 소비한다. 적어도 아이들이 쏟는 시간만큼 어른들도 디지털 기기에 시간을 들인다. 일을 하기도 하고, 그저 심심풀이로 링크를 타고 돌아다니기도 한다. 또 광고 사이트의 덫에 걸려드는 경우도 있다. 여기에 비디오 게임을 하는 시간은 포함되어 있지 않다. 비디오 게임 역시 오늘날 수십억 달러의 산업으로 성장한 분야다.[6]

　디지털 문화는 우리가 시간을 소비하는 방법뿐 아니라 우리의 관계까지도 완전히 바꾸어놓고 있다.

소셜 미디어와 우정

학창시절에 사귄 진정한 친구가 몇이나 되는가? 서로 전적으로 믿을 수 있고 모든 걸 함께 나눌 수 있는 그런 친구 말이다. 나는 네 명이 있다. 친하게 지낸 친구들은 많았지만 속마음까지 털어놓을 수 있는 진정한 친구는 그 정도였다. 여러분도 나와 비슷한가? 만약 그렇다면 소셜 미디어가 등장하기 전 사람과 사람이 직접 대면하는 문화에 익숙한 경우일 것이다. 대부분의 인류 역사에서 사람과 사람이 관계를 유지하는 주된 방식은 물리적 접촉을 통해서였다. 그러면서 약 2,000년 전, 기록하는 기술이 생겨나면서 관계를 유지할 수 있는 또 다른 방법이 추가되었다. 이후 이 방식은 큰 변화 없이 유지되었다. 120년 전 전화가 발명되기 전까지는 말이다. 물론 여전히 전화통화를 꺼리는 사람도 있다. 상대방의 '표정'을 읽을 수 없다는 이유에서다. 그러나 소셜 미디어는 인간의 의사소통 방식에 완전히 새로운 변화를 몰고 왔다.

어떤 점에서 보면, 기존에 알고 있는 사람과 소셜 미디어로 의사소통하는 방식은 편지를 주고받는 형태와 크게 다르지 않다. 전하고자 하는 내용에 더해 실시간으로 사진이나 음악, 영상까지 공유할 수 있다는 점만 빼놓고 보면 말이다. 그런데 온라인 '친구'라는 범주에 서로 잘 알지 못하는 사람까지 포함되는 순간, 우정의 개념은 변화하기 시작한다. 소셜 미디어에서의 우정은 낯선 이들이 모인 네트워크상에서 일시적으로 의견을 주고받는 것에 지나지 않는다. '승인/거부' 방식으로, 또는 '좋아요/싫어요' 방식으로 말이다. 그래서 소셜 미디어의 모든 게시물은 일종의 작은 여론조사 창구나 마찬가지다. '좋아요'를 많이 받은 게시물은 성공한 것으로, '싫어요'를 많이 받은 게시물은 실패한 것으로 평가된다. 그러나 최악의 게시물은 아무런 반응을 이끌어내지 못한 경우다. 온라인상에서 서로 잘 알지 못하는 사람들과도 좋은 관계를 유지할 수 있지만, 소셜 미디어의 특징상 이 같은 관계는 일반적인 친구 관계에 대한 아이들의 자신감을 오히려 반감시킬 수 있다.

나는 '소셜 미디어'라는 문구 자체가 늘 모순적이라고 생각한다. 이들 매체에는 기껏해야 비사회적, 최악의 경우에 반사회적 특징이 고스란히 나타나기 때문이다. 이건 내 개인적인 생각이 아니다. 실제로 각종 소셜 미디어가 사람을 더 외롭게 만든다는 연구 결과는 많이 나와 있다. 최근 진행된 한 연구에 따르면, 소셜 미디어에 많은 시간을 투자하는 아이들일수록 사회에서 격리된 느낌을 더 강하게 받는 것으로 나타났다. 또 하루 두 시간 이상을 소셜 미디어에 소비할 경우 고립감을 느낄 확률은 두 배로 증가했다. 한 가지 요인은 소셜 미디어에 방문하는 횟수, 또 다른 요인은 얼마나 많은 시간을 쏟느냐로 볼 수 있다.

이번 연구를 이끈 피츠버그 의과대학 브라이언 프리맥Brian Primack 교수는 다음과 같이 언급했다. "이러한 사실은 연구에서 매우 중요한 부분입니다. 오늘날 젊은이들 사이에서 정신건강 및 사회적 고립 문제가 마치 유행병처럼 퍼져나가고 있기 때문이죠. 인간은 본질적으로 사회적 동물입니다. 하지만 현대인의 문화는 사회적으로 한데 모이기를 권장하기보다 자꾸 분리해내려는 속성이 있습니다." 브라이언 교수의 관점에서 보면 이 연구는 "소셜 미디어는 우리가 원하는 해결책이 아니다"라고 암시하는 셈이다.[7]

소셜 미디어는 또한 아주 졸렬한 행위의 수단이 되기도 한다. 예전과 다른 점이 있다면 개인 기기를 통해 자신을 드러내지 않고 다른 사람에게 상처를 줄 수 있다는 것이다. 집단 괴롭힘이나 사이버 왕따가 대표적인 경우다. 이들 포식자에게 인터넷은 각종 협박과 욕설을 아주 쉽고 은밀하게 할 수 있는 수단인 셈이다.

아이들이 10대로 접어들면 사회적 위치나 불안심리, 첫사랑, 변덕스러운 친구관계를 둘러싼 각종 문제가 따르게 마련이다. 그렇다 해도 소셜 미디어가 등장하기 전에는 방과 후에 친구 한두 명과 어울릴 뿐, 다음 날 등교 전까지 학교생활은 굳이 떠올릴 필요가 없었다. 그러나 소셜 미디어가 생겨나면서 대인관계의 네트워크는 24시간 내내 가동되고 있다. 물론 과학숙제를 깜빡했거나 새로운 영화에 관해 친구들과 이야기를 나누고 싶을 때는 무척 편리하다. 하지만 친구관계에 심한 문제가 생겼거나 피하고 싶은 행사에 어쩔 수 없이 참석해야 하는 경우에는 전혀 도움이 되지 않는다. 나라면 이런 상황은 생각만 해도 스트레스를 받는다.

기술 발달과 뇌 발달의 상관관계

오늘날 기술은 단순히 아이들의 생활에 영향을 주는 부수적인 요인이라고 볼 수 없다. 기술은 아이들이 생각하고 느끼는 방식에까지 변화를 주고 있기 때문이다. 이에 대해 샌프란시스코대학교 심리학과 짐 테일러Jim Taylor 교수는 다음과 같이 설명한다. "오늘날 기술에 빈번하게 노출된 아이들은 이전 세대 아이들과 비교했을 때 뇌의 연결구조에 확실히 차이가 난다는 증거가 도출되었습니다. 예를 들어, 비디오 게임이나 기타 스크린 미디어는 아이들을 아둔하고 어리석게 만들기보다는 시공간적 능력과 집중력을 향상시키고, 분별력을 기르고, 반응 시간을 빠르게 하는 데 도움이 되는 것으로 나타났습니다."[8] 어른 아이 할 것 없이 비디오 게임을 좋아하는 좋은 이유가 등장한 셈이다. 실제로 비디오 게임을 즐기면 아이들에게 도움이 된다니 말이다.

그러나 이러한 최신 기술의 사용은 아이들에게 해가 될 수 있다는 견해도 있다. 존인 프로그램Zone'in Programs의 최고경영자이자 아동치료 전문가 크리스 로완Cris Rowan은 이렇게 지적한다. "한창 발달하고 있는 아이들의 감각기관과 운동능력, 애착체계는 비디오 게임처럼 하루 종일 앉아서 흥분한 상태로 온전히 몰입해야 하는 기술을 수용할 수 있을 만큼 충분히 발달하지 못했습니다. 따라서 이러한 기술은 성장 중인 아이들에게 신체적·심리적·행동적 장애를 증가시키는 원인이 되고 있습니다. 보건 및 교육 당국은 이 같은 사실을 완전히 파악하기보다 이제 막 알아차리기 시작한 상황입니다."[9]

생활방식의 변화와 건강 문제

근대 역사에서 처음으로 오늘날의 아이들은 부모세대보다 수명이 더 짧아질 것으로 예상된다. 소아비만과 당뇨는 캐나다와 미국 모두에서 국가적인 문제로 대두되고 있다. 미국의 경우 소아비만은 30년 전보다 두 배, 청소년 비만은 무려 네 배 이상 증가된 수치를 보이고 있다. 소아비만은 성인비만으로 이어질 가능성이 높고, 이에 따라 심장병·당뇨병·뇌졸중 등의 발생 위험도 동시에 증가한다.[10] 이 같은 아동비만 인구 증가에는 여러 가지 원인이 있지만 식습관, 특히 패스트푸드·고지방 음식·설탕 등의 과도한 섭취와 더불어 값싼 가공식품 위주의 식품 섭취를 주된 이유로 꼽을 수 있다. 신체적 건강의 악화는 디지털 기기를 사용하느라 지나치게 오랜 시간을 앉아 있는 생활방식과도 연관돼 있다. 이 같은 현상은 주의력결핍과잉행동장애ADHD, 자폐증, 단체생활 문제, 발달지연, 언어문제, 학습장애, 감각처리 장애, 불안, 우울, 수면장애 등 점점 늘어나고 있는 청소년 질병과도 결코 무관하지 않다.[11]

약물 중독의 위험성

오늘날 세계 곳곳은 아편 중독과 약물 중독, 알코올 중독으로 병들어가고 있다. 특히 일부 지역의 중독 비율과 규모는 극도로 심각한 수준이어서 상당수 부모와 가족이 엄청난 불안을 겪고 있다. 가족 중 누군가가 약물 중독이라는 사실이 드러나면 가족 간의 혼란은 결코 피해갈 수 없다. 더구나 자녀가 약물 중독이거나 심한 경우 법에 저촉되는 상황에까지 이르면 부모의 혼란은 더욱 깊어진다. 국립약물남용연구소에 따르면, 일단 약물에 한번 손을 대기 시작하면 집중력이 떨어지면서 주변 사람들의 신뢰를 잃게 되고, 더 많은 약물을 손에 넣기 위해 추가적인 범죄를 저지른다. 또 밤새도록 거리를 배회하느라 직장을 잃고, 약물이 눈에 보이지 않으면 전에 없던 이상한 행동까지 하게 된다.[12] 사랑은 무조건적일 수 있지만, 결코 무비판적이어서는 안 된다. 부모에게 자녀를 사랑하는 방법을 아는 것은 무조건적인 사랑을 주는 것만큼이나 중요한 일이다. 부모가 된다는 것은 아주 보람 있는, 그러나 평생의 시험과도 같은 일인 셈이다.

외설물의 유혹

인터넷은 본래 과학적 연구를 위해 개발되었다. 그러나 지금은 각
종 외설물이 가장 많이 유통되는 창구로 사용되고 있다. 외설물이
무엇인지를 정의하자는 것이 아니다. 영국의 한 판사가 남긴 유명
한 말처럼 외설물을 정의하기란 결코 쉽지 않지만, 눈으로 보면
쉽게 판별할 수 있다. 그렇다고 외설물의 도덕적 기준을 정하자는
것도 아니다. 다만 외설물의 확산과 손쉬운 접근방식은 오늘날 청
소년기 아이들에게 엄청난 문제를 낳고 있다. 성적 취향, 성행위,
연인관계 등의 태도와 가치관에 부정적인 영향을 끼치고 있는 것
이다.

나가서 놀지 않는 아이들

어린 시절 여러분은 어른과 동행하지 않고 혼자서 또는 친구들과
어울려 바깥에서 얼마나 많은 시간을 보내곤 했는가? 다음으로 여
러분의 자녀를 생각해보자. 오늘날 아이들의 바깥활동 시간은 대
략 어느 정도인가? 아마 부모세대보다 훨씬 적을 것이다. 나는 유
니레버Unilever가 후원하는 한 국제 프로그램의 자문을 맡고 있다.

'더러운 것이 좋다Dirt Is Good'라는 제목의 이 프로그램은 아이들의 바깥활동의 중요성을 설파하고 있다. 지난 2016년 3월에는 '아이들을 자유롭게Free the Kids'라는 캠페인으로까지 이어졌다. 이 캠페인의 목적은 아이가 홀로 맞닥뜨릴 수 있는 여러 가지 상황을 먼저 설명해주고, 그것을 충분히 경험할 수 있도록 부모가 기회를 제공하라는 것이다. 캠페인 진행팀은 전 세계 1만 2,000명의 부모를 대상으로 설문조사를 실시했다. 그 결과 아이들이 바깥에서 보내는 시간은 하루 평균 한 시간이 채 안 되는 것으로 나타났으며, 한 시간에 턱없이 모자라는 경우도 있었다. 이것은 국제법상에서 감시 강도가 가장 높은 수준의 교도소가 재소자에게 의무적으로 제공하도록 규정된 일일 바깥활동 시간보다도 낮은 수치다. 이 같은 상황에 대한 재소자의 생각이 궁금해 우리는 인디애나주 워배시 밸리Wabash Valley 교도소를 직접 방문해 인터뷰를 진행했다.[13]

재소자들은 하루 두 시간의 바깥활동이 얼마나 좋은지 모른다고 입을 모았다. "햇볕을 쬘 수 있는 시간이 필요하죠. 종일 이 시간만 기다려요." 우리는 바깥활동 시간이 한 시간으로 줄어들면 기분이 어떨 것 같을지 질문했다. 그러자 여기저기서 비슷한 대답이 들려왔다. "화가 점점 쌓이겠죠." "고문이나 마찬가지일 거예요." 이후 재소자들에게 오늘날 아이들의 평균 바깥활동 시간은 하루 한 시간 정도라는 사실을 전했다. 그러자 재소자들은 감정적으로 반응하며 너무나 잘못된 상황이라고 입을 모았다. 누군가 "산도 타고, 그러면서 다리도 부러져보는게 어린 시절의 일부인데"라고 말하자 다른 재소자가 "아이들도 아이가 되는 법을 배울 수 있어야죠"라고 덧붙였다. 요즘 아이들은 더 이상 바깥활동을 많이 하지 않는다는 사실에 재소자들은 상당히 충격을 받은 듯 보였다. 오늘날 우리 아이들은 사회로부터 격리가 필요하다고 여겨지는 범죄자들보다도 바깥에서 보내는 시간이 훨씬 적은 셈이다. 아이를 키우다 보면 때로는 머리끝까지 화가 나는 경우도 있다. 그러나 우리 아이들의 성장환경이 최소한 〈쇼생크탈출The Shawshank Redemption〉 영화에 나오는 감옥보다는 좋아야 하지 않겠는가?

아이들이 바깥활동을 더 이상 즐기지 않는 데에는 여러 가지 이유가 있다. 그중 하나는 실내에서도 즐길 거리가 충분히 많다는 점이다. 내가 어렸을 때만 해도 밖에 나가 노는 것 외엔 별다른 놀거리가 없었다. 텔레비전에서도 어린이용 프로그램은 많지 않았다. 하지만 지금은 거실에 앉아서도 외계인 사냥꾼으로, 용병으로, 때로는 축구스타로 얼마든지 자유자재로 변신할 수 있다. 이러한 상황에서 친구들과 공차기를 하며 밖에 나가 놀라는 설득이 통할 리 만무하다.

하지만 이것이 바깥활동이 감소한 전적인 이유는 아니다. 걸어서 학교에 가는 상황을 예로 들어보자. 1969년만 해도 5세부터 14세까지의 아이 가운데 48퍼센트가 걸어서 또는 자전거를 타고 학교에 갔다. 그러나 2009년 이 수치는 13퍼센트까지 떨어졌다. 한 가지 이유로는 1960년대보다 학교에서 멀리 떨어져 사는 아이들이 증가한 것을 꼽을 수 있다. 하지만 학교에서 1.5킬로미터 이내의 비교적 가까운 거리에 사는 아이들조차 걷거나 자전거로 등교하는 비율은 89퍼센트에서 35퍼센트로 무려 50퍼센트 이상 감소했다.[14] 가장 큰 이유는 안전상의 우려 때문이다. 부모들은 더 이상 아이 혼자 밖에서 놀거나 등교하도록 내버려두지 않는다.

하루 24시간 여기저기서 들려오는 끔찍한 뉴스를 감안하면 부모들의 이 같은 걱정도 충분히 이해는 된다. 물론 일부 지역 아이들이 각종 범죄로 인한 정신적 외상 위험에 훨씬 많이 노출되어 있는 건 사실이다. 또 아이 혼자 바깥에 있는 것이 위험한 동네도 곳곳에 있다. 2장에서 언급했듯 아이를 보호하는 것은 부모의 필수적인 역할이다. 하지만 모든 지역의 모든 아이에게 위험이 점점 증가하고 있는 것은 결코 사실이 아니다. 각종 구타, 괴롭힘, 성폭력 등 아이들을 상대로 한 범죄율은 급격히 낮아지고 있다.[15] 이는 상대적으로 범죄발생률이 높은 저소득층 밀집지역에도 공통적으로 해당된다.

부모는 무엇을 해줄 수 있을까?

먹을 것과 안전 문제가 해결되고 나면 아이들에게 가장 중요한 것은 사회적·정서적 건강이다. 앞서 부모들은 대개 자녀가 느끼는 스트레스 강도를 제대로 알지 못한다고 언급한 바 있다. 여기에는 몇 가지 합당한 이유가 있다. 그중 하나는 부모 자신부터 너무 바쁘고 이런저런 압박에 시달린다는 것이다. 때로는 자녀를 돌보는 것 자체가 스트레스일 수 있다. 그러면서 부모는 직장에서, 또 여러 가지 관계 속에서 수많은 요구를 강요당한 채 하루하루의 삶을 이어나간다. 또 한 가지 이유에 대해 리사 파이어스톤Lisa Firestone 박사는 부모가 자녀의 정신 상태를 정확히 파악하지 못하기 때문이라고 설명한다. "오늘날의 문화는 부모에게 모든 일상을 자녀 중심으로 바꾸기를 권장합니다. 하지만 부모가 주로 관심을 쏟는 대상은 등하교 카풀, 숙제, 친구들과의 약속 등에 불과합니다. 가장 중요한 것, 즉 아이들이 어떤 생각을 하고 있는지에 대해서는 전혀 신경 쓰지 않습니다."[16]

지속적인 스트레스는 장기적으로 부정적인 영향을 초래해 아이가 성인이 되어서까지 불안과 만성질병에 시달릴 수 있다. 이에 대해 교육 상담사 빅토리아 테넌트Victoria Tennant는 다음과 같이 설명한다. "스트레스가 완화되지 않은 채 지속되면 우리 몸이 쉬면서 회복될 여유가 없어집니다. 스트레스 버튼이 계속 눌려진 상태에서는 필요하지 않을 때조차 스트레스 호르몬이 생성되어 우리 몸이 과부하 상태가 되죠." 스트레스는 결국 신체적 문제로 이어지는 셈이다. 과학자들은 이러한 과부하 상태를 '각성과민상태hyperarousal'라고 표현한다. 이렇게 되면 우리 몸은 혈압이 높아지고, 호흡과 심장박동이 빨라지며, 혈관이 수축되고 근육이 긴장한다. 테넌트는 이에 대해 "각성과민상태가 이어지면 결국 고혈압, 두통, 시력 감퇴, 복통, 기타 소화기 문제, 안면이나 목, 등 통증과 같은 스트레스 장애를 유발합니다"라고 설명한다.[17]

아이가 보내는 위험 신호

자녀가 스트레스를 받는 상황이라는 것을 어떻게 알아차릴 수 있을까? 또 그런 상황이라면 부모로서 아이에게 무엇을 해줄 수 있을까?

뉴욕에서 의학 전문 사회복지사로 활동하고 있는 멜리사 코헨 Melissa Cohen은 스트레스의 신호를 다음 네 가지 범주로 구분하여 설명하고 있다.

- **신체적 신호** 두통, 메스꺼움, 수면장애, 피로
- **감정적 신호** 짜증, 초조, 분노, 비관
- **인지적 신호** 집중력 저하, 기억력 감퇴, 걱정 증가, 잦은 불안 표출
- **행동적 신호** 식습관 변화, 혼자 있는 시간 증가, 손톱 물어뜯기, 일상적인 책임 완수 실패[18]

모든 아이는 각기 다른 스트레스 상황에서 위와 같은 신호를 보낸다. 여러분의 자녀가 여러 개의 신호를 동시에 보낸다면 즉각 대화를 하거나 다른 조치를 취해야 한다. 미국심리학협회 역시 비슷한 권고를 하고 있다.[19]

- **행동의 부정적 변화를 관찰하라.** 부쩍 짜증이 많아졌거나 기분 변화가 심하지 않은가? 부모의 질문에 단답형으로 대답

하거나 노골적으로 적대적인 감정을 드러내지 않는가? 이것은 스트레스의 신호일 수 있다.

- **'메스꺼운 느낌'은 스트레스가 원인일 수 있다는 점을 기억하라.** 아이가 이전보다 부쩍 양호실을 자주 찾는다거나 두통을 호소하면 스트레스 때문일 수 있다.

- **아이가 다른 사람과 어떤 식으로 상호작용하는지를 파악하라.** 집에서는 별반 다르지 않은 모습을 보일 수 있다. 이것은 아이의 스트레스를 부모가 알아차리지 못하는 이유이기도 하다. 하지만 다른 사람과의 관계에서는 행동이 달라질 수 있다. 담임교사나 친구 부모들과 주기적으로 연락하며 아이의 상태를 확인하라. 때로는 친구를 통해 상당한 정보를 얻을 수 있다.

- **듣고 해석하라.** 누구나 자신이 스트레스를 받고 있다는 신호를 스스로 파악할 수 있는 건 아니다. 아이들이라면 더욱 그렇다. 따라서 아이들은 자신의 스트레스를 전혀 다른 식으로 표출할 수 있다. 이를테면 스스로를 어리석다고 표현하거나 짜증난다고 불평하는 식이다.

- **도움을 요청하라.** 아이의 스트레스 강도가 매우 높은 수준이라고 생각되면 전문가의 도움을 받는 것이 현명한 선택일 수 있다.

이외에도 아이를 스트레스에서 조금이나마 자유롭게 해줄 수 있는 방법은 여러 가지가 있다. 이를 위한 기본적인 원리 몇 가지를 설명하고자 한다. 지금부터 소개하는 내용은 다양한 양육 상황에 관계없이 공통적으로 적용되는 원리임을 기억하자.

잠을 충분히 자게 하라

주기적인 깊은 수면은 우리 건강과 행복에 필수적이며, 특히 10대 청소년에게 충분한 수면이 꼭 필요하다는 증거는 계속해서 등장하고 있다. 오늘날 우리 아이들은 소셜 미디어, 학교 숙제, 이른 기상시간 등으로 많은 스트레스를 받고 있으며, 이에 따라 양적으로나 질적으로 충분한 수면을 취하지 못하고 있다. 그 결과 수면 부족으로 인한 신체적·심리적 문제가 다양하게 나타나고 있다.

거의 대부분의 생명체가 잠을 잔다는 사실을 감안하면, 과학자나 의사들이 비교적 최근까지도 왜 잠을 자는가에 대한 이유를 밝혀내지 못했다는 점은 무척 놀랍다. 매슈 워커Matthew Walker는 캘리포니아대학교 버클리캠퍼스의 신경과학 및 심리학과 교수이자 수면 및 뇌영상 연구소 소장이다. 또한 『우리는 왜 잠을 자야 할까 Why We Sleep』의 저자이기도 하다. 워커 교수는 아이가 처음 태어난 순간을 상상해보라고 말한다. 의사가 들어와서 이렇게 전한다. "축하합니다. 아기는 건강하고 전반적으로 양호한 상태입니다. 그러나 한 가지, 지금 이 순간부터 아이는 죽는 순간까지 주기적으로 반복해서 일종의 혼수상태에 빠질 것입니다. 아이의 몸은 누워 있지만, 정신은 무척 신비로운 환각상태에 빠져들죠. 이 상태가 지속되는 시간을 합치면 전체 삶의 약 3분의 1에 해당합니다. 그러나 왜 이 같은 혼수상태가 반복되는지에 대해서는 저 역시 아는 바가 없습니다. 행운을 빕니다!" 의사의 말은 정말 희한하게 들린다. 하지만 거의 최근까지도 비슷한 상황이 지속되었다. 과학자도 의사도 인간이 왜 잠을 자는지에 대해서는 온전히 설명할 수 없었다.

그러나 이제는 잠을 자는 것이 피로한 상태에서 벗어나는 것 이상의 의미를 지닌다는 것을 알고 있다. 잠은 심신의 건강뿐 아니라 정서적 안정에도 필수적이다. 나아가 뭔가를 배우고 기억하며 논리적인 판단과 선택을 하는 데에도 반드시 필요하다. 잠을 자는 동안 우리 뇌는 낮 동안 우리 몸에 쌓인 독소를 배출하는 한편, 각종 신경 네트워크는 하루의 경험을 처리하느라 분주하다. 이 경험은 각각 단기기억과 장기기억으로 나뉘어 저장되고, 그중 일부는 기억에서 사라지기도 한다. 잠은 정서적 건강에도 매우 중요하다. 이와 관련해 워커는 다음과 같이 언급했다. "잠은 우리의 정서를 건강하게 만듭니다. 잠을 자는 동안 감정과 관련된 두뇌회로가 재조정됨으로써 다음 날 맞닥뜨리는 각종 사회적·심리적 도전을 한층 냉정하고 침착하게 받아들일 수 있게 해주죠." 워커는 꿈 역시 아무 의미 없는 환상으로 단정 지을 수 없다고 설명했다. 꿈은 일종의 신경화학적 '청소' 작용으로 고통스러운 기억을 완화하고 가상의 체험을 수정한다. 그래서 꿈을 꾸는 동안 뇌에서는 과거와 현재의 기억이 혼재되고 창의력이 한층 고무된다.[20]

이 같은 잠의 이로움은 단지 머리에만 국한되지 않는다. 잠은 복잡한 신경구조와 장기체계를 포함해 몸 전체를 회복시킨다. 그래서 잠을 자고 나면 면역체계가 복구되어 악성종양과 싸울 수 있는 힘을 갖게 되고, 각종 감염을 예방하는 것은 물론 많은 종류의 질병을 물리칠 수 있게 된다. 잠은 또 인슐린과 포도당의 균형을 조절함으로써 몸의 신진대사를 개선하는 역할도 한다. 이 모든 것이 하룻밤의 숙면으로 해결되지 않을 경우, 잠은 식욕을 제어하여 체중을 조절할 수 있도록 돕는다. 뿐만 아니라 충분한 수면은 내장 속 미생물의 활력을 유지하는 데도 필수적이다. 이 미생물들은 영양학적 건강상태를 좌우한다. 잠은 심혈관계 건강과도 직접적으로 연결돼 있다. 충분한 수면은 혈압을 낮추는 한편 심장건강도 양호하게 유지해준다. 앞서 잠을 '혼수상태'로 표현하던 분만실 의사와 달리 우리는 더 이상 잠의 유용성을 질문할 필요가 없게 되었다. 이에 대해 워커는 다음과 같이 설명한다. "요즘에는 숙면이 오히려 우리 몸의 생물학적 기능에 해가 되는 것은 아닌지 억지성 궁금증을 유발하는 것 같습니다. 하지만 수천 건의 연구 결과가 결코 그런 사실은 없는 것을 인증해줍니다."[21]

오히려 문제는 너무 많은 아이와 부모가 정신적·신체적 건강을 위해 필요한 잠의 양보다 훨씬 적게 잔다는 데 있다. 지난 2014년 미국 국립수면재단은 아이들의 수면 패턴에 관한 대규모 설문조사를 실시했다. 그 결과 6세에서 11세 아이 중 세 명 가운데 한 명은 하루 수면시간이 9시간 미만인 것으로 나타났다. 이는 해당 연령대 아동에게 필요한 수면시간보다 훨씬 적은 수치다. 그런데 전 연령대의 아동에게서 비슷한 수면부족 현상이 발견되었다. 밤늦도록 이어지는 텔레비전 시청, 비디오 게임, 숙제, 시험공부, 소셜 미디어 활동이 주된 이유였다. 그렇다면 우리 아이들의 적절한 수면시간은 어느 정도일까? 뒷면에 국제적으로 통용되는 국립수면재단에서 발표한 연령대별 수면시간을 기록해두었다. 자녀의 수면시간뿐 아니라 부모에게 필요한 수면시간도 함께 확인하기 바란다. 부모들 역시 수면부족을 겪고 있을 가능성이 높다. 오늘날 수면부족 문제는 비단 아이들에게만 국한되어 있지 않다.

〈허핑턴포스트〉의 창업자 아리아나 허핑턴Arianna Huffington은 세계적인 저널리스트, 저자 그리고 사회활동가의 명함을 동시에 갖고 있다. 아리아나는 당시 돌풍을 일으켰던 자신의 저서 『수면혁명The Sleep Revolution』에서 수면부족 현상은 전 세계적으로 심각한 수준이라고 강조했다. 2011년에 실시한 한 설문조사에 따르면, 영국 국민 세 명 가운데 한 명은 최근 6개월 동안 하루 수면시간이 7시간 미만이라고 대답했다. 이후 2014년에는 그 비중이 세 명 중 두 명으로 급격히 늘어났다. 또 2013년 독일 국민의 3분의 1, 일본 국민의 3분의 2가량이 주중에는 충분한 수면을 취하지 못한다고 응답했다. 이에 대해 아리아나는 다음과 같이 언급했다. "실제로 일본에는 '말뚝잠inemuri'이라는 용어가 있습니다. '잠깐 조는 잠' 정도로 번역할 수 있는데, 직장인이 너무 피곤한 나머지 회의 중간에 조는 모습을 떠올리면 이해하기 쉬울 겁니다. 업무에 헌신한 결과라며 호의적으로 평가할 수도 있지만, 이는 오늘날 우리가 직면하고 있는 수면부족 위기상황의 또 다른 신호이기도 합니다."[22]

연령	추천 수면 시간	적정 수면 시간	비추천 수면 시간
신생아 0~3개월	14-17시간	11-13시간~ 18-19시간	11시간 미만~ 19시간 이상
영아 4~11개월	12-15시간	10-11시간~ 16-18시간	10시간 미만~ 18시간 이상
유아 1~2세	11-14시간	9-10시간~ 15-16시간	9시간 미만~ 16시간 이상
미취학 아동 3~5세	10-13시간	8-9시간~14시간	8시간 미만~ 14시간 이상
학령기 아동 6~13세	9-11시간	7-8시간~12시간	7시간 미만~ 12시간 이상
10대 청소년 14~17세	8-10시간	7시간~11시간	7시간 미만~ 11시간 이상
청년 18~25세	7-9시간	6시간~10-11시간	6시간 미만~ 11시간 이상
성인 26~64세	7-9시간	6시간~10시간	6시간 미만~ 10시간 이상
노인 65세 이상	7-8시간	5-6시간~9시간	5시간 미만~ 9시간 이상

자녀의 건강과 행복을 위한 최선의 조치는 수면의 양과 질을 동시에 보장해주는 것이다. 물론 부모인 여러분의 건강과 행복을 위해서도 마찬가지다.[23]

움직이게 하라

아이들이 자리에서 일어나 움직이도록 하는 것은 매우 중요한 일이다. 아이들의 머리는 결코 신체와 분리되어 있지 않다. 즉, 신체활동이 아이들의 정신 건강에도 영향을 끼칠 수 있다는 말이다. 청소년기 아이들에게는(사실 전 연령대의 사람들에게) 하루 한 시간의 적당한 또는 격렬한 운동이 권장된다. 그러나 실질적인 운동시간은 이보다 훨씬 적다. 2016년 세계보건기구WHO는 소아비만 퇴치를 위해 특별한 보고서를 발표했다. 이 보고서에 따르면, 전 세계 11세 이상 17세 이하 청소년 다섯 명 중 네 명의 신체적 활동량은 해당 연령대 아이들의 건강과 행복을 위해 꼭 필요한 수준에 훨씬 못 미치는 것으로 나타났다. 대체로 여자아이들의 활동성이 남자아이들보다 조금 적은 것으로 조사되었다. 상당수 국가에서 아이들이 적당히 또는 격렬히 몸을 사용하는 시간은 20분이 채 되지 않았으며, 일부 아이들의 경우 학교 밖에서는 신체활동이 거의 없는 것으로 나타났다.[24]

하버드대학교 정신의학과 부교수이자 특히 교육 분야에서 심신을 재연결하고자 하는 대표적인 인물인 존 레이티 교수John Ratey는 지난 2008년 출간한 자신의 저서 『운동화 신은 뇌Spark』에서 이렇게 설명한다. "각종 스크린이 선도하는 기술 중심의 오늘날의 사회에서는 자칫하면 우리가 움직이는 존재, 즉 동물로 태어났다는 점을 잊기 쉽습니다. 인간은 태어나자마자 움직이도록 만들어진 존재입니다. 또한 우리의 몸과 마음은 마치 패키지 상품처럼 하나로 취급해야 합니다. 결코 따로 떼어서는 생각할 수 없습니다. 그러나 너무 많은 사람들이 이러한 관계를 무시하거나 잘못 이해한 채, 우리 몸을 그저 움직임을 수행하는 대상으로 보고 우리의 생각이나 감정과는 아무런 관계가 없다고 여깁니다. 그러나 실제로 몸과 마음의 관계는 매우 중요하며 결코 분리하여 생각할 수 없습니다."[25]

운동을 하면 기분이 좋아진다는 사실은 누구나 알고 있다. 하지만 그 이유에 대해서는 대부분 잘 모른다. 그저 스트레스를 해소하거나 근육의 긴장을 줄이고 엔도르핀을 자극해서라고 추측할 뿐이다. 그러나 레이티 교수는 이렇게 설명한다. "혈액순환이 될 때 기분이 좋은 이유는 뇌의 기능이 최대로 올라가기 때문입니다. 나는 신체활동이 우리 몸에 끼치는 영향보다 뇌에 끼치는 영향이 훨씬 중요하다고 생각합니다. 우리는 이 점에 주목해야 합니다. 근육을 키우고 심장과 폐를 튼튼히 하는 것은 부차적인 효과예요. 나는 환자들에게 운동의 핵심은 뇌의 건강을 유지하는 것이라고 설명합니다." 나아가 신경과학자들은 운동이 유전자 단위에서 뇌세포에 끼치는 영향에 관해서도 연구를 진행 중이다. 이에 대해 레이티 교수는 다음과 같이 설명한다. "신경과학자들은 이미 우리 몸이 마음에 영향을 끼친다는 사실을 확인했습니다. 근육을 움직이면 단백질이 생성되어 혈류를 따라 뇌에까지 전달된다는 사실을 입증한 것이죠. 단백질은 고도의 사고체계에서 핵심 역할을 하는 것으로 알려져 있습니다."[26]

앞서 살펴봤듯 우리 뇌는 신체활동에 마치 근육처럼 반응한다.

그래서 사용하면 발달하고, 사용하지 않으면 쇠퇴한다. 머릿속으로 판단하고 사고할 때 뇌의 신경세포는 아주 촘촘한 망으로 연결된다. 그런데 레이티는 이러한 정신적 사고뿐만 아니라 신체적 활동 역시 새로운 뇌세포망을 생성함으로써 아주 기본적인 단위에서 뇌기능을 강화한다고 강조한다.

요컨대 신체활동은 우리 뇌의 활력을 북돋운다. 스트레스와 우울증 완화에도 탁월한 효과가 있다. 그런데 코르티솔 분비량이 많아지면 우리 몸은 여러모로 좋지 않은 영향을 받는다. 레이티 교수에 따르면, 스트레스나 우울증 수치가 유해한 수준에까지 이를 경우 신경세포 간 연결이 약화되고, 심지어 뇌의 일부가 오그라들기도 한다. "반대로 운동을 하면 신경화학물질과 생장요인이 마치 폭포수처럼 쏟아져 우리 뇌의 구조 자체를 한층 강화시킨다."[27] 결국, 자녀의 몸과 마음 전체를 보살피고, 이 두 가지가 함께 시너지를 낼 수 있도록 돕는 부모의 역할이 무엇보다 중요하다고 볼 수 있다.

놀게 하라

많은 부모들은 어떻게 하면 자녀를 세계적인 인재로 키울 수 있을지 고민한다. 이에 대한 나의 조언은 매우 간단하다. "더 많이 놀게 하라." 그렇다고 리틀리그(초등학생부터 고등학생까지 청소년을 대상으로 하는 국제 야구기구 – 옮긴이)나 농구부 같은 곳에서 더 많은 시간을 보내게 하라는 건 아니다. 물론 여기에도 그 나름의 가치는 있다. 하지만 내가 말하는 놀이는 친구들끼리 규칙을 만들어 게임을 하고, 나뭇가지를 쌓아 요정들이 사는 숲도 만들어보고, 계곡을 따라 걸으며 야생동물 탐험을 해보는 등의 활동을 말하는 것이다. 놀이는 곧 아이들의 일이다. 그래서 놀이가 주는 성장의 혜택을 극대화할 수 있도록 아이들에게는 다양한 종류의 놀이에 참여할 시간과 공간이 반드시 필요하다. 그리고 부모는 이를 용인해야 한다.

3장에서 말했듯, 모든 종의 어린 동물은 놀이를 좋아하지만 그중에서도 인간은 놀이를 하는 기간이 다른 종에 비해 유독 길다. 우리 아이들은 움직이고 뛰고 만지고, 때로는 여기저기 더러워지기도 하면서 협력하도록 만들어졌다. 그중에서도 가장 중요한 것은 함께 어울려 놀도록 만들어진 존재라는 점이다. 그런데 유감스럽게도 오늘날의 아이들은 이전 세대보다 놀이를 즐기는 시간이 훨씬 적어 보인다. 아이들이 시간을 보내는 방식이 많이 바뀌고 있다. 집 밖에서 뛰놀며 자유롭게 노는 시간이 여러분이나 여러분의 부모 세대보다 훨씬 적다. 놀이를 하긴 하지만 그 방식은 많이 달라졌다. 바깥에서, 자연에서 뛰노는 것보다 실내에서, 집 안에서 보내는 시간이 점점 길어지고 있다. 전문가들은 좀 더 다양한 방식의 놀이가 필요하다고 지적하지만, 현실은 다르다. 지금의 아이들은 마음껏 뛰놀 수 있는 기회 자체가 그 어떤 세대보다 턱없이 부족하다. 한 가지 이유로 자녀의 안전을 우려하는 부모의 걱정을 꼽을 수 있다. 요즘에는 아이들이 밖에서 놀면 부모가 항상 그 뒤를 쫓아다닌다. 이렇게 되면 놀이효과가 반감되고, 심지어 아이들은 부모에게 감시당하고 있다는 생각까지 하게 된다.

유니레버의 '더러운 것이 좋다' 캠페인은 오늘날 아이들의 삶은 불균형 속에 놓여 있고, 이에 따른 '놀이부족' 현상이 아이다운 면모를 지켜가는 데 심각한 장애가 될 수 있다는 많은 부모와 교육계 종사자들의 우려에서 출발했다. 이 캠페인은 자유롭고 활동적이며 상상력 넘치는 놀이활동이 우리 아이들에게는 말로 다 표현할 수 없을 만큼 이롭게 작용한다는 믿음에서 출발했다. 집, 학교, 나아가 지역사회의 모든 공간이 참된 놀이공간으로 거듭날 수 있도록 촉구하는 것. 그것이 바로 이 캠페인의 목적이다.

놀이란 무엇인가?

놀이란 자신을 둘러싼 모든 것을 이해하고 경험하는 주요 수단이다. 놀이는 특정 활동만을 일컫는 게 아니다. 놀이는 일종의 마음의 틀로 이 속에서 모든 종류의 활동이 이루어진다. '더러운 것이 좋다' 캠페인에서는 성장발달에 꼭 필요한 놀이와 그렇지 않은 놀이를 구분하기 위해 '참된 놀이'라는 개념을 사용한다. 실제로 오늘날에는 아이들에게 별로 도움이 되지 않는 놀이가 지배적이다. 참된 놀이는 부모의 간섭 없이 스스로 자유롭게 하는 놀이다. 손을 움직이고 여러 감각이 관여하는 활동을 통해 아이들은 자신을 외부세계와 연결하고, 내면의 상상력과 아이디어를 표출한다. 이 과정에는 후각, 촉각, 청각 등 다양한 감각활동과 함께 육체적인 활동도 수반된다. 이 같은 활동에는 모래놀이, 그림 그리기, 나무 오르기, 술래잡기, 역할극, 저글링, 숨바꼭질 등의 놀이가 모두 포함된다.

그렇다면 참된 놀이와 오늘날 보편적인 다른 두 종류의 놀이를 비교해보자. 첫째는 부모가 주도하고 감독하는 구조화된 놀이, 둘째는 스크린 중심의 게임이다. 이들 놀이는 모두 나름의 가치를 지닌다. 하지만 아이들의 사회성 발달이나 정서적·인지적·신체적 발달에 도움이 되는 활동적이고 신체적이며 상상력이 풍부한 사회적 놀이 기회는 제공하지 못한다. '더러운 것이 좋다' 캠페인의 국제자문위원회는 참된 놀이의 여섯 가지 특징을 다음과 같이 정의한다.

- **놀이는 그 자체가 목적이다.** 놀이의 목적은 놀이 그 자체다. 놀이를 통해 얻는 만족이 그 목적인 셈이다. 놀이의 결과보다는 과정이 훨씬 중요하다.
- **놀이는 마음의 표현이다.** 참된 놀이는 자유로운 선택을 바탕으로 한다. 놀이를 하도록 강요받은 경우라면 아이들은 그것을 '놀이'로 생각하지 않고 또 다른 의무로 여기게 된다. 여러분과 마찬가지로 아이들 역시 같은 놀이도 어른들의 지시로 행하는가의 여부에 따라 놀이 또는 의무로 바라보게 된다.
- **놀이는 즐거운 경험이다.** 놀이의 경험 그 자체가 활동의 결과보다 훨씬 중요하다.
- **놀이는 말로 설명할 수 없다.** 놀이를 할 때 아이들은 일종의 환상의 세계로 빠져든다. 그래서 때로는 현실적으로 불가능한 상상력과 흥미를 표출한다.

- **놀이는 적극적인 참여다.** 참된 놀이는 신체적으로 심리적으로 아이들을 완전히 몰입시킨다. 수동적이거나 무관심한 태도를 보인다면 '놀이'에 몰입한 상황이 아닐 수 있다.
- **놀이에는 외부의 규칙이 없다.** 놀이의 규칙과 구조는 온전히 아이가 결정한다. 여기에는 각종 규칙에서부터 관계, 시작과 종료 방법, 허용되는 행동 등이 모두 포함된다.

놀이가 왜 중요한가?

창의적이고 주도적인 놀이활동이 성장과 발달에 매우 효과적이라는 사실은 이미 많은 연구를 통해 입증되었다. 참된 놀이는 아이의 행복은 물론 독립적인 어른으로 성장하는 데에도 필수적이라는 것이다.

놀이와 신체적 발달 사이에는 매우 깊은 관계가 있다. 한창 자라나는 아이에게는 활발한 신체활동과 충분한 영양공급, 안전한 환경으로부터 오는 자극이 필수적이다. 이러한 조건이 충족되었을 때 아이들은 자신의 역량을 탐색해나갈 수 있다. 아이들은 신체적 움직임을 통한 즉각적 보상을 추구한다. 물론 비디오 게임도 운동능력을 발달시키지만 화면상의 자극으로는 운동능력이 온전히 개발될 수 없다. 운동능력은 직접적인 '반복된 행동'을 통해서 개발된다.

신체활동은 아이들의 인지적 발달에도 많은 영향을 끼친다. 앞서 살펴봤듯 어린아이의 뇌는 가소성이 좋아 쉽게 변형될 수 있다. 아이들이 자라면서 뇌의 각종 부위 간 연결은 더욱 촘촘해지고 무리를 이룬다. 뇌 속에 다양한 경로가 더 많이 생겨날수록 연결의 패턴과 양식은 더욱 강력해지기 때문에 이것은 성인이 되어서도 그대로 지속될 가능성이 높다. 초기 청소년기에 이르면 잘 사용하지 않는 경로에 대해서는 신경세포 가지치기 작업이 이루어진다. 신체활동은 신경세포 간 새로운 연결을 형성하고 유지하는 데 도움을 주는 한편 기존의 경로를 강화하기도 한다. 이를 통해 어린 시절 다양한 종류의 놀이에 참여하지 못할 경우 인지적·정서적 역량을 제대로 갖추지 못한 채 성인이 될 수 있음을 알 수 있다.

참된 놀이는 아이들의 정서적 발달과도 깊이 연결돼 있다. 놀이를 통해 아이들은 자신의 감정과 생각을 탐색하고 표현하며, 다른 사람은 어떻게 느끼고 반응하는지 학습해나간다. 놀이는 또한 사회적 발달에도 필수적이다. 아이들은 놀이를 하면서 자신에 대해 파악하고 살아가는 방법을 배운다. 다시 말해 스스로 습득하는 방법, 다른 사람과 주고받는 방법, 서로 협력하여 공통의 목표에 도달하는 방법 등을 알아가는 것이다. 이 과정에서 놀이활동의 핵심이라고 볼 수 있는 협동심과 의사소통 능력, 문제해결 능력을 배워나간다.

이에 대해 캘리포니아대학교 버클리캠퍼스 심리학과 교수이자 철학과 겸임교수인 앨리슨 곱닉Alison Gopnik은 다음과 같이 설명한다. "아이들은 가상의 놀이를 하거나 상상 속 친구를 만들면서, 또 현실세계가 아닌 제2의 세계를 탐험하면서 자신이 무엇을 좋아하는지, 다른 사람들은 어떤 생각을 갖고 있으며 무엇을 좋아하는지 등을 배웁니다. 놀이를 통해 자기 자신과 다른 사람에 대해 알아가는 거죠. 이러한 이해능력은 학교에서의 사회적 조정 능력과 더불어 삶 전체에서 필요한 사회적 역량의 토대를 이룹니다."[28]

함께 어울려 놀이를 함으로써 아이들은 회복탄력성을 기르고 각종 스트레스와 불확실성을 관리하는 능력을 배운다. 이 같은 관점에서 보면 어린 시절의 충분하고 적극적인 놀이활동은 그저 '중요하다'는 정도에 그치지 않는다. 그것은 어린 시절은 물론 어른이 되어서도 만족스럽고 성공적인 삶을 이끌어가는 데 꼭 필요한 요소다. 그렇다면 오늘날의 아이들은 왜 이전 세대의 아이들만큼 많은 놀이활동을 하지 않는 것일까?

무엇이 문제인가?

놀이가 아이들의 삶에 매우 좋은 영향을 준다는 것은 각종 연구를 통해 충분히 입증된 사실이다. 그러나 놀이의 가치는 앞서 살펴본 잠의 효용과 마찬가지로 집에서나 학교에서, 또 국가적으로 충분히 인식되거나 우선시되지 못하고 있다. 학교에서 놀이활동을 위한 시간이나 안전한 장소가 점점 줄어들고 있는 현실이 이를 방증한다.

이에 대한 한 가지 이유로는 아이들 스스로 영상기기나 비디오게임 중심의 실내활동을 선호하는 것을 꼽을 수 있다. 물론 이 같은 놀이활동도 그 나름의 장점을 갖고 있지만, 문제는 전체 놀이활동에서 지나치게 많은 비중을 차지한다는 데 있다. 또 다른 이유는 아이들이 너무 바쁘게 생활한다. 많은 아이들이 학교와 집에서 엄청난 압박을 받으며 지나치게 통제되고 구조화된 생활을 이어나간다. 부모들은 아이들의 시간을 철저히 통제하는 가운데 특정 기술을 익힐 수 있는 교육용 게임만 간간이 허락하면서 아이들의 불확실한 미래를 최선을 다해 대비해주고 있다고 생각한다. 공부를 잘해서 좋은 직장을 갖기 바라는 부모의 바람 때문에 아이들은 참된 놀이의 기회를 갖지 못하는 셈이다.

어떤 부모들은 놀이활동을 사소하고 비생산적인 것으로 치부해버린다. 또 참된 놀이가 중요하다는 것은 인정하지만, 아이들의 활동목록에서 제외해버리는 경우도 있다. '더러운 것이 좋다' 캠페인 자문위원회는 이처럼 참된 놀이가 다른 활동에 밀리는 상황을 묘사하기 위해 간단한 시각적 안내자료를 만들었다. 이 자료에 따르면, 참된 놀이는 어쩌다 한 번 있는 활동이 아닌 언제 어디서나 늘 일어나야 하는 활동이다. 요컨대 일과표에 적힌 의무적인 일과로 생각하기보다 일상 속에서 늘 함께하는 활동으로 여겨야 한다는 것이다.

어떤 면에서 놀이와 잠은 매우 흡사하다. 두 가지 모두 아이들의 발달과 행복에 필수적인 요소다. 바깥에서 힘차게 뛰놀면 잠도 더 깊이, 오래 잘 수 있다. 더 빨리, 쉽게 잠들기 때문에 다음 날 아침에도 너무 일찍 일어나지 않게 된다. 자연히 수면시간도 길어지는 셈이다.

'나가서' 놀게 하라

아이들은 바깥활동을 많이 즐겨야 한다. 화면을 통한 가상세계 역시 아이들 삶의 일부일 수 있다(어떤 면에서는 반드시 그래야 한다). 하지만 아이들에게는 그보다 바깥활동이 훨씬 더 많이 필요하다. 오늘날의 아이들에게는 컴퓨터 화면 밖의 세상이 오히려 상상의 세계가 되어가고 있다. 상호 교감하는 대상이 아닌 그저 관찰하는 대상으로 전락해버린 것이다. 이 같은 상황 속에서도 아이들과 교사는 여전히 교실 밖으로 나가 더 많은 것을 경험하고자 하는 욕구가 있다. '야외수업의 날'이 아주 쉽게 성공할 수 있었던 이유가 바로 여기에 있다.

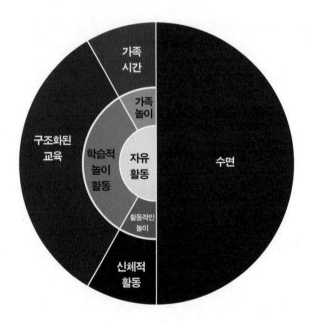

야외수업의 날에는 전 세계 모든 학교 학생들이 교실 밖으로 나가 수업을 한다. 야외수업을 경험한 교사들은 아이들의 행동이 이전보다 훨씬 나아지고, 교실 안에서 움츠려들었던 모습에서 벗어나 자연 속에서 마음껏 뛰노는 모습을 보인다고 설명한다.

지난 2017년, 전 세계 81개국에서 100만 명 이상의 아이들이 '야외수업의 날'에 참가했다. 전 세계적인 참여를 이끌어낸 이 캠페인은 매일 학교와 집 모두에서 더 많은 시간을 바깥에서 보낼 수 있도록 기폭제 역할을 하고 있다. 그 공로를 인정받아 지난 2017년에는 '글로벌 굿 어워즈Global Good Awards'의 '베스트 글로벌 교육 프로젝트'로 선정되기도 했다. 교실 밖에서 배우는 것은 그 나름의 충분한 가치를 지니고 있다. 특히 자연과 어우러져 교감하는 경우는 더욱 그렇다. 하지만 유감스럽게도 오늘날의 아이들은 바깥활동 시간이 턱없이 부족하다.

『자연에서 멀어진 아이들Last Child in the Woods』의 저자 리처드 루브Richard Louv는 이렇게 설명한다. "오늘날의 아이들은 아마존 열대우림에 대해서는 꽤나 많은 지식을 갖고 있을지 모릅니다. 하지만 혼자 풀숲에서 자연을 관찰하는 경험이나 들판에 누워 바람 소리를 들으며 구름을 쳐다보는 경험은 거의 못한 채 살아갑니다." 이와 관련해 우리가 상식으로 알고 있는 내용들이 점점 더 많은 연구를 통해 밝혀지고 있다. 즉 자연과의 교감은 우리의 정서적·신체적, 그리고 정신적 건강에 긍정적인 영향을 끼친다는 것이다. 루브는 이에 대해 다음과 같이 언급한다. "자연과의 깊은 상호작용은 아이들의 주의력 결핍이나 기타 심각한 문제를 해결하는 데 큰 도움이 됩니다. 아이들에게는 충분한 영양공급과 수면이 필요한 것처럼 자연과의 접촉 역시 반드시 필요합니다."[29]

오늘날 많은 부모는 아이의 일과를 철저히 통제하며 관리한다. 그래서 풀숲을 거니는 일쯤은 별것 아닌 경험으로 치부해버릴 수 있다. 자연 속 경험이 중국어 학습이나 SAT 고득점으로 연결되지 않기 때문이다. 하지만 꼭 그렇지 않을 수도 있다는 사실이 밝혀졌다. 최근 진행된 한 연구에 따르면 여가시간에 조용한 공원을 산책한 아이들은 그러지 않은 아이들에 비해 인지적 기능이 훨씬 향상된 것으로 나타났기 때문이다.[30]

한편, 아이들이 컴퓨터 화면 앞을 떠나지 못하도록 만든 기술개발 업체들이 이제는 오히려 화면 앞을 벗어나도록 유인하고 있다. 하이브리드 플레이Hybrid Play라는 업체는 놀이터의 각종 기구를 연계한 애플리케이션을 개발, 기구상에서의 아이들의 움직임을 비디오게임에 통합시키는 기술을 선보였다. 또 비바Biba라는 회사는 공원을 산책하는 동안 로봇 친구가 말벗이 되어주는 앱을 개발했다. 이에 대해 비바의 대표 그렉 제슈크Greg Zeschuk는 이렇게 설명한다. "우리가 개발한 게임 때문에 아이들은 수백, 수천 시간을 컴퓨터 앞에만 앉아 있었습니다. 이제는 아이들을 밖으로 유인할 수 있는 게임을 만들어 조금이나마 마음의 빚을 갚고 싶습니다."[31]

증강현실은 전 세계를 하나의 컴퓨터 인터페이스로 만들어가고 있다. 용어가 주는 어감은 다소 위협적이지만 실제로는 전혀 그렇지 않다. 루Lou의 경우 천체 물리학자를 꿈꾸는 열일곱 살 딸과 함께 별을 관찰하면서 증강현실을 처음 경험했다. 아비가일은 스카

이 가이드Sky Guide라는 이름의 증강현실 애플리케이션을 이용해 각종 행성과 별, 별자리, 지구 궤도를 회전하는 위성을 식별해냈다. 순수하게 자연과 함께하면서도 애플리케이션을 활용해 훨씬 더 풍부한 경험이 가능해진 것이다.

실패할 기회를 제공하라

아이들은 이 세상이 어떻게 움직이는지, 스스로 어떻게 나아가야 하는지 배워야 한다. 그런데 안락한 집 안에서는 그 방법을 배울 기회가 거의 없다. 부모 입장에서는 아이들의 이러한 경험이 자칫 위험하다고 생각할 수 있다. 물론 어느 정도는 사실이다. 혼자서 놀며 다칠 수도 있기 때문이다. 그렇다고 아이들을 위험한 교차로나 낭떠러지에서 놀게 하라는 의미는 아니다. 단순히 계단을 오르면서도 스마트폰에 푹 빠져 있다 보면 얼마든지 다칠 수 있는 위험은 존재한다. 이 같은 위험의 가능성보다는 바깥에서의 놀이활동으로 얻는 이점이 훨씬 크다.

게버 툴리Gever Tulley는 '만들기 학교Tinkering School'의 설립자다. 이곳에서 아이들은 각종 전자제품을 분해하고 전동공구를 사용하면서 조금은 위험할 수 있는 여러 가지 시도를 자유롭게 해나간다. 게버는 자신의 저서 『아이들이 반드시 경험해야 하는 50가지 위험한 일50 Dangerous Things: You Should Let Your Children Do』에서 아이들을 측정 가능한 위험에 노출시키는 것은 충분히 가치 있는 일이라고 설명한다. 게버가 제안하는 50가지 일에는 못 박기, 쓰레기통 속으로 다이빙하기, 철로 위에서 동전 찌그러뜨리기 등이 포함된다. 게버는 자신의 이 같은 권유가 당혹스럽게 여겨질 수도 있다고 덧붙인다. 물론 부모에게는 자녀를 위험으로부터 보호해야 할 의무가 있지만, 이것이 과잉보호로 치달을 경우 꽤 심각한 문제로 이어질 수 있다는 것이다. "오늘날의 사회는 실패한 것이나 다름없습니다. 아이들 스스로 자신에게 닥친 위험의 정도를 파악하지 못하기 때문이죠. 따라서 우리는 아이들이 지금껏 경험해보지 않아서 잘 모르는, 또는 친숙하지 않은 위험과 실제로 정말 위험한 것을 구분할 수 있도록 도와주어야 합니다." 그렇다면 우리는 이를 위해 무엇을 해야 할까? 게버는 부모의 역할을 이렇게 설명한다. "정말로 위험한 것과 단순히 위험의 요소를 포함하고 있는 것을 구별해낼 수 있도록 충분한 기회를 주어야 합니다. 부모의 감독하에 어느 정도의 위험은 스스로 경험해볼 수 있도록 하는 것이죠. 이를 위해 부모는 안전하게 탐색하는 방법을 알려주고 스스로 탐색해볼 수 있는 길을 제시해주어야 합니다."[32]

컴퓨터 게임 같은 가상현실은 아주 주목할 만한 기술로 앞으로 더욱 발전할 것이다. 그러나 이 같은 실내활동은 자연 속에서 새로운 것을 탐색하며 경험하는 참된 놀이를 대신할 수 없고, 대신해서도 안 된다. 때로는 바깥활동이 어느 정도 위험하다 해도 말이다.

자유롭게 날게 하라

아이들의 안전은 중요하다. 하지만 지나치게 안전만 강조하다 보면 자칫 도전을 꺼리고 현실에 안주하는 아이로 만들어버릴 수 있다. 통제 가능한 수준의 위험에 노출된 아이들은 역경을 딛고 극복하는 법을 배운다. 무릎이 까지고 상처가 나도 훌훌 털고 일어나는 법을 배우는 것이다. 이 세상을 기회가 가득한 곳으로 바라보게 되면, 아이들은 자신의 길을 개척하는 데 필요한 창의성과 진정성을 마음껏 계발하게 된다.

펜실베이니아대학교 심리학과 교수인 앤절라 더크워스Angela Duckworth는 아이들의 인내와 절제, 그리고 '투지' 계발의 필요성을 보여주기 위해 아주 특별한 연구를 진행했다. 앤절라는 투지를 장기적인 목표 달성을 위한 열정과 인내로 묘사한다. "투지는 뭔가를 해내려고 하는 강인한 마음입니다. 하루나 일주일, 한 달 동안만 필요한 일시적 태도가 아닌 자신이 머릿속으로 그리는 미래를 현실화하기 위해 몇 년이고 간직해야 하는 습관적 태도로 볼 수 있습니다. 그래서 투지는 단거리 경주라기보다 마라톤에 가깝습니다." 앤절라는 연구 결과를 통해 어떠한 분야든 상관없이 성공과 만족은 타고난 재능보다 투지에 달려 있다고 설명한다. 투지는 재능과는 거의 관계가 없다. 재능이 많은 사람은 보통 투지가 부족하며 타고난 능력을 최대한 활용하지 못한다. 오히려 재능이 부족한 사람들이 더 크게 성공할 가능성이 높다. 자신의 목표를 성취하고자 하는 강한 의지와 끈기를 갖고 있기 때문이다. 끊임없는 노력과 인내는 우리 삶에 필수적인 요소이지만, 다양한 경험을 통해 연마되어야 한다. 성공의 단맛과 더불어 실패의 쓴맛을 함께 맛보면서 말이다.[33]

변하지 않는 것

교육학자 커트 한Kurt Hahn은 19세기 후반 베를린에서 태어났다. 20세기 초 그는 "시대를 막론하고 젊은 세대는 기성세대(주로 할머니 할아버지들)에 의해 말세의 징조라는 걱정을 듣곤 한다"라는 논리를 내세우며 세계적인 교육가로 이름을 알렸다. 커트는 '젊은 세대의 여섯 가지 약화'를 다음과 같이 정의하며, 이는 기술혁신과 당대 삶의 방식의 변화에서 비롯한다고 설명했다.

- 이동 방법의 현대화로 인한 건강의 약화
- 방관적 태도의 만연화로 인한 진취성과 적극성의 약화
- 현대인의 복잡한 삶으로 인한 기억력과 상상력의 약화
- 수공예 전통의 쇠퇴로 인한 각종 기술과 조심성의 약화
- 각종 자극제와 진정제가 동시에 난무하는 상황으로 인한 자기 절제력 약화
- 매사에 서두르는 삶의 방식으로 인한 동정심 약화. 윌리엄 템플William Temple은 이를 '정신적 죽음'으로 표현했다.[34]

정말 암울한 관점이 아닐 수 없다. 커트가 아무리 시대를 앞서 예견했다 하더라도, 아직도 자신의 지적이 유효하다는 것을 알면 몹시 놀랄 것이다. 커트는 젊은 세대가 여러모로 약화되고 있다고 생각했지만 벗어날 수 있는 해결책 또한 존재한다고 믿었다. 그는 이를 '젊은 세대의 약화 문제에 대한 네 가지 해결책'으로 정의했다.

- **체력단련** 신체적 건강을 위한 체력단련, 이를 통한 자기 절제 및 의지 강화
- **탐험활동** 산으로, 바다로 모험심과 인내심이 필요한 장기적 체험활동
- **일상의 체험** 손기술을 활용하는 다양한 만들기 활동
- **구조 서비스** 해양구조, 소방구조, 응급처치 등의 구조활동

커트는 라운드 스퀘어Round Square라는 이름의 국제학교를 설립했으며, 세계대학연합United World College 운동을 전개했다. 또 국제청소년성취포상제Duke of Edinburgh's Award 도입을 이끌기도 했다. 이와 함께 커트는 청소년들이 다양한 신체적 도전 활동을 통해 협동심과 끈기, 회복탄력성을 배울 수 있는 국제 프로그램 아웃워드 바운드Outward Bound 재단 설립에도 깊이 관여했다. 커트는 교육의 목표가 "삶의 가치를 형성하는 다양한 경험의 기회를 제공함으로써 진취적 호기심, 불굴의 의지, 강인한 투지, 자기 절제, 타인에 대한 동정심을 갖도록 하는 데 있다"고 굳게 믿는다.[36] 새로운 세대가 잘 자랄 수 있도록 하려면 지금까지 우리가 살펴본 여러 가

지 활동에 적극적으로 참여시켜야 한다는 것이다.

모든 아이는 특별한 존재다

내가 커트에 관한 내용을 언급한 것은 우리 세대, 그리고 우리 자녀 세대가 직면하는 각종 문제는 시대적인 특징을 갖기도 하지만, 그 해결책은 대부분 시대를 초월한다는 것을 강조하기 위해서다. 궁극적으로 부모로서 우리의 임무는 아이들이 최대한 강하고, 지혜롭고, 만족할 만한 삶을 살 수 있는 환경을 만들어주는 것이다. 아이들은 무한한 성취를 이뤄낼 수 있는 가능성의 존재다. 단, 부모의 도움에 힘입어 아이들이 독립적인 존재로 거듭날 수 있을 때에만 가능하다. 부모는 자신의 역할을 분명히 인지하고 자녀를 하나의 개체로서 깊이 이해해야 한다. 이 과정에서 아이 스스로 자신이 '특별한 존재'임을 깨닫고 심신을 부지런히 단련할 수 있도록 도와줘야 한다. 이 모든 것을 위해 부모는 자녀의 교육에 적극적으로 나서야 한다.

제5장

학교의 존재 이유를 이해하라

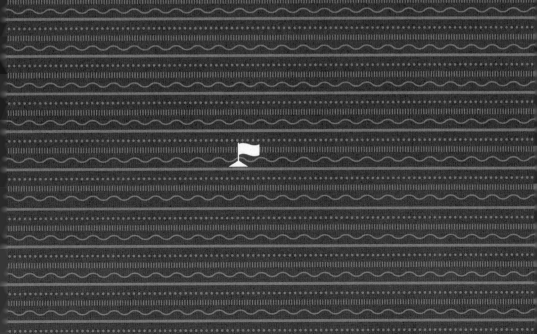

You, Your Child, and School

아이들은 기본적으로 '학습'을 즐긴다. 그렇다고 학교'교육'을 항상 좋아하는 건 아니다. 경우에 따라 학교생활에서 큰 문제를 겪기도 한다. 그렇다면 여러분의 자녀는 어떤 종류의 교육을 받아야 하며, 지금 다니고 있는 학교에서 만족할 만한 교육을 제공하는지 어떻게 알 수 있을까? 아이가 어떤 과목을 공부해야 하고, 어떤 시험을 치러야 하는지 나열해보는 것은 그리 중요하지 않다. 먼저 내 아이에게 가르쳐주고 싶은 것, 아이가 잘했으면 하는 것이 무엇인지 스스로에게 질문해보자. 그리고 그것을 위해서는 무엇을, 어떻게 배워야 하는지 생각해보자.

나를 둘러싼 세계와 내가 속한 세계, 양쪽의 균형을 맞추는 일

선천성과 후천성의 관계는 여러분의 자녀가 한쪽 세계가 아닌 양쪽 세계에 살고 있음을 잘 나타내준다. 그것은 여러분도 마찬가지다. 우리 모두는 나를 둘러싼 세계와 내가 속한 세계라는 두 가지 세계를 동시에 살아가고 있다. 먼저 나를 둘러싼 세계는 나의 존재 여부와 관계없이 존재한다. 이 세계는 내가 태어나기 전부터 존재해왔으며, 내가 죽고 나서도 그대로 남아 있을 것이다. 이 세계는 자연의 세계, 물리적 환경, 다른 사람들과의 사회적 관계, 역사, 문화 등을 일컫는다. 교육은 아이들이 이러한 세계를 잘 이해할 수 있도록 돕는 역할을 해야 한다. 아이들은 교육을 통해 나를 둘러싼 세계가 어떻게 작동하는지, 그 속에서 나는 어떻게 나아가야 하는지 등을 배울 수 있어야 한다. 반대로 내가 속한 세계는 오직 내가 존재함으로써 존재하는 곳이다. 내가 태어남으로써 시작되며 내가 죽음으로써 소멸된다(나의 신념에 따라). 이곳은 나만의 의식적 세계로 나의 감정, 생각, 상상, 소망, 걱정 등을 포함한다. 교육은 아이들이 자신의 내면세계를 깊이 이해할 수 있도록 도와주어야 한다. 교육을 통해 아이들은 자신이 어떻게 느끼고 생각하는지, 스스로를 어떻게 판단하는지, 또 자신의 재능과 관심, 흥미는 무엇인지 분별할 수 있어야 한다.

이처럼 교육은 아이들이 학습하는 영역과 학습하는 방법 모두에서 나를 둘러싼 세계와 내가 속한 세계를 똑같은 비중으로 다루어야 한다. 나를 둘러싼 세계를 어떻게 생각하느냐는 자신의 생각 및 태도와 깊이 연관돼 있다. 우리의 생각은 보통 나를 둘러싼 세계에 대한 지식과 경험으로 형성된다. 아이들이 이 두 가지 세계에 모두 깊이 관계하도록 하려면 교육은 풍부한 커리큘럼과 더불어 양쪽 세계를 탐색하는 다양한 학습 기회를 제공해야 한다. 그렇다면 교육의 목적은 과연 무엇일까?

학생들이 자신을 둘러싼 세계를 이해하고 스스로의 재능을 발견함으로써 만족할 만한 삶을 살아가는 한 개체로, 다른 사람을 위하며 적극적으로 행동하는 한 시민으로 살아갈 수 있도록 돕는 것이다.

이처럼 거시적인 교육의 목적은 네 가지 세부 목적으로 나뉠 수 있다. 부모는 이것들을 모두 같은 비중으로 다루어야 한다.

경제적 자립

부모가 자녀를 교육하는 주된 이유는 좋은 직업을 찾아 안정적으로 살기를 바라는 마음 때문이다. 물론 다른 이유도 얼마든지 있을 수 있지만 이것만큼 확실한 이유도 없다. 여러분은 자녀가 어떤 직업을 갖기를 원하는가? 자녀의 개인적인 흥미와는 상관없이 그저 다른 부모들처럼 '안정적'이고 수입이 좋은 의사나 변호사, 은행원 같은 직업을 갖기 바랄 수도 있다. 또 자녀가 행복을 느낄 수만 있다면 어떤 직업이든 상관없다고 생각할 수도 있다. 아니면 이 두 가지를 동시에 만족하는 직업을 원할 수도 있다. 어느 쪽이든 간에 만약 여러분이 전통적인 학교교육이 자녀의 미래를 위한 최선의 길이라고 생각한다면 그건 오판일 수 있다. 오늘날의 직업은 급속도로 변하고 있으며, 이러한 변화는 테슬라Tesla 같은 전기차 제조업체의 등장으로 점점 가속화될 것으로 보인다. 여러분의 자녀가 마주하는 장벽 역시 지금보다 훨씬 높아질 것이다.

비교적 최근까지만 해도 공부를 잘해 좋은 대학만 졸업하면 꽤 안정적인 삶을 보장받을 수 있었다. 하지만 이제는 더 이상 그렇지 않다. 한 가지 이유로는 취업시장 자체가 급속도록 변하고 있다는 것을 꼽을 수 있다. 최근 30년 동안 새롭게 등장한 기술과 세계화 시대의 도래, 해외시장으로의 업무 위탁은 전 세계 취업시장을 완전히 바꿔놓았다. 1970년대까지만 해도 미국의 상당수 고등학교 졸업자는 블루칼라 노동자로 취업을 했다. 당시 미국 취업자 가운데 네 명 중 한 명은 생산직 근로자였다. 그러나 그 비율은 이제 열 명 중 한 명에 불과하다. 생산직 비중의 감소는 1980년대부터 시작되었다. 이후 생산직 일자리 규모는 1,900만 개에서 1,200만 개로 급격히 줄어들면서 무려 700만 개의 일자리가 사라져버렸다. 이는 전체의 3분의 1에 달하는 수치다. 그 결과 수많은 지역이 유령도시로 변해버렸다. 정치인들이 어떤 말을 하든, 이미 사라져버린 일자리는 다시 회복되지 못한 상태다.[1]

생산직 일자리가 감소하면서 교육, 마케팅, 디자인, 기술, 광고, 미디어 등 '지식경제' 시장과 더불어 접대, 여행, 영업, 의료 등 서비스 산업은 성장하는 모습을 보였다. 이제는 작업복을 입고 출근하는 사람을 거의 찾아볼 수 없다. 대신 정장이나 캐주얼 청바지 차림으로 업무를 본다. 이에 따라 각국 정부는 학생들에게 대학 진학을 지속적으로 권장했고, 결과적으로 많은 아이들이 학위를 취득할 수 있었다. 1950년대 미국의 대학 진학자는 고등학생 일곱 명 중 한 명에 불과했지만, 이제는 세 명 중 두 명이 대학에 진학한다. 그러나 정부의 전략은 정부당국이나 학생 또는 국가 전체적인 측면에서 계획한 결과를 만들어내지 못했다.

오늘날 15세에서 24세까지의 청년인구는 12억 명을 훌쩍 넘는다. 이것은 전 세계 인구의 6분의 1에 해당하는 규모다.[2] 그런데 이들 중 7,000만 명(전체의 8분의 1, 또는 13퍼센트)은 실직 상태로, 이는 성인 실업률의 약 두 배에 해당된다. 그런데 이들 실직자 중 상당수가 대학졸업자들이다. 또 취업에 성공한 대학졸업자들 역시 학위가 굳이 필요 없는 직군에서 일하는 경우가 많다. 능력 이하의 일을 하고 있는 셈이다. 왜 이런 현상이 빚어지는 것일까? 한 가지 이유는 취업을 희망하는 대학졸업자가 너무 많다는 데 있다. 대학진학자 수가 많아지면서 학위의 가치가 떨어진 것이다. 요컨대 '졸업장 인플레이션'의 결과로 볼 수 있다.

그러나 학위조차 없는 젊은이들의 상황은 더욱 심각하다. 대학 졸업장 외에도 개인의 가치를 증명할 수 있는 자격증은 얼마든지 있다. 하지만 오늘날 청년 실업률의 심각한 아이러니가 바로 여기에 있다. 상당수 직군과 업체에서 인력 구인에 나서고 있지만, 필요한 능력을 갖춘 인재는 드물다는 것이다. 학교가 학문적 교육만을 강조하며 지나치게 시험 위주로 운영한 결과 직업교육은 급격히 약화되고 말았다. 1980년대에는 상당수 학교가 다양한 종류의 취업 프로그램을 제공했지만 이제 그런 학교는 거의 찾아볼 수 없다. 이 같은 프로그램은 학문적 수준 향상을 위한 학교 간 경쟁에서 부차적인 것으로 여겨지기 때문이다. 당시에는 고등학교 학생들이 주기적으로 각종 취업 프로그램과 더불어 가사, 기술 등의 실질적인 과목을 수강했으며, 이러한 과목에 유독 흥미를 느끼는 학생들도 많았다. 과학이나 미술 과목을 좋아하는 학생들이 있는 것처럼 말이다.

샌프란시스코주립대학교 중등교육학과 명예교수 마크 필립스Mark Phillips는 이 같은 현상을 두고 다음과 같이 설명했다. "직업 교육에 대한 편견은 많은 문제를 야기했습니다. 가장 큰 피해자는 단연 아이들이죠. 아이들은 자신의 재능과 흥미가 무엇인지 마음 껏 탐색해볼 수 있는 기회를 가져야 합니다. 특정 직업을 두고 의미 없다고 비난하기보다 최대한 많은 직업을 체험해볼 수 있도록 길을 열어주어야 해요. 헤어 디자인에 관심이 많은 아이에게 무작정 공부만 강요하는 것은 최악의 결과로 이어질 수 있습니다."[3]

그렇다면 직업의 미래는 과연 어떻게 펼쳐질까? 늘 그렇듯 단정 지어 말하기는 쉽지 않다. 하지만 로봇공학과 인공지능이 또 다른 반전을 촉발하고 있는 것만큼은 확실해 보인다. 생산직 일자리는 계속해서 사라질 것이다. 수백만 개의 서비스직 역시 비슷한 결과로 이어질 것이다. 오직 사람만이 할 수 있다고 생각했던 다양한 역할을 '지능이 탑재된' 기계가 대신하기 시작했기 때문이다. 더욱이 이들 기계는 사람보다 훨씬 저렴한 비용에 효과적으로 불평 없이 일을 수행해낸다. 또한 지금까지와 마찬가지로 전혀 생각지 못한 영역에서 새로운 직업이 생겨날 것이다. 구체적으로 어떤 분야인지는 알 수 없지만, 당분간 새로운 직업의 출현은 계속 이어질 것으로 보인다. 다시 말해 인간이 가장 잘한다고 여겨졌던 분야를 인공지능이 대체하면서 우리는 또 다른 직업을 갖는 형태가 이어질 것이다. 어떤 식으로든 직업시장의 엄청난 변화는 이미 시작되었다. 이처럼 빠르게 변화하는 사회 속에서 아이들이 자신의 미래를 준비하는 데 필요한 재능과 경쟁력을 탐색하지 못하도록 막아서는 안 될 일이다. 이와 관련한 부모의 역할에 대해서는 다음 장에서 좀 더 구체적으로 살펴보겠다.

사회성의 발달

교육의 두 번째 목적은 사회적 발달이다. 여러분은 자녀의 사회적·정서적 발달에 매우 큰 책임을 맡고 있다. 하지만 부모가 해줄 수 있는 것은 극히 제한적이다. 따라서 학교가 이 역할을 대신해주어야 한다. 아이들은 학교생활을 통해 관계의 중요성을 배울수 있어야 한다. 교육의 사회적 목적이 중요한 이유는 여러 가지가 있지만 그중 하나는 학습의 본질 자체가 사회적이라는 것이다. 아이들이 말하기 능력을 습득하는 과정을 살펴보면 쉽게 알 수 있다. 아이들은 주변 사람들의 말을 듣고 그 방법을 터득한다. 또한 우리가 배우는 것의 대부분은 다른 사람에게서 습득하는 것이다. 학생들은 그룹활동으로 문제를 해결하고, 공동의 목표를 달성하는 과정에서 협력하는 법을 배운다. 이 과정에서 다른 사람의 강점은 세워주고 약점은 감추면서 서로의 생각을 공유하고 계발해나간다. 또 분쟁을 조정하고 합의된 해결책을 이끌어내는 과정에서 협상하는 기술도 배운다. 좋은 학교는 이 같은 내용을 충분히 인지하여 학생들이 각종 그룹활동이나 협동 프로젝트, 지역 프로그램을 통한 사회적 학습을 적극적으로 권장한다. 그러나 유감스럽게도 모든 학교가 그런 것은 아니다. 아직도 많은 교실에서 학생들은 여전히 혼자서 공부한다. 그룹으로 수업은 받지만 그룹활동을 하지는 않는다. 옆 친구가 베껴 쓰지 못하도록 팔을 빙 두른 채 책상 앞에 홀로 앉아 있다. '공부는 혼자 하는 것'이라는 분위기는 각종 시험에 따른 경쟁이 심화되면서 더욱 굳어졌다.

그렇다면 교육의 사회적 역할을 강조하는 두 번째 이유는 무엇일까? 앞서 살펴봤듯 소셜 미디어가 발달하면서 오늘날 청소년은 대체로 대면 접촉을 통한 대인관계를 자연스럽게 받아들이지 못한다. 학교는 아이들에게 서로 어울려 함께 배우고 즐기는 활동을 권장함으로써 이러한 문제를 해결할 수 있다. 그 결과는 비단 학교 내에서 잘 지내는 것에 그치지 않는다. 사회적 학습의 효과는 실로 엄청나다. 오늘날 지구상에는 75억의 인구가 존재하며, 21세기 말에는 그 숫자가 무려 90억에 이를 것으로 예상된다. 일단 학교를 벗어나면 아이들은 상상을 초월할 정도로 복잡한 세상에 놓여 있음을 깨닫게 된다. 전체 인구 가운데 절반 이상은 대도시에서 살아간다. 이들 대도시 중 일부는 인구 2,000만 이상의 거대도시다. 다른 사람과 함께 살아가는 능력은 곧 우리 사회를 지탱해주는 원천인 셈이다. 사회성은 일상을 살아가는 데도, 전 사회적으로 마주하는 여러 가지 난관을 극복하는 데도 꼭 필요한 요소다.

문화적 소양 계발

아이들에게 주변 세계에 대해 가르친다는 것은 곧 내가 속한 사회는 물론 다른 사회의 문화를 교육한다는 의미다. 역사, 지리, 사회, 종교 같은 인문학과 더불어 예술이 우리 교육에서 중요한 이유가 바로 여기에 있다. '문화'는 예술, 그중에서도 발레·현대무용·순수문학·공연 등을 뜻하는 '순수예술'의 의미로 주로 사용된다. 나는 교육에서 예술의 중요성을 적극적으로 지지한다. 하지만 이 책에서는 '문화'라는 용어를 오늘날의 우리를 형성하는 가치, 믿음, 행동양식 등을 포함한 우리가 살아가는 삶의 방식이라는 좀 더 광범위한 개념으로 사용하고자 한다.

학습은 '자연적인 욕구'에서 비롯되지만 아이들의 학습은 대부분 '문화적인 특징'을 갖는다. 아이들은 주변 사람들을 보며 말하는 방법을 익혀나가듯 문화나 일상적인 삶의 방식 역시 비슷한 방식으로 배워나간다. 교육의 한 가지 역할은 이처럼 자신을 둘러싼 문화와 더불어 그 문화에 속한 사람, 양식, 환경을 더 깊이 있게 이해하도록 하는 데 있다. 나아가 교육을 통해 아이들은 같은 문화에 속한 사람들이 왜 비슷한 생각과 행동을 하는지 이해한다.

교육의 또 다른 역할은 문화적 다양성을 인정하도록 만드는 데 있다. 즉 지역 간의 다른 문화를 이해하고 이들 문화가 서로 어떻게 영향을 주고받는지 알아가는 것이다. 나는 『학교혁명』이라는 책에서 오늘날 인터넷에서 사용되는 '영국스럽다'는 표현이 어떤 의미를 갖고 있는지 한 인용구를 통해 소개한 바 있다. "오늘날 영국스럽다는 것은 독일제 차를 타고 퇴근하면서 인도 커리 또는 그리스 케밥을 포장해 와 스웨덴제 식탁에 앉아 아일랜드 기네스 맥주나 벨기에 라거 맥주를 마시며 일본산 텔레비전으로 미국 프로그램을 시청하는 것이다." 그중에서 가장 '영국스러운 것'은 무엇일까? 해당 인용구는 아이러니하게도 "외제라면 의심부터 하고 보는 태도"를 꼽는다.

오늘날 하나의 고립된 문화적 집단에 속한 경우는 거의 없다. 특히 젊은 사람들의 경우 그 어느 때보다 복잡한 문화적 테두리 안에서 살아간다. 나는 지금 로스앤젤레스에 살고 있다. 대부분의 대도시와 마찬가지로 이곳 역시 매우 복잡한 형태로 조합되어 있다. 수백 개의 다양한 민족과 배경을 가진 수백만의 사람들이 하나의 사회를 이루고 있다. LA통합교육구는 미국에서 두 번째로 큰 교육구로 70만 명의 학생을 관할하고 있다. 전체적으로 사용되는 언어는 무려 92개에 달하며, 영어를 제2외국어로 사용하는 학생의 비율은 3분의 2가 넘는다. 이들의 경우 집에서는 특정 문화적 집단의 일부로, 또 학교에서는 복잡한 문화적 모자이크의 일부로 살아간다. 이것은 우리 모두에게 적용되는 현실이다. 영국인이 된다는 것은 오늘날 우리의 문화적 정체성이 점점 복잡해지고 있음을 단적으로 보여준다. 비단 영국뿐 아니라 프랑스, 독일, 미국, 나이지리아, 폴리네시아 등 어느 나라나 마찬가지다.

오늘날 인류사회가 직면한 가장 큰 문제는 바로 문화적 충돌이다. 문화적 다양성은 인류의 창의성을 가장 잘 나타내는 상징으로 여겨진다. 그러나 문화적 차이는 적대감으로 이어지기도 한다. 실제로 인류의 역사는 충돌과 정복의 역사라 해도 과언이 아니다. 때로는 약탈을 목적으로, 때로는 정복을 목적으로, 때로는 아무런 이유도 없이 서로에 대한 공격을 일삼아왔다. 그중에서도 가장 끔찍한 충돌은 기독교와 이슬람, 순니파와 시아파, 신교와 구교, 후투족과 투치족 등 종교적 차이에서 촉발된 전쟁이었다. 전 세계

인구가 증가하고 서로 더욱 긴밀하게 연결되면서 민족이 다른 사람들과 어울려 살아가는 건 우리 모두에게 실존적으로 매우 중요한 문제가 될 것이다.

개인의 발달

교육의 목적이 단지 성적의 향상만이 아니라 감성과 지성의 공통 개발을 위한 것임을 망각한다면, 그 어떤 것도 성취될 수 없다. 여러분의 자녀를 생각해보라. 그토록 소중히 여기는 여러분의 자녀는 그 어디에도 다시없는 유일한 존재다. 이 소중한 아이들에게 도움을 주려면 교육은 아이들 개개인의 흥미와 재미를 유발할 수 있어야 한다.

앞서 말했듯 아이들은 기본적으로 '학습'을 즐기지만 학교'교육'을 항상 좋아하는 건 아니며, 경우에 따라 학교생활에서 큰 문제를 겪기도 한다. 대체로 이들은 학교생활 자체를 지루해하고 따분해한다. 자신이 하는 일에서 의미를 찾지 못하기 때문이다. 그렇다고 자신이 좋아하는 과목만 공부하고 싫어하는 과목은 배제해야 한다는 건 아니다. 흔히 교육은 아이들이 있는 곳에서 시작해야 하며 결코 그곳을 떠나서는 안 된다고들 말한다. 백번 맞는 말이다. 교육은 아이들의 시야를 넓히고, 역량을 개발하며, 사고의 폭을 깊이 있게 만들어주는 작업이다.

좋은 학교는 아이들이 공부하고 싶어 하는 환경을 조성하고자 노력한다. 이들 학교는 풍부한 커리큘럼과 창의적인 지도를 통해 대부분의 아이들이 전혀 흥미를 느끼지 않는 과목조차 재미있게 공부하도록 만들 수 있다는 것을 잘 알고 있다. 또 어떠한 주제든 상관없이 교육은 학습자로서 아이들의 강점과 약점에 주의를 기울여야 한다는 사실도 잘 알고 있다. 다시 말해, 교육은 맞춤형으로 이루어져야 한다는 것이다.

교육은 내면의 생각과 감정을 조절하도록 돕는다. 나를 둘러싸고 있는 세상에 대한 인식과 생각을 처리하는 일은 우리가 살아 있는 한 계속된다. 깨어 있거나, 잠들어 있거나, 생각을 하거나 하지 않는 순간에도 끊임없이 반복되는 과정이다. 내면과 외면의 관계가 매우 복잡해지는 시기도 있다. 사춘기와 청소년기가 대표적이다. 이 시기에는 생각과 감정을 조절하기가 무척 힘들어진다. 그러나 아이들이 어떤 교육을 받느냐에 따라 이 시기의 특징은 더욱 악화되기도 하고 약화되기도 한다.

흥미와 재미, 맞춤형 교육 외에 개인의 발달 차원에서 교육이 주목해야 할 부분이 또 한 가지 있다. 그것은 바로 학습에 사회적인 요소가 포함되어 있는 것은 사실이지만 모든 학습자는 개별적인 주체라는 점이다. 부모로서 여러분의 역할은 아이들이 자신이 속한 세상의 특징을 배우며 독자적으로 길을 개척해나갈 수 있도록 돕는 것이다.

여러분의 자녀와 똑같은 아이는 단 한 명도 없다. 많은 사람들이 자신의 진짜 재능을 알지 못한 채, 또 자신의 재능을 궁금해하지도 않은 채 살아간다. 오늘날 대부분의 사람들이 성인이 되어서도 자신의 일을 즐기지 못하거나 주도적인 삶을 살아가지 못하는 이유가 바로 여기에 있다. 그러나 반대의 경우도 있다. 이들은 자신에게 꼭 맞는 일을 하면서 분명한 삶의 목적과 의미를 갖고 살아간다. 이들은 자신만의 '엘리먼트'를 찾은 셈이다.

그렇다면 다음 주제로 넘어가기 전에, 이처럼 다양한 교육의 목적이 각 개인의 삶에서 어떻게 녹아들 수 있는지, 특별히 학생 개개인의 특성에 맞춘 교육 프로그램은 어떠한 효과를 낼 수 있는지 구체적인 예를 통해 살펴보도록 하자.

양질의 예술 교육이 필요한 이유

음악, 미술 등 예술과목은 오늘날 시험 위주의 교육환경에서 홀대받고 있다. 소득수준이 낮은 지역에서는 더욱 그렇다. 양질의 예술 교육 프로그램은 빈곤 속 아이들에게 생명의 동아줄 같은 역할을 할 수 있다는 사실이 계속해서 입증되고 있지만, 이러한 교육환경은 크게 바뀌지 않고 있다.

오늘날 미국에서 고등학교 중퇴율은 급속히 증가하고 있다. 아트웍스LAArtworxLA는 이 같은 추세에 대응하기 위해 생겨난 단체로 동종의 프로그램이나 기구에 비해 가장 큰 효과를 나타내고 있다. 아트웍스LA는 로스앤젤레스 중심가에 본부를 두고 있으며, 장기적이고 연속적인 예술 프로그램을 제공함으로써 기존의 학교 시스템에서 낙오한 아이들을 다시금 불러들이고 있다. 이들이 제공하는 높은 수준의 예술 프로그램에는 교실 내 워크숍, 학생 전시회, 인턴십, 창조적 기업에서의 직업체험, 일대일 멘토링 프로그램 등이 포함되며, 기숙사 및 대학, 비영리 예술 프로그램에 대한 장학 혜택도 주고 있다. 고등학교를 졸업하지 못하고 사회로 내몰릴 위기에 처한 아이들은 이 같은 집중식 예술교육을 통해 학교라는 틀 안에 머물러야 하는 강력한 동기부여를 받는다. 예술 분야의 전문가로 구성된 교사진은 아이들이 자신의 흥미를 발견함으로써 좀 더 심층적인 교육과 직업 탐색의 기회를 가질 수 있도록 지원한다. 아트웍스LA의 대표적인 성공 사례로는 조너선을 꼽을 수 있다.

지난 2012년, 8학년 생활을 간신히 이어가고 있던 조너선은 극도의 폭력성과 분노조절장애 때문에 퇴학당할 위기에 처해 있었다. 더욱이 오래전부터 불면증까지 앓아왔다. 조너선은 이렇게 말했다. "나는 문제투성이 집안에서 자랐어요. 내게 관심을 가져주는 사람은 단 한 명도 없었죠. 그리고 모두가 나를 향해 이렇게 말했어요. 언젠가는 사람까지 죽일 놈. 좀처럼 싹수가 보이지 않는 놈이라고요. 하지만 나는 누군가 나를 이 절망의 구렁텅이에서 건져주기를 간절하게 기다리고 있었습니다."

조너선에게 두 번째 기회는 할리우드 미디어아트 아카데미 HMAA를 통해 찾아왔다. 집중식 예술교육을 제공하는 이곳은 아트웍스LA와 LA교육청이 공동으로 설립한 기관으로, 대안학교 학생들 및 아트웍스LA와 공동으로 진행하는 25개 학교의 주별 워크숍 참가자들에게 각종 예술교육을 지원한다. 이곳은 또한 해당 지역 내 동종 기관 중에서 최초로 설립된 곳이다. 조너선은 이곳 아카데미에서 지역 내 유명한 교육과정 및 문화 관련 기관에서 운영하는 인턴십 등 미디어 중심의 다양한 예술 프로그램을 이수했다.[4] 담당 교사는 조너선에게 늘 그림을 그리도록 독려했다. 심지어 그림을 그리고 싶어 하지 않을 때도 말이다. 그것은 조너선에게 엄청난 변화를 만들어냈다. "학교에 가고 싶은 마음이 들기 시작했어요. 매일 아침 일어나면 오늘은 어떤 하루를 보내게 될까 궁금해졌죠." 졸업까지 하리라고는 전혀 기대하지 않았다. 하지만 조너선은 입학 첫해에 거의 완벽한 출석률을 기록했고, 어떠한 문제도 일으키지 않았다. 조너선은 그림을 그리는 것이 내면의 분노와 스트레스를 조절하는 데 무척 효과적인 방법임을 알게 되었다. 조너선은 어딜 가나 두껍고 시커먼 스케치북을 들고 다니기 시작했다. 스케치북은 조너선이 그린 그림으로 가득 채워져 있었다. 깜짝 놀란 표정의 광대, 어느 젊은 여인의 얼굴, 크고 까맣게 색칠한 '희망'이라는 이름의 두 글자도 그중 하나였다. 이를 두고 조너선은 이렇게 말한다. "정말 많은 도움이 됐어요. 그림을 그리려면 인내가 필요하죠. 그림뿐 아니라 다른 모든 일도 마찬가지예요."

가끔씩 조너선은 버스를 타고 자동차 경기장에서 내려 마음에 드는 곳에 자리를 잡는다. 그곳의 전경과 사람들을 그림으로 담아내기 위해서다. "경기장 사람들은 아주 친절해요. 마치 주변에 사는 이웃 같죠. 공원으로 가면 모두가 인사를 하고 서로의 안부를 물어요. 대화를 하려고 노력하고요."

할리우드 미디어아트 아카데미와 아트웍스LA의 지원에 힘입어 조너선은 시각예술과 음악 제작 활동에 상당한 노력을 기울였다.[5] 그 결과 아트웍스LA의 추천을 받아 실크스크린 인쇄소에 취직까지 할 수 있었다. 또 지난 2016년에는 오티스대학교의 여름예술학교 과정에 참가해 전국에서 모인 여러 학생들과 공동으로 작품활동을 하며 장난감 디자인 등 새로운 분야를 탐색해볼 수 있는 기회도 가질 수 있었다. 이 과정은 오티스대학교에서 주관하는 4주간의 집중식 예술 프로그램이다.

조녀선은 아트웍스LA가 자신의 삶에 동아줄이었다고 말한다. 늘 분노에 가득 찬 절망의 10대를 벗어나 고등학교를 졸업하고 TV 프로그램 제작사의 인턴으로, 또 대학생활을 꿈꾸는 수험생으로 다시 태어났기 때문이다. 무엇보다 미술 분야에서 열정과 재능을 발견한 것이 가장 큰 수확이라고 볼 수 있다. "아트웍스LA에 입학하기 전에는 늘 모든 것에 부정적이고 비판적이었어요. 하지만 이제는 제 삶에 도전해보고 싶어요. 뭔가를 시도해보고 싶어요. 이제는 내가 있어야 할 자리에 있게 된 기분이에요." 조녀선은 아트웍스LA를 통해 경제적·사회적·문화적인 혜택은 물론 삶의 방향 또한 찾을 수 있었다. 교육의 체계적 특징과 균형, 역동성이 조화를 이루며 시너지 효과를 가져온 셈이다.

일부에서는 학교가 사회적·개인적 문제에는 전혀 개입하지 않은 채 온전히 인지적 능력과 문화적 지식 계발에만 치중해야 한다고 주장한다. 나머지 부분은 부모와 교회, 사회복지사, 상담사, 경찰에게 맡겨야 한다는 것이다. 그러나 지금까지 우리가 논의한 바에 따르면, 이러한 접근방식이 가능하지도 않을뿐더러 설사 일부에서 원한다 해도 실현 가능성은 거의 없다.

삶의 방법 배우기

앞서 나는 기존의 학교교육이 여러분의 자녀에게 최선이라는 생각은 잘못된 생각일 수 있다고 말했다. 고등학교에서는 대부분 주요 과목만을 중시한다. 정치인들 역시 주요 과목에 대한 학업 수준이 향상되어야 한다고 강조한다. 학생들은 주로 성적을 기준으로 등수가 매겨지고, 대다수 대학의 입학부서에서는 학생들의 고등학교 주요 과목 평점만을 입학 기준으로 산정한다. 그렇다면 주요 과목이란 어떤 과목을 말하는 것일까? 전형적으로 수학, 국어, 과학, 사회과학 등의 과목을 이른다.[6] 미술이나 체육, 직업교육, 기타 실용적인 과목은 대부분 우선순위에서 제외된다.

대학에서는 추가적으로 미술과 외국어 과목 등의 점수를 원할수도 있다. 하지만 이들 과목은 평점 자체에 포함되지 않는다. 일부 고등학생의 경우 체육 등의 선택과목을 수강함으로써 자신의 평점을 높일 수 있다고 생각한다. 그러나 고등학교에서 진로지도를 맡고 있는 한 담임교사는 이렇게 설명한다. "미술이나 체육 등 예체능 과목을 통해 학생들의 자신감이 향상될 수는 있습니다. 하지만 선택과목에서 좋은 점수를 받는다고 해서 대학 입학에 유리하지는 않아요. 기분전환하며 즐기기엔 좋지만, 이들 과목이 대학 입학을 보장해준다고 생각해서는 안 됩니다."[7] 이렇듯 주요 과목이 오늘날 교육정책의 최우선순위로 작용하는 것만은 사실이다. 그렇다면 여기에는 어떤 문제가 있는 것일까? 학문적 교육이란 과연 무엇을 의미하는가?

학문적 활동은 긴밀히 연결되어 있는 두 가지 능력에 의존하고 있다. 하나는 이론적 개념과 추상적 개념을 이해하는 능력이고, 다른 하나는 특정 종류의 정보를 다루고 기억하는 능력이다. 이러한 정보를 두고 철학자들은 명제적 지식, 또는 사실적 지식이라고 정의한다. '미국의 주는 50개' 또는 '프랑스의 수도는 파리'와 같은 사실이 이에 속한다. 그래서 명제적 지식은 단순히 '사실을 아는 것'으로 표현되곤 한다.

추상적 개념과 명제적 지식이라는 두 가지 분야는 모두 언어와 숫자에 의존하는 특징이 있다. 학생들이 그토록 많은 시간을 글쓰기와 계산하기에 할애하는 이유가 바로 여기에 있다(지필고사 문화가 지배적인 이유도 여기에서 찾을 수 있다). 물론 글쓰기와 계산하기는 중요한 능력이고, 교육을 통해 반드시 계발되어야 한다. 또한 그 자체로도 매우 귀중한 능력일 뿐 아니라 다른 여러 가지 학습의 기초가 된다. 이렇듯 필수적인 능력인 것은 분명하지만, 그렇다고 아이들에게 필요한 교육의 전부라고 할 수는 없다. 3장에서 언급했듯 여러분의 자녀에게 필요한 지적 역량은 학문적인 능력에 국한되지 않는다. 앞서 살펴본 교육의 네 가지 목적을 고려할 때, 교육은 학문적인 범위를 훨씬 넘어서야 한다.

'사실을 아는 것'은 교육에서 아주 기초적인 부분이다. 자연세계와 인류문화에 대한 사실적 지식을 습득하는 것은 교육의 네 가지 목적에서 가장 중심이 되기 때문이다. 각종 이론과 개념을 학습하는 것 역시 마찬가지다. 하지만 사실보다는 지식이, 이론보다는 사고가 한층 더 확장된 개념이라고 볼 수 있다. 여기서 한 가지

'방법을 아는 것'이라는 표현이 등장한다. 즉 각종 아이디어를 통해 문제를 해결하는 것이다. 글 쓰는 능력과 계산하는 능력만 갖고서는 이 세상을 살아갈 수 없다. 사람들과 어울려 지내며 생활 속에서 부딪히는 각종 문제를 해결할 수 있어야 한다. 농사를 짓는 일에서부터 자동차를 만들고 음악을 만드는 일에 이르기까지 우리의 삶은 각종 아이디어를 발굴해 실제로 구현해내는 사람들에 의해 조금씩 완성되어왔다. 교육이 우리 아이들에게 참된 가치를 제공하려면 학문적인 측면뿐 아니라 실용적인 측면도 결코 무시해서는 안 된다. '사실을 아는 것'과 '방법을 아는 것'은 반드시 연결돼 있어야 한다.

능력 갖추기

사실을 아는 것, 방법을 아는 것 외에 우리가 이해해야 할 부분이 한 가지 더 남아 있다. 하나의 개인으로서 나는 특정 상황을 어떻게 바라보는지, 또 다른 사람은 나와 비슷하게 또는 다르게 바라보는지를 이해하는 것이다. 이러한 종류의 이해를 두고 '상황을 아는 것'이라고 표현한다. '상황을 아는 것'은 상대방과의 대화나 개인적 사고 과정에서 꼭 필요한 아주 일상적인 부분이다. 이것은 또한 그림, 조각, 애니메이션, 음악, 영화, 시, 무용, 연극, 소설 등 다양한 예술활동의 토대가 되기도 한다. 요컨대 '사실을 아는 것' '방법을 아는 것' '상황을 아는 것'이라는 세 가지 형태의 이해 과정은 균형 잡힌 교육의 가장 기본이다.

능력은 뭔가를 잘하기 위해 필요한 요소다. 『학교혁명』에서 나는 아이들에게 필요한 여덟 가지 능력을 제안한 바 있다. 이들 능력은 교육의 네 가지 목적과도 연관돼 있으며, 세 가지 형태의 이해 과정 발달을 촉진한다. 그러나 학창 시절의 특정 시기에 드러난다는 보장은 없다. 교육의 초기 단계부터 서서히 진화해 자신감과 지식 수준이 점차 높아지면서 서서히 나타나기 시작한다.

호기심

아이들은 호기심이 무척 많다. 교육의 최우선순위는 아이들이 이같은 호기심을 잃지 않도록 지켜주는 것이다. 아이들은 스스로 배우기를 원할 때 비로소 학습 과정을 즐기고, 기꺼이 도전을 받아들이며, 그에 따른 보상을 가치 있게 여길 수 있다. 학년이 올라가면서 호기심이 커질수록 아이들은 더 많은 것을 배우게 되고 개인적인 능력과 감성도 예리하게 발달한다. 그렇다면 아이들의 호기심을 지켜내기 위해 부모와 교사들은 어떻게 해야 할까? 흥미를 유발하는 질문을 던지거나 도전의식을 불러일으킬 만한 과제를 준다. 또 영감을 줄 수 있는 프로젝트에 참가하기를 권할 수도 있다. 호기심 고취는 어린 시절부터 이루어져야 하는 아주 중요한 부분이다. 하지만 교육은 비단 아동기나 청소년기에만 해당되는 것이 아니다. 학습은 평생의 과업이 되어야 한다. 가장 많은 것이 형성되는 시기에 아이들의 호기심을 최대한 많이 끌어내주는 것은 평생의 학습을 지탱하기 위한 버팀목이 될 수 있다.

창의력

인간은 지구상의 다른 존재와 거의 모든 면에서 비슷하다. 그러나 일부 측면에서는 매우 두드러진 특징을 갖고 있다. 그중 하나가 엄청난 상상력과 창의력을 가졌다는 점이다. 상상력은 존재하지 않는 것을 생각하는 능력을 뜻한다. 이러한 상상력은 창의력과 연관되어 있지만 똑같지는 않다. 하루 종일 침대에 누워 이런저런 상상을 하며 시간을 보낼 수 있다. 그러나 창의력은 뭔가를 이루어내려는 행동을 포함한다. 그래서 나는 창의력이라는 개념을 본래의 아이디어에 가치를 부여하는 과정이라고 정의한다.[8] 창의력은 상상력을 실제의 결과물로 실현해내는 능력이기 때문에 인간의 활동과 관련된 모든 분야에 발전을 가져올 수 있다. 점점 더 복잡한 도전에 직면하게 되는 오늘날의 아이들에게 창의적 사고와 행동을 발전시킬 수 있는 교육의 역할은 더욱 중요해지고 있다.

비판적 능력

비판적 사고는 이유와 증거를 이용해 각종 아이디어와 정보를 평가하는 능력을 일컫는다. 여기에는 다양한 관점과 더불어 그 관점의 바탕이 되는 가치를 고려하는 것, 그리고 관련 있는 여러 가지 개념을 비교하는 과정이 수반된다.[9] 오늘날 아이들이 인터넷을 통해 무수한 정보와 의견에 노출되면서 비판적 사고는 더욱 중요해지고 있다. 정보의 양이 포화상태에 이를수록 각종 편견과 진실, 불합리에 대한 비판적 사고의 필요성은 점점 더 커지기 때문이다. 이러한 비판적 사고는 학교교육의 전 과정에서뿐만 아니라 일상생활에서도 반드시 중요하게 다뤄져야 한다.

의사소통 능력

인간은 사회적 동물이기 때문에 각종 개념을 정확하고 조리 있게 표현하는 방법을 배우는 것은 대인관계에 필수적이다. 이에 따라 학교교육에서는 읽기와 쓰기, 수학 등이 필수과목으로 지정되어 있다. 분명하고 자신 있는 의사표현 역시 매우 중요하다. 그러나 의사소통은 단지 언어와 숫자만의 문제가 아니다. 생각의 종류에 따라 이들 방식으로 표현되지 않는 경우도 있다. 그래서 우리는 소리와 이미지, 움직임, 몸짓 등으로 생각한다. 음악과 예술, 무용, 연극 등은 이러한 사고의 표현능력을 향상시킨다. 자신의 생각과 감정을 적절히 표현하는 능력은 개인적 행복은 물론 사회적 관계와 신뢰도 향상에도 필수적이다.

협동심

협동은 공동의 목표를 향해 함께 작업하는 것을 뜻한다. 학교에서 학업 수준을 향상하기 위해 행해지는 많은 노력은 경쟁에 기반을 둔다. 물론 어느 정도의 경쟁은 필요하다. 다른 사람에 대한 도전의식은 더 높은 성취를 위한 자극제 역할을 하기 때문이다. 나역시 경쟁 자체를 부정하지는 않는다. 하지만 적극적인 시민을 배출하고 지역사회를 더욱 건강하고 역량 있는 곳으로 만들기 위해서는 협동 역시 경쟁만큼 중요하게 다뤄져야 한다. 이러한 협동은 말이 아닌 행동을 통해서만 나타날 수 있다.

동정심

동정은 공감의 표현이다. 그래서 동정은 똑같은 환경에서 다른 사람은 어떻게 느끼는지를 인식하는 데서 출발한다. 오늘날 아이들이 겪는 많은 문제는 이 같은 동정심의 부족에서 기인한다. 왕따, 폭력, 정서적 학대, 사회적 배제와 더불어 민족과 문화, 성과 관련된 각종 차별은 동정심이 작동하지 않기 때문에 벌어지는 문제다. 따라서 동정심을 기르는 것은 도덕적인 측면에서, 또 일상적인 측면에서 꼭 필요하다. 이것은 또한 정신적 문제이기도 하다. 동정심의 발현은 우리의 공통적 인류애를 가장 잘 표현하는 것인 동시에 동정심을 주고받는 사람 모두에게 깊은 행복의 원천이 될 수 있다.

평정심

오늘날 많은 아이들은 학교에서 불안과 우울을 경험한다. 학교는 지금까지 언급한 여러 가지 방식을 적용하여 학교의 문화를 바꿈으로써 이러한 현상을 완화할 수 있다. 또 학생들에게 일상 속 마음챙김과 명상을 통해 내면세계를 탐색할 수 있는 시간과 방법을 제공할 수도 있다. 이러한 명상의 목적은 아이들이 자기 자신과 더불어 내면의 동기에 대해 깊이 알고, 나아가 내면의 생각과 감정을 좀 더 잘 처리할 수 있도록 돕는 데 있다.

시민의식

민주주의 사회는 적극적으로 행동하는 시민에 의해 움직인다. 이러한 시민은 자신의 권리와 책임이 무엇인지, 사회 및 정치 시스템은 어떻게 움직이는지를 숙지하고 있으며, 다른 사람의 안위를 걱정하고, 자신의 생각과 의견을 분명히 표현하며, 스스로의 행동에 책임을 진다. 학교는 이 같은 시민의식 함양에 중추적인 역할을 맡고 있다. 그러나 학과수업을 운영하는 것만으로는 충분하지 않으므로 아이들이 일상 속에서 시민의식 원리를 적용해볼 수 있는 기회를 제공해야 한다.

지금까지 살펴본 여덟 가지 능력을 갖춘 아이들은 삶에서 불가피하게 마주하는 경제적·문화적·사회적·개인적 위기상황에 정면으로 맞서 적극적으로 돌파해나갈 것이다. 부모로서 여러분은 앞서 살펴본 네 가지 목적과 여덟 가지 능력을 하나의 기준으로 삼아 학교 또는 홈스쿨링에서 아이들에게 꼭 필요한 교육을 제공하고 있는지를 판단하고, 필요에 따라 각종 개선책을 요구할 수 있다.

행복을 위한 교육

다음 장으로 넘어가기 전에 교육의 한 가지 결과에 대해 살펴보도록 하자. 이것은 대부분의 부모가 가장 원하는 것이기도 하다. 바로 자녀의 행복이다. 1장에서 나는 여러분의 자녀가 꼭 필요한 교육을 받음으로써 행복하고 생산적인 삶을 살 수 있도록 돕는 것이

이 책의 목적이라고 밝혔다. 부모를 상대로 설문조사를 하면 십중팔구 자녀의 행복을 최우선순위로 꼽는다. 그렇다면 행복이란 과연 무엇이고, 자녀의 행복을 위해 여러분은 무엇을 할 수 있을까? 나는 이 문제를 논의하기 위해 몇 해 전 루와 『엘리먼트: 실천편』를 공동으로 집필했다. 관련 있는 부분만 짧게 요약하면 다음과 같다.[10]

흔히들 행복은 기분 좋은 감정이 지속되는 상태라고 여긴다. 하지만 이는 잘못된 생각이다. 이에 대해 긍정심리학 운동의 창시자 마틴 셀리그먼Martin Seligman은 행복은 세 가지 구성요소로 이루어져 있다고 언급한다. 긍정적 감정, 몰입, 의미가 바로 그것이다. 먼저, '긍정적 감정'은 말 그대로 우리가 느끼는 좋은 감정이다. 다음으로 '몰입'은 흐름에 관계된 것으로 음악과 하나되어 마치 시간이 멈춘 듯한 느낌, 뭔가에 완전히 빠져 있을 때 자의식마저 잃어버리는 상태를 뜻한다.[11] 마지막으로 '의미'는 나 자신보다 더 중요하다고 생각하는 대상에 소속되어 그것을 위해 헌신하는 것을 뜻한다.[12] 내가 하는 일이 나 자신은 물론 주변 사람들에게도 중요하다고 느끼는 경우에는 그 일을 즐기고 있을 가능성이 높다. 그렇다면 행복은 기쁨의 상태와 더불어 만족의 상태를 나타내는 것으로 볼 수 있다. 삶의 한 부분에서는 행복할 수 있지만 다른 부분에서는 그렇지 않을 수도 있다. 이 같은 이유에서 셀리그먼은 행복의 감정을 '안정'이라는 좀 더 큰 의미의 일부로 해석한다. 여론조사 전문 업체 갤럽Gallup은 아프가니스탄에서부터 짐바브웨에 이르기까지 전 세계 150개국에서 삶의 행복을 바라보는 태도에 관해 조사를 실시했다.[13] 그 결과 행복은 삶의 다섯 가지 영역과 연계했을 때 가장 잘 이해될 수 있었다.

- **직업적 행복** 대부분의 시간을 어떻게 보내는지, 매일 하는 일을 좋아하는지.
- **사회적 행복** 대인관계를 탄탄히 유지하면서 나 자신의 삶을 사랑하는지.
- **경제적 행복** 경제적인 부분을 효과적으로 운영하고 있는지.
- **신체적 행복** 일상적인 일을 무리 없이 소화할 수 있는 건강 상태와 힘을 갖고 있는지.
- **지역적 행복** 거주지역에 대한 소속감을 갖고 있는지.

이에 관해 톰 래스Tom Rath는 다음과 같이 언급한다. "이들 영역 가운데 하나라도 문제가 있으면 대부분의 경우 개인의 행복이 반감되고 일상생활에도 지장이 생긴다. 그래서 다섯 가지 영역이 모두 안정된 상태에 있지 않는 한, 우리는 주어진 삶을 최대한 활용할 수가 없다.[14] 우선, 가장 기본적으로는 아침에 눈을 떴을 때 일상적으로 해야 할 일, 그리고 하고 싶은 일이 필요하다. 우리가 매일 무엇을 하며 시간을 보내느냐가 우리의 정체성을 형성한다. 학생이든, 부모든, 자원봉사자든, 은퇴자든, 평범한 직장이든 말이다. 우리는 깨어 있는 대부분의 시간을 '직업'으로 간주하는 일을 하며 보내는 셈이다.

보통 누군가를 처음 만나면 이런 질문을 한다. "어떤 일을 하시

나요?" 이 질문에 아주 만족스럽고 뿌듯한 마음으로 대답을 한다면, 여러분은 직업적 행복을 누리고 있을 가능성이 높다. 이에 대해 톰 래스는 이렇게 설명한다. "직업적 행복도가 낮은 경우 다른 영역의 행복도 역시 낮아질 가능성이 높습니다."[15] 많은 사람에게 직업적 행복은 다른 사람과의 관계나 지역사회에의 참여에 직접적으로 영향을 끼치기 때문이다. 행복은 내면의 상태를 나타내지만, 그 감정은 한 걸음 물러나 스스로를 바라보면서 다른 사람과의 관계를 깊이 있게 이어나갈 때 비로소 깊어질 수 있다.

캘리포니아대학교 리버사이드캠퍼스 심리학과 교수 소냐 류보머스키Sonja Lyubomirsky는 베스트셀러가 된 자신의 저서 『행복도 연습이 필요하다The How of Happiness』에서 개인의 행복에 영향을 끼치는 세 가지 요소가 존재한다고 언급한다. 그것은 곧 환경, 타고난 기질, 행동이다. 이 세 가지 가운데 건강, 부, 지위 등이 포함되는 환경은 고작 10퍼센트만 영향을 준다. 한 유명 연구결과 역시 이를 증명한다. "미국에서 연봉 100억이 넘는 사업가들의 개인의 행복도는 자신이 고용한 회사의 사무직 직원이나 현장 노동자들보다 조금 더 높은 수준이다."[16] 또 빈곤층의 행복도 역시 부유층의 행복도와 크게 차이가 없거나 전혀 차이가 없는 것으로 나타났다. 개인의 행복과 안정은 비단 물리적 환경에만 달려 있지 않은 것이다. 환경보다 더 중요한 것은 생물학적으로 타고난 성향, 즉 기질이다.

개인의 행복에는 후천적인 부분만큼 선천적인 부분도 많은 영향을 끼친다. 우리 각자에게는 일종의 '기본값'이 설정되어 있어 감정의 기복이 생기더라도 다시 제자리로 돌아오곤 한다. 류보머 스키는 일란성 쌍둥이와 이란성 쌍둥이를 연구한 결과 인간은 생물학적 부모로부터 물려받은 행복의 '기본값'을 타고난다고 설명한다. "이 기본값은 커다란 슬픔이나 커다란 기쁨처럼 감정의 극단을 경험한 후에도 다시 제자리로 돌아오는 행복의 기준점 또는 잠재적 행복도로 볼 수 있습니다."[7] 타고난 기질에 따라 명랑하고 활발한 사람이 있는가 하면 차분하고 인내심이 강한 사람도 있다. 사람의 생각이나 가치관은 일상생활에서 맞닥뜨리는 각종 사건과 크게 관련이 없어 보일 수 있다. 그렇다면 타고난 기질은 개인의 행복과 안정에 어느 정도로 영향을 주는 것일까? 놀랍게도 최대 50퍼센트까지 영향을 주는 것으로 나타났다.

이렇게 유전적인 부분이 많은 영향을 끼치고 환경이 차지하는 부분은 상대적으로 적다면, 우리가 행복해지기 위해 노력할 필요가 과연 있기는 한 것일까? 다행스럽게도 아주 많다. 행복도와 안정감을 높이기 위해 우리가 할 수 있는 일은 생각보다 훨씬 많다. 류보머스키 교수 및 다른 학자들에 따르면, 개인의 행복에 영향을 끼치는 40퍼센트 요소는 바로 개인의 행동이라고 설명한다. 우리 각자는 어떤 일을 할 것인지, 또 어떻게 생각하고 느낄 것인지 선택할 수 있기 때문이다. 유전적 조합이나 주변의 환경을 바꾼다고 해서 행복도가 높아지는 게 아니다. 유전자는 내가 바꿀 수 없고, 환경 또한 상당 부분을 내가 바꿀 수 없다. 요컨대 행복의 열쇠는 '일상의 의지적 행동'에 있는 셈이다.

프랑스 출신의 수도승 마티외 리카르Matthieu Ricard는 저명한 작가이자 위스콘신대학교 메디슨캠퍼스에서 행복을 주제로 연구를 진행한 학자이기도 하다. 언론에서는 그를 두고 '세상에서 가장 행복한 사람'이라고 표현하기도 한다. 마티외는 자신의 저서 『행복: 삶을 발전시키는 데 가장 중요한 기술 Happiness: A Guide to Developing Life's Most Important Skill』에서 다음과 같이 언급한다. "기질적으로 다른 사람보다 더 많은 행복을 느끼는 사람도 있다. 하지만 이들의 행복 역시 완전하지 못하며 여전히 취약하다. 또 행복한 상태를 유지하려면 일종의 기술이 필요하다. 즉 마음을 수련하는 노력과 더불어 내적 평화나 명상, 이타적 사랑 등을 통해 인간으로서의 가치를 끊임없이 계발해야 한다."[18]

그렇다면 이 같은 내용이 여러분 자녀의 행복과 더불어 부모로서 여러분의 역할, 그리고 학교에 시사하는 바는 무엇일까? 그 답은 지금까지 살펴본 내용에 모두 암시되어 있다.

- 행복은 잠시 스쳐가는 기쁨의 감정이 아니다. 자신의 재능과 흥미, 삶의 목적, 곧 엘리먼트를 찾을 수 있도록 도와줄 때 아이들은 비로소 행복을 느낀다.
- 자기 자신에게 몰두하기보다 명상이나 봉사활동 등을 통해 외부세계를 볼 수 있도록 이끌어주어야 한다. 아이들은 넓은 세상을 바라보며 행복을 느낀다.
- 행복은 환경만큼 자신의 노력도 중요하다. 여기에는 본인의 의지와 경험, 회복탄력성 등이 포함된다.

행복은 물리적 상태가 아니라 정신적 상태다. 그렇다고 종교적인 차원을 의미하는 것은 아니다. 다만, 삶의 목적과 의미를 통해 만족스러운 마음상태를 유지하고 있는가를 의미한다. 앞서 언급한 여덟 가지 능력을 가졌다고 해서 행복이 완성되는 것은 아니다. 이들 능력은 여러분의 자녀가 만족스러운 삶을 영위하며 사회의 한 구성원으로 살아가기 위한 수단일 뿐이다. 결국, 부모든 학교든 아이를 대신해서 학습해줄 수는 없다. 하지만 우리 어른들은 학습하고자 하는 의욕이 생겨나는 환경을 만들어주고, 무엇을, 어떻게, 그리고 왜 배워야 하는가에 대한 분명한 목적을 심어줄 수는 있다. 여러분의 자녀가 받고 있는 교육은 이에 적합한가? 적합하다면 어떻게 강화해나갈 것인가? 또 적합하지 않다면 어떻게 개선해나갈 것인가?

제6장

아이에게 알맞은 학교를 선택하라

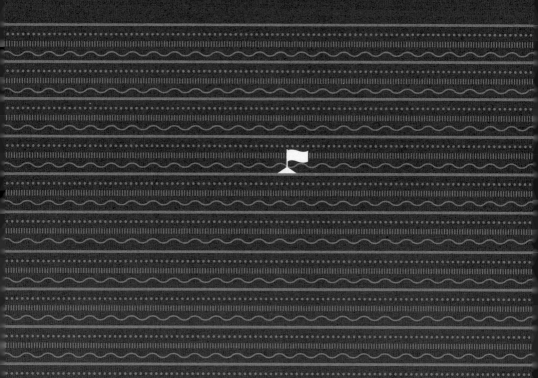

You, Your Child, and School

학교는 학습자들의 공동체다. 그렇다면 어떤 요소가 좋은 학교를 만드는 것일까? 우선 학교는 지금까지 언급한 모든 영역, 곧 인지적·정서적·사회적·정신적 영역을 학습하고 발달시킬 수 있도록 최적의 여건을 제공해야 한다. 또 아이들의 잠재력을 이끌어내고, 아이들 스스로 삶을 개척해가는 데 필요한 능력을 계발할 수 있도록 지원해야 한다. 이 같은 학교는 과연 어떤 종류의 공동체가 되어야 할까?

좋은 학교란 무엇인가

학교의 종류를 떠나 최고의 교육은 어떤 모습이며, 무엇을 보고 교육의 좋고 나쁨을 판단할 수 있는 것일까? 학교의 구성요소는 여러 가지가 있으며, 이들은 모두 교육의 품질 및 가치와 깊은 관계가 있다.

- **커리큘럼** 학생들의 학습 콘텐츠
- **교사의 수업** 학습에 실질적인 도움을 주는 과정
- **평가** 학생들의 이해 척도
- **일과표** 학습 시간 및 자원의 조직도
- **환경** 학습이 이루어지는 물리적 여건
- **문화** 학교에서 내세우는 가치와 행동양식

교육의 품질은 이들 요소가 어떤 식으로 함께 작용하는가에 좌우된다. 평가체계가 이들 요소 중 일부의 가치만을 평가한다면 결코 좋은 커리큘럼으로 볼 수 없다. 마찬가지로 수업의 질이 떨어진다면 결코 좋은 교육환경으로 볼 수 없다. 여섯 가지의 요소가 균형을 이룬 상태에서 적절한 역동성이 더해졌을 때 비로소 좋은 학교가 만들어진다. 몇 가지 예를 들어보자. 커리큘럼이 얼마나 풍부한가? 교사가 아이들의 특성을 반영한 맞춤식 교육을 얼마나 잘 수행하고 있는가? 학교는 교사에게 얼마나 많은 재량과 창의성을 허용하고 있는가? 학교는 부모 및 지역사회와 얼마나 잘 상호작용하고 있는가? 등과 같은 항목이 될 수 있을 것이다. 자, 그럼 지금부터는 이들 여섯 가지 요소를 하나씩 살펴보도록 하자.

커리큘럼

학교는 광범위하고 역동적이며 균형 잡힌 커리큘럼을 운영하

고 있는가?

커리큘럼은 교육의 콘텐츠로, 학생들이 알고 이해하며 습득해야 하는 지식을 뜻한다. 커리큘럼은 크게 학생들이 반드시 이수해야 하는 공식 커리큘럼과 선택 프로그램이나 방과 후 활동처럼 선택적으로 이수할 수 있는 비공식 커리큘럼으로 나뉜다. 이 두 가지 커리큘럼을 합쳐 전체 커리큘럼이 완성되며, 이를 통해 학교가 제공하는 모든 종류의 활동이 전개된다.

그런데 공식, 비공식 커리큘럼 외에 이른바 숨은 커리큘럼도 존재한다. 이것은 학교의 문화를 설명하는 또 다른 방식으로, 홍보용 책자에 기록된 내용만큼이나 중요한 가치를 지닌다. 학생들은 수업계획서에 형식적으로 적혀 있는 것보다 더 많은 것을 배운다. 부모 역시 아이를 학교에 실제로 보내면서 더 많은 사실을 알게된다. 입학 후 학생들은 학교가 중요하다고 여기는 것을 학습하면서 그렇지 않다고 여기는 것은 학습하지 못하게 된다. 커리큘럼상에 있는 내용은 학습의 기회가 주어지는 반면, 그렇지 않은 내용은 기회조차 주어지지 않는다. 또 의무적으로 규정된 커리큘럼은 반드시 이수해야 하지만, 선택 커리큘럼의 경우 반드시 그런 것은 아니다. 어떤 식으로 평가를 받느냐에 따라서도 학습의 정도에는 차이가 난다. 도움이 될 만한 조언이나 피드백을 받았는가, 아니면 단지 등급만으로 표기된 성적표를 받았는가? 이 과정에서 아이들은 학교가 어떤 가치를 중시하는지, 학교에서 받아들이는 행동의 범위는 어디까지인지를 알아나간다.

여러분은 부모로서 전체 커리큘럼의 균형은 잘 맞는지, 의무적인 커리큘럼과 선택적인 커리큘럼은 어떤 것인지, 또 그 이유는 무엇인지 등을 주의 깊게 살펴봐야 한다. 균형 있는 커리큘럼은 다음의 구성요소를 똑같이 포함하고 있어야 한다.

국어

언어는 인간의 지적 능력에서 가장 기본이 되는 영역이다. 여러분의 자녀에게 말하는 법을 가르쳐주는 사람은 아무도 없다. 그저 말을 잘할 수 있도록 격려해주고 길잡이 역할을 해줄 뿐이다. 아이들은 주변 사람들을 통해서 말하는 법을 배운다. 그러나 읽기와 쓰기는 다르다. 일반적인 환경에서라면 말하는 법은 누구나 배울 수 있지만, 읽기와 쓰기를 모두가 배울 수 있는 건 아니다. 읽기와 쓰기에는 완전히 다른 학습 코드가 수반된다.

대부분의 문자언어에서 읽기와 쓰기는 소리와 문자, 그리고 특정 의미를 지닌 문자의 집합을 포함한다. 또 특정한 규칙을 수반하여 의미가 통하거나 통하지 않음을 나타내기도 한다. 이 같은 쓰기를 학습하는 과정에는 신체적인 기술이 요구되며, 자신의 생각을 글로 표현하고 다른 사람의 생각이 담긴 글을 읽는 데는 복잡한 지적 능력도 요구된다. 언어교육은 이 모든 기술에 대한 학습을 포함한다. 따라서 언어교육은 학생들이 모든 형태의 문학을 진정으로 사랑하고, 뛰어난 '구어 사용 능력'을 가질 수 있도록 그 목표를 설정해야 한다. 여기서 구어 사용 능력이란 자신의 생각을 자신 있게 정확히 말하고, 다른 사람의 말을 끝까지 집중해서 들어주는 능력을 말한다. 누구나 말을 할 수는 있지만 모두가 정확하고 조리 있게 말하는 것은 아니다. 언어교육의 한 가지 역할은 언어를 사용하는 목표와 환경은 다르더라도 좀 더 효과적으로 사용할 수 있도록 돕는 것이다.

수학

대개 수학의 정의에 대한 질문을 던지면, 수학자들 사이에서 논쟁이 불붙곤 한다. 비전문가의 시각에서 보면 수학의 정의는 아주 단순하다. 그러나 수학의 다양한 형태와 복잡성에 대해 깊이 이해하고 있는 전문가 입장에서는 한마디로 정의하기가 쉽지 않을 수 있다. 그럼에도 간단하게 정의해보자면, 수학은 숫자를 이해하고 활용하는 학문을 일컫는다. 보편적인 교육과정에서는 덧셈, 뺄셈, 곱셈, 나눗셈 등의 연산을 배운다. 조금 더 범위를 넓히면 기하학, 대수학, 삼각법, 미적분 등을 통해 수학적 개념과 수단을 적용하는 모든 과정을 배운다.

언어와 마찬가지로 수학 역시 다른 여러 가지 학문의 기초가 되며 사회적·경제적 독립을 위해 꼭 필요한 학문이다. 그래서 일정 수준의 수학적 능력은 컴퓨터과학, 프로그래밍, 경제학, 무역학, 공예 등 수많은 영역에 반드시 필요하다. 똑똑한 기계가 뭐든 다 알아서 해주는 세상이지만, 기초적인 산술능력이 없이는 일상생활조차도 어려운 게 현실이다. 사실 그보다도 수학은 그 자체로 아주 멋진 학문이다. 수학에는 각종 섬세한 개념과 더불어 가장 높은 수준의 인간의 사상과 문화가 담겨 있다. 각자 다르게 수학을 정의하는 학자들도 이 부분만큼은 모두 동의할 것이다.

과학

우리는 두 종류의 세계를 살아간다. 하나는 우리 주변의 세계, 또 하나는 우리 내면의 세계다. 과학은 우리 주변의 세계를 분석과 관찰, 실험을 통해 체계적으로 연구하는 학문이다. 그래서 과학자는 각종 이론과 설명을 정립하며, 이러한 내용은 증거를 통해 입증된다. 물리학, 생물학, 화학 등의 자연과학은 물리적 세계의 자연과 그 역동성을 관찰하면서 이를 둘러싼 각종 법칙을 규명한다. 이를 통해 자연과학자는 누구든지 동일한 관찰 결과를 얻을 수 있는 지식을 생산해낸다. 또 심리학, 사회학, 인류학 등의 인문과학은 비슷한 방법을 사용하여 인간의 삶을 탐구하는 학문이다. 극도로 복잡한 속성을 지닌 인간의 행동은 인문과학자의 발견을 '객관적' 형태로 보전하지는 않지만 말이다. 모든 과학자는 주로 논리적 분석에 의존하지만, 그렇다고 이것만을 도구로 삼는 것은 아니다. 어느 분야나 과학적 발견은 때로 전혀 예상치 못한 직관이나 상상에 의해 생겨나기도 한다.

과학교육이 모든 아이에게 중요한 이유는 과학을 통해 증거를 수집하고 논리적으로 분석하는 기본적인 방법을 배울 수 있기 때문이다. 또 과학은 우리 주변의 수많은 과학적 지식에 접근할 수 있는 통로가 되기도 한다. 우리 주변의 세계는 어떻게 형성됐는지, 오늘날의 변화를 이끈 혁신적인 개념과 이론은 무엇인지 역시 과학이라는 학문을 통해 배울 수 있다.

예술

예술은 인간의 경험을 특징적으로 나타내는 산물이다. 음악과 무용, 시각예술, 드라마, 문학 등 다양한 장르의 예술을 통해 우리는 이 세상에 대한 자신의 생각과 인식을 표현해낸다. 그래서 예술의 중심에는 인위적 산물이 존재한다. 음악가는 음악을, 화가는 그림을, 무용수는 무용을, 작가는 책이나 연극·소설·시 등을 만들어내며 이들 작품에는 개인적 통찰과 경험이 고스란히 담겨 있다. 예술은 다양한 측면에서 우리에게 영감을 준다. 예술작품의 내재적 아름다움과 형상을 통해서, 구현하고 있는 아이디어와 감성을 통해서, 그리고 상징하는 문화적 가치와 전통을 통해서 여러 가지 방법으로 우리를 자극한다. 이 같은 문화적 영향력은 시각예술과 언어예술, 행위예술을 통해 가장 강력하게 전파된다. 예술교육은 작품을 감상하고 이해하며, 그것을 직접 만드는 과정까지 포함해야 한다. 2장에서 언급했듯 인간의 지적 능력은 매우 다면적이다. 음악·춤·연극·시각예술·언어예술 등 여러 가지 예술활동은 아이들의 다양한 지적 능력을 표출할 수 있는 통로가 되며, 이 같은 능력을 키울 수 있는 실질적인 수단이 되기도 한다. 예술을 통해 아이들은 다양한 방식으로 자신의 생각과 감정을 공식적으로 표현할 수 있다. 또 자신이 속한 문화의 가치와 정체성은 물론, 다른 문화의 가치와 전통까지 탐색할 수 있다.

인문학

인문학은 인간의 삶과 문화에 대해 연구하는 학문으로 역사, 언어,

종교, 지리, 사회학, 철학 등의 과목이 포함된다. 인문학은 아이들이 다양하고 복잡한 세상을 깊이 있게 이해하는 데 꼭 필요한 학문이다. 인문학을 통해 우리는 다른 시대와 문화에 속한 사람들과 공유하고 있는 가치를 이해할 수 있으며, 자신이 속한 사회와 시대에 대해 비판적인 인식을 가질 수 있다. 여러 가지 측면에서 인문학은 과학 및 예술과 겹치는 부분이 많다. 인간의 경험을 이해한다는 측면에서는 예술과 비슷하고, 학문적 연구와 분석을 사용한다는 측면에서는 과학과 비슷하다. 인문학은 보통 자유예술이라 불리는 과목을 포함한다. 고대의 자유예술(라틴어 'liber'에서 유래한 말로 '자유'를 뜻한다)은 자유민주주의 사회에 꼭 필요한 판단력과 이해력 증진을 위한 학문이었다. 인문학과 자유예술을 통해 우리는 복잡하고 문명화된 오늘날의 사회에 꼭 필요한 자질과 능력을 기를 수 있다.

체육

아이들의 인지적·정서적·사회적·신체적 안정은 모두 긴밀하게 연관되어 있다. 그래서 아이들이 성장하고 학습하는 데 체육교육은 신체적 활력은 물론 몸 전체의 발달에 직접적인 영향을 끼친다. 또 아이들의 집중력과 정서적 유연성을 촉진함으로써 모든 영역에서의 학습 기능을 강화한다. 한편, 체육과 스포츠는 문화적 전통과 더불어 집단적 활동과 불가분의 관계에 놓여 있다. 그래서 각종 스포츠 경기는 시합 그 자체는 물론 소속감의 맥락에서도 엄청난 열기와 관심을 불러일으킨다. 다양한 신체활동과 스포츠를 통해 아이들은 각기 다른 형태의 신체적 성취 기회를 얻게 된다. 예를 들어, 무용과 체조는 창의성과 심미적 기능을 발전시킨다. 팀 단위 활동의 경우 개인적 역량은 물론 협동심의 향상을 가져오며, 안전하고 통제된 환경에서 성공과 실패의 경험을 동료들과 함께 나눌 수 있는 기회를 제공한다. 이처럼 체육활동은 아이들의 균형 있는 교육에 필수적이다.

인생의 기술

우리의 삶은 결코 교과서대로 살아지지 않는다. 그래서 교육은 아이들이 자신만의 길을 개척하며 맞닥뜨릴 수 있는 실질적인 문제와 도전에 자신 있게 대처할 수 있도록 길잡이 역할을 해주어야 한다. 이 같은 맥락에서 일부 학교는 경제 관련 지식, 건강 및 영양, 요리, 가계 관리 등의 정보를 제공하는 실전 프로그램을 운영한다. 이러한 프로그램의 가장 큰 장점은 초등학교 때부터 이론이 아닌 체험 위주로 수업을 진행한다는 것이다. 이 시기의 아이들 역시 각종 놀이를 통해 가계 운영이나 사업 관리 등을 배울 수 있는 역량과 욕구가 충분하다.[1]

지금까지 다양한 교육 영역을 주제별로 하나씩 살펴보았다. 그러나 전체적인 학습 효과는 이들 영역이 어떤 식으로 서로 시너지를 내는가에 좌우된다. 이는 아이들이 학습내용을 어떻게 학습하는가와 깊이 관련되어 있다. 그런 의미에서 아이들이 학습하는 데 교사의 역할이 가장 중요하다.

학습에 대한 접근법

교사는 학생별로 각기 다른 접근방식을 취하는가?

대부분의 교사는 자신의 직업과 자신이 가르치는 아이들에 대해 누구보다 잘 알고 있다. 그렇다고 모든 교사가 적합한 능력을 갖고 있다는 뜻은 아니다. 제대로 된 교사라면 아이에게 학습과 성취에 대한 동기부여를 해줄 수 있어야 한다. 여러분이 생각하는 이상으로 말이다. 하지만 그렇지 못한 교사는 아이들이 학습을 그저 따분하고 지루한 것으로 느끼게 한다.

교사의 수업방식이나 학생들의 학습방식은 아이들의 개별 특징과 발달과정에 맞게 이루어져야 한다. 신생아와 영아기 아이들은 엄청난 잠재력을 갖고 있다. 그래서 생후 첫 1년의 자극 범위는 뇌의 발달과 직접적인 상관관계가 있다. 예를 들어, 2개 국어 이상의 언어를 사용하는 가정에서 자란 아이는 대체로 언어능력에 상당한 경쟁력을 보인다. 이것은 음악을 포함한 다른 영역에서의 발달에도 비슷하게 적용된다. 10대 아이들과 성인들은 악기나 제2외국어를 배우는 데 큰 어려움을 느낀다. 그래서 교사는 학생 개개인에게 적절한 도움을 제공함으로써 강점을 살리고 약점은 줄일 수 있도록 지원해야 한다. 다음 영역에서 균형을 추구함으로써 이 같은 목표를 달성할 수 있다.

이론과 실전

책상에서 배우는 이론과 경험에서 배우는 실전이 적절하게 균형을 이루는가?

학교를 생각하면 떠오르면 전형적인 이미지가 하나 있다. 정면에 있는 교사의 책상을 중심으로 학생들의 책상과 의자가 죽 늘어선 모습이다. 과거에는 물론 지금도 일부 학교에서는 학생들이 대부분의 시간을 책상 앞에 앉아서 보낸다. 잠깐이라도 움직일 수 있는 시간은 신체놀이를 할 때나 다음 수업이 시작되기 전에 주어지는 쉬는 시간이 전부다. 앞서 살펴봤듯, 이런 식의 교육은 건강적인 측면에서는 물론 교육적인 측면에서도 매우 좋지 않다.

5장에서 나는 학문적 역량은 매우 중요하지만, 인간의 지적 능력은 학문적 역량만으로 이루어져 있지 않으며 이 같은 사실은 일반 학교교육에서 분명히 인지되어야 한다고 말했다. 그러면서 '사실을 아는 것' '방법을 아는 것' 그리고 '상황을 아는 것'의 차이를 설명했다. 이처럼 전혀 다른 종류의 능력을 기르기 위해서는 교사가 서로 다른 종류의 활동과 접근방식을 제공하는 것이 중요하다.

인간의 뇌는 무척 유연하다. 특히 어린아이들은 더욱 그렇다. 인간의 경험 가운데 아주 인상적이거나 강렬한 기억은 곧바로 장기기억으로 저장된다. 그러나 일상적이거나 덜 선명한 기억은 단기기억으로 저장되며, 깊이 생각하거나 반복해서 떠올리지 않는 한 점차 희미해진다. 새로운 개념이나 사실, 기술을 배우는 데도 마찬가지다. 장기기억으로 저장하기 위해서는 여러 번 반복적으로 학습함으로써 내 몸에 배도록 하는 과정이 필요하다.

명제적 사실(사실을 아는 것)을 습득하는 데에는 강한 집중과 노력이 필요하다. 아무도 나를 대신해서 습득해줄 수 없다. 일각에서는 암기식 학습을 무조건 나쁜 것으로 규정하며 비판하곤 한다. 하지만 전혀 그렇지 않다. 아이들이 새로운 언어를 배우거나 화학공식을 익힐 때, 또는 구체적인 역사적 사실을 공부하거나 연산의 원리를 알아갈 때는 암기를 통해 장기기억으로 저장하는 과정이 필수적이다. 이렇게 하면 훨씬 쉽게 배울 수 있다. 외우는 과정을 반복하면 아이들의 뇌는 그 형태가 미묘하게 변해간다. 교사는 아이들이 암기 과정을 즐기고 가치 있게 여길 수 있도록 도와야 한다. 실질적인 활동이나 공동학습 등 단체활동을 통해서도 학습의 동기는 충분히 부여될 수 있다. 그러나 암기 과정은 철저히 개인의 노력이 필요하다. 높은 집중력과 반복학습, 되새김의 과정이 필요하다. 일부 학습 영역은 암기가 유일한 방법인 경우도 있다. 그러나 문제는 이 같은 암기식 학습방법이 모든 영역의 학습에 최선이라고 보는 접근방법에 있다. 전혀 그렇지 않은데 말이다.

뭔가에 대한 '방법을 아는 것'은 그것을 직접 해봄으로써만 익힐 수 있다. 악기를 연주하는 것, 디자인을 하는 것, 물건을 개발하는 것, 스포츠를 익히는 것, 기술을 연마하는 것 등은 모두 인지적 능력과 신체적 능력이 조화를 이룰 때 가능하다. 발레리나에서부터 외과의사, 엔지니어에 이르기까지 이론적 지식과 실전이 똑같이 요구되는 분야에서 최고의 경지에 오른 사람들은 '근육의 기억'을 갖고 있다. 이것은 몸이 반응할 정도로 수많은 반복과 수정을 통해 깊이 각인된 기억이라는 뜻이다. 이와 함께 아이들은 다양한 종류의 실전활동을 경험해볼 수 있어야 한다. 단지 교실 안에서 책으로만 익히는 것이 아닌, 자신의 아이디어를 다른 사람과 함께 실제로 적용해보는 과정도 필요한 것이다.

마지막으로 '상황을 아는 것'은 경험의 가치를 이해하는 것이다. 자신의 감정은 물론 이런저런 경험을 이해하고 다양한 인간관계에 긍정적인 태도를 유지하는 것은 아이들의 행복과 안정을 위해 꼭 필요하다. 이런 능력은 감정에 대한 이론적인 학습만으로는 결코 습득할 수 없다. 실질적인 경험과 연습을 통해 다양한 감정과 가치를 느끼고 관계를 구축함으로써 배울 수 있다. 학교의 경우 시각예술이나 행위예술, 언어예술, 명상, 마음챙김 등의 과목과 프로그램이 이에 해당된다.

반복해서 언급한 교육의 네 가지 목적과 여덟 가지 능력은 광범위한 커리큘럼과 더불어 교사의 수업방식과 학생의 학습방식이 기존의 천편일률적인 접근방식에서 벗어날 때 비로소 성취될 수 있다.

신체활동

학생들은 충분히 움직이고 있는가?

앞서 나는 주요 과목의 학습만큼 예술과목의 학습도 똑같이 중요하다고 말했다. 물론 대부분의 학교에서 예술과목 수업이 이루어지고는 있다. 보통 시각예술, 음악, 문학 등의 과목이다. 연극이나 무용 과목은 여기에 포함된다고 해도 그 비중이 훨씬 적다. 소득이 낮은 지역의 학교나 차터스쿨의 경우 예술과목의 비중이 전체적으로 적다는 사실은 이미 입증되었다. 이들 학교에서는 예술과목을 전공생이나 소수의 인원만을 대상으로 시행하는 경우가 대부분이다.[2] 앞서 살펴봤듯 상당수 학교에서는 수학이나 국어, 과학 시간을 더 확보하기 위해 체육시간을 줄이고 있다. 전체적인 학력 수준을 올리는 유일한 방법은 예술과목의 수업시간을 줄여 주요 과목에 더 집중하는 것이라고 생각하기 때문이다. 그러나 이 방법은 전혀 옳지 않다. 모든 이유에서 그렇다.

수학과 무용

지난 2006년 나는 테드TED 콘퍼런스에서 '학교가 창의력을 죽이는가?'[3]라는 주제로 강연을 한 적이 있다. 당시 나는 오늘날 학교교육은 지나치게 한쪽으로 치우쳐 있으며, 이 같은 불균형이 아이들의 전체적인 발달에 좋지 않은 영향을 끼치고 있다고 설명했다. 대표적인 사례가 무용이다. 대부분의 학교에서 무용수업은 이른바 '먹이사슬'의 가장 하위단계에 머물러 있다. 무용수업을 중요하게 생각하지 않기 때문이다. 기껏해야 학교 재량쯤으로 여기고, 수학이나 과학, 기술 과목처럼 꼭 필요한 과목으로 여기지 않는다. 몇 년 전 나는 BBC 방송국과 인터뷰를 한 적이 있다. 당시 나를 인터뷰하던 기자가 이런 질문을 했다. "테드 콘퍼런스에서 '무용은 수학만큼 중요한 과목'이라고 하셨는데, 정말 그렇게 생각하시

나요?" 그 질문에 나는 이렇게 대답했다. "물론입니다. 무용은 당연히 수학만큼 중요한 과목입니다." 이 같은 내 생각에 많은 사람들이 동의하지 않는다는 것을 알고 있다. 그래서 조금 더 구체적으로 설명해보겠다.

나는 한때 런던 현대무용학교의 후원자로 활동한 적이 있다. 2016년에는 설립자 로버트 코언Robert Cohan의 추모식에 강연자로 초청받기도 했다. 마침 BBC와의 인터뷰 직후에 강연 초청을 받아서 나는 강연 제목을 이렇게 지었다. '교육에서 무용은 왜 수학만큼 중요한가?'[4] 강연을 앞두고 이 제목을 트위터에 남기자 지지 댓글과 함께 말도 안 된다는 식의 비판적 댓글이 줄을 이었다. "유례가 없을 만큼 짧은 강의가 되겠군"이라며 비아냥거리는 댓글부터 "켄, 무용은 수학만큼 중요하지 않아요"라고 단호하게 지적하는 댓글까지 종류도 다양했다. 여기까지는 봐줄 만했다. 그런데 말도 안 되게 비꼬는 댓글도 넘쳐났다. "숫자를 세는 능력이 멋지게 룸바 댄스를 추는 것보다 중요하지 않다니, 다행이군!" "그래서 뭐 어떻다는 거야? 전화기는 바나나보다 더 중요하지. 개미보다 변기통이 더 중요하고, 또 종이 클립이 팔꿈치보다 중요하고 말이야" 같은 댓글은 한눈에도 어불성설이었다. 하지만 이런 댓글은 적어도 꽤 창의적이다. 내가 말도 안 되는 두 가지를 비교하고 있다고 생각했기 때문에 나온 댓글이기 때문이다. 그중에는 꽤 적절한 댓글도 있었다. "정말 그런가요? 왜, 누구에게 중요하다는 거죠? 저는 수학교사입니다."

철학자 프리드리히 니체Friedrich Nietzsche의 경구를 빌려 나의 이론을 설명하면 이렇다. "음악을 듣지 못하는 사람들에게 춤을 추는 행위는 그저 미친 짓으로 보일 뿐이다." 학교교육에서 무용의 역할을 의심하거나, 룸바 댄스를 추는 것보다 숫자를 읽는 게 더 중요하다고 생각하는 사람들은 그저 음악을 듣지 못하는 사람들이라고 치부하는 것이 최선이다. 그럼 본격적으로 나의 생각을 펼쳐보겠다.

나는 결코 수학교육을 반대하지 않는다. 수학은 인간의 창의적 발달에 반드시 필요하다. 또 수학은 무용의 역동성과도 깊은 관련이 있다. 문제는 수학이 아니라 학교교육에서 '비중의 형평성'이다. 무용 역시 다른 예체능 과목이나 국어, 수학, 과학, 인문학 과목처럼 중요하게 다뤄져야 한다는 뜻이다. 그렇다고 나만 이런 주장을 내세우는 건 아니다. 전 세계 여러 전문가들이 같은 견해를 내놓고 있다.

무용교육은 결코 새로운 분야가 아니다. 무용교육에 대한 중요성을 언급하는 목소리는 사실 대중교육 시스템이 등장하기 훨씬 오래전부터 있어왔다. 아주 먼 옛날부터 사람들은 일상생활과 교육에서 춤의 중요성을 인지해왔다. 그래서 오늘날의 대중교육 시스템 속에서 춤의 중요성이 간과되고 있다고 해서 그 가치가 사라지는 건 결코 아니다. 이미 다양한 분야의 전문가들이 여러 가지 춤을 연구해왔으며, 그 결과 춤은 우리 일상의 질을 높여주는 것은 물론 교육에도 획기적인 변화를 가져온다는 사실을 입증했다.

샬럿 스벤들러 닐슨Charlotte Svendler Nielsen과 스테파니 버릿지 Stephanie Burridge는 「전 세계의 무용교육: 무용과 청소년, 그리고 변화에 대한 관점Dance Education around the World: Perspectives on Dance, Young People and Change」이라는 논문을 통해 무용의 가치에 관한 최근의 연구를 모두 분석했다. 대상 국가는 핀란드에서부터 남아프리카공화국, 가나, 타이완, 뉴질랜드, 미국 등에 이른다.[5] 학교교육에서 무용과목의 위치가 낮은 것은 기존 학문의 위치가 상대적으로 높기 때문이다. 이들 학문의 지적 능력은 언어 및 수학적 추론과 주로 연관되어 있다. 해당 논문은 무용에 대한 깊은 이해가 기존의 지적 능력 및 성취라는 두 가지 개념을 어떻게 바꾸는지 보여주고 있다. 또한 춤은 나이나 환경에 상관없이 모든 이들의 삶을 획기적으로 바꾸어놓을 수 있음을 보여주고 있다. 전시상황이든 평상시든, 부유하든 가난하든 상관없이 말이다. 춤은 어려운 상황에 처한 사람들에게 기쁨과 안정을 가져다주고, 각종 폭력과 괴롭힘으로 분열된 학교를 회복시켜주는 것으로 나타났다.

그렇다면 춤은 무엇인가? 다양한 관계와 감정, 생각을 동작과 리듬을 통해 신체적으로 표현하는 것을 뜻한다. 춤은 우리 역사 속 모든 문화의 중심에 깊이 자리하고 있다. 그래서 우리 삶의 일부와도 같다. 춤은 다양한 장르와 스타일, 전통을 아우르며 끊임없이 진화하고 있다. 춤의 역할은 오락적 기능에서부터 종교적 기능, 그리고 모든 형태의 사회적 기능을 포함한다. 모든 춤은 우리가 있는 모든 곳에, 모두를 위해 존재하는 셈이다. 그렇다면 춤이 학교에서 필요한 이유는 무엇일까? 여기에는 개인적·사회적·경제적·문화적 이유가 존재한다. 몇 가지 예를 통해 알아보자.

춤의 형태는 그 종류를 헤아릴 수 없을 만큼 많다. 그리고 춤과 관련된 전문적인 회사 역시 무수히 많다. 그중 일부 회사는 관련 프로그램을 학교에 제공한다. 대표적인 업체로 댄싱 클래스룸 Dancing Classrooms을 들 수 있다. 이곳은 뉴욕에 본사를 둔 비영리 업체로 초등학교와 중학교에 사교춤 수업을 제공한다. 뉴욕, 로스 앤젤레스, 디트로이트 일대에서 가장 문제가 많은 지역 및 학교와 협업하고 있다. 댄싱 클래스룸은 춤을 통해 사회적 관계, 특히 성별 간의 다양한 문제를 개선하고, 협동심·존경심·동정심을 배양하여 학교 전체의 문화를 풍요롭게 하는 데 그 목적을 두고 있다. 지난 1994년 무용가 피에르 듈레인Pierre Dulaine이 설립한 댄싱 클래스룸은 현재 각 학교에 10주 과정으로 20회의 수업을 제공하고 있으며, 학교에 춤을 연계한 대표적인 성공사례로 주목받고 있다.[6]

플로리다 리카운티 리하이초등학교에서 교장을 역임한 토니 워커Toni Walker는 댄싱 클래스룸의 프로그램을 높이 평가하고 학생들에 대한 무용교육의 개인적 이익을 설명하면서 문제아로 낙인찍혔던 한 여학생을 예로 들었다. "이 조그만 여자아이가 처음 우리 학교로 전학 왔을 때 관련 서류철 두께만 5센티미터가 넘었어요. 그만큼 문제가 많은 아이였죠. 도심지역에서 죽 자라왔고 아주 똑똑했지만 속은 분노로 가득했어요. 자신을 증명해 보여야 한다고 생각했고, 언제든 싸울 준비가 돼 있는 강한 자신의 모습을 모두가 알아주길 원했죠." 학교에서 댄싱 클래스룸 프로그램을 시작했지만 아이는 참여하고 싶어 하지 않았다. 그러나 그것은 선택사항이 아니라 의무사항이었다. 억지로 프로그램에 참여한 아이는 이내 자신이 무용적 소질을 타고났다는 사실을 깨달았다. "두 번째 수업에서 아이는 조금 달라진 모습을 보였어요. 그래서 수업 참여를 두고 더 이상 실랑이를 할 필요가 없게 되었죠. 어느 순간 아이는 말없이 수업에 들어오기 시작했어요." 세 번째, 네 번째 수업에서 아이는 완전히 달라졌다고 토니는 설명한다. "움직임도, 말투도 달라지더군요. 누구에게나 친절하고 공손했죠. 더 이상 전학 갈 필요가 없어졌어요. 아이의 엄마 역시 믿기지 않는 듯 기뻐했죠. 정말 놀라웠어요. 놀라움 그 자체였습니다. 댄싱 클래스룸은 사람들이 생각하는 것보다 훨씬 강력한 프로그램이에요."[7]

무용교육은 학생들의 사회적 관계, 특히 성별 간, 연령 간 관계에 많은 도움을 준다. 사교춤을 포함한 많은 형태의 춤은 그 본질상 사회적인 특성을 갖고 있다. 파트너와 동시에 움직이면서 신체 접촉을 하기 때문에 서로의 감정과 상태에 공감할 수 있다. 댄싱 클래스룸에 대한 평가에서 뉴욕 지역 교사 중 95퍼센트가 무용수업을 통해 학생들의 협동능력이 눈에 띄게 향상되었다고 답했다. 또 로스앤젤레스에서는 참가 학교 교장 가운데 66퍼센트가 프로그램 시작 후 학생들의 포용력이 훨씬 커졌다고 응답했다. 비슷한 맥락에서 81퍼센트의 학생들은 다른 사람을 좀 더 예의 바르고 공손하게 대할 수 있게 되었다고 대답했다.

무용수업은 문화적 측면에서도 학교에 많은 도움이 된다. 뉴욕에 있는 세인트 마크 에반젤리스트 초등학교 교장 안트완 앨런Antwan Allen은 8학년 학생들의 무용수업에 함께 참여하고 있다. 사실 처음 함께하게 된 것은 남녀의 비율 때문이었다. "8학년에는 여학생에 비해 남학생이 적었어요. 그래서 제가 들어가 성비를 맞춰주려고 시작한 거였는데, 그 이후로 지금까지 참여하고 있네요." 앨런 교장은 자신의 무용수업 참여가 남학생들에게 일종의 본보기가 된다고 설명했다. 또 학생들이 자신을 그저 권위적인 교장이 아닌 '자신들과 같은 눈으로 세상을 바라보는 존재'로 이해하게 되었다고 말했다. 앨런 교장은 댄싱 클래스룸 프로그램이 에반젤리스트의 문화에 아주 중요한 역할을 했으며, 자신의 수업 참여가 이를 공고히 했다고 설명했다. 그러고는 우리는 자신이 중요하다고 생각하는 것에 시간을 투자해야 한다고 덧붙였다. "교사회의에 한 시간을 투자한다면, 학생들과 함께 춤추는 데에도 한 시간을 투자할 수 있죠. 그래서 2주에 한 번, 한 시간은 8학년 학생들과 춤추는 시간으로 정해놓고 달력에 표시를 해둡니다. 제게 이 시간은 교사를 관찰하거나 학부모와 상담하는 시간과 전혀 다르지 않아요. 모두 다 똑같이 중요한 일이고, 우리 학교의 문화를 형성하는 일이기 때문입니다."[8]

지금까지 살펴본 무용수업의 개인적·사회적·문화적 혜택은 그 자체로 매우 중요한 의미를 지닌다. 하지만 무용수업은 경제적으로도 의미가 있다. 전문적인 재능과 굳건한 의지가 있다면 춤으로도 얼마든지 일자리 창출이 가능하기 때문이다. 춤은 또한 모든 직장인에게 필요한 협동심, 적응력 등의 자질 개선에도 탁월한 효과가 있는 것으로 알려져 있다. 이 같은 의견에 동의하면서도 여전히 사회에 나가서는 춤추는 능력보다 수학적 역량이 더 중요하다고 생각할 수 있다. 앞서 학생들의 인지적·정서적·신체적·사회적·정신적 발달에 대한 교육의 필요성을 언급한 바 있다. 수학과 무용을 포함해 학교에서 배우는 여러 가지 과목은 각기 다른 방식으로 아이들의 발달에 기여한다. 그래서 어른이 되고 나면 아이들은 학교에서 배운 것에 의지하여 살아간다. 특정 분야에 대한 흥미를 더 깊게 계발해가는 아이들도 있다. 어떤 아이들은 수학자가 되기도 한다. 또 학교를 졸업하고 나면 2차 방정식이나 미적분 문제를 마주할 일이 더 이상 없더라도 수학을 공부했던 아이라면 누구나 그 과목의 아주 가치 있는 부분을 발견할 수 있다. 어떤 아이들은 무용에 대한 넘치는 열정으로 무용가의 길을 걷기도 한다. 굳이 전문적인 무용수가 되지 않더라도 무용수업을 들었던 아이는 무용과목 나름의 귀중한 가치를 발견할 수 있다.

그럼에도 학교에서의 무용시간이 수학 및 다른 주요 과목의 학습시간을 빼앗는다고 생각할 수 있다. 하지만 전혀 사실이 아니다. 오히려 여러분의 생각과는 정반대의 결과를 가져온다. 앞서 언급했듯, 나는 수학 그 자체를 반대하는 게 아니다. 그저 무용수업을 지지하는 것이다. 이 두 과목은 아이들 교육이나 삶에서 서로 배타적인 관계에 놓여 있지 않다. 오히려 무용수업은 수학을 포함해 다른 영역에서의 학업성취도에 긍정적인 영향을 끼치는 것으로 나타났다. 무용수업 비판론자에게는 역설적일 수 있지만, 아이들이 춤을 추면 수학점수도 같이 올라간다는 강력한 증거가 존재한다.

댄싱 클래스룸 프로그램의 또 다른 성공사례로는 버진제도에 있는 엠마누엘 벤저민 올리버 초등학교를 꼽을 수 있다. 이곳의 교장 로이스 햅티스Lois Habtes 박사는 댄싱 클래스룸에 참여한 5학년 학생들의 국어와 읽기, 수학 성적 향상에 매우 깊은 인상을 받았다. "읽기 및 수학 평가를 지난 9월과 12월 학기 종료 직전에 실시했습니다. 그리고 매년 3월에는 버진제도 전체적으로 평가시험이 치러집니다. 댄싱 클래스룸 프로그램을 진행하고부터는 우리 5학년 학생들이 늘 상위권을 차지합니다. 프로그램이 아이들의 성적 향상에 영향을 끼쳤다는 것은 의심의 여지가 없는 셈이죠. 제가 처음 부임했을 때 아이들의 성적은 형편없었습니다. 그런데 작년 2학년 평균 성적은 83퍼센트까지 상승했고, 올해 5학년 학생들의 읽기과목 평균 성적은 85퍼센트까지 도달해 전 학년 최고 수준을 나타냈습니다. 유치원생부터 5학년까지 전체 학생을 대상으로 한 모든 평가에서 5학년은 두드러지게 높은 점수를 받았습니다. 댄싱 클래스룸 참여가 이루어낸 성과입니다. 신체적 활동과 교육적 성취 간의 과학적 관계를 단적으로 나타내주는 사례로 볼 수 있습니다."[9]

4장에서 학교교육에서 심신 재연결의 필요성을 주창하는 하버드대학교 정신의학과 존 J. 레이티 부교수의 연구에 관해 언급한 바 있다. 2008년 출간된 『운동화 신은 뇌』라는 책은 일리노이 주 네이퍼빌 203학군에서 진행된 체육수업의 놀라운 결과를 바탕으로 그가 쓴 책이다. 이 학군은 14개 초등학교와 5개 중학교, 2개 고등학교가 속해 있다. 이 가운데 네이퍼빌 센트럴 고등학교의 문제는 학생 대부분의 읽기능력이 수준 이하라는 점이었다. 운동과 학습의 긍정적인 상관관계를 잘 알고 있던 학교 당국은 선택적 독서 프로그램을 수강한 학생들을 대상으로 '학습 준비를 위한 신체

교육LRPE'이라는 수업을 만들어 참여시켰다.

LRPE는 기존의 순환식 훈련과 경쟁적 스포츠 중심의 신체교육과는 완전히 다르다. 적극적인 활동을 통해 신체를 단련하는 데 주력하며 암벽등반, 카약, 로프코스, 웨이트 트레이닝, 무용 등 아이들이 선택할 수 있는 활동범위도 매우 넓다. 수업에는 심장강화 운동도 포함되어 있어 학생들은 개인적인 신체 단련 목표치에 도달하면, 그 수치를 높여갈 수도 있다. 프로그램은 학생들의 건강상태와 프로그램 참가가 학교수업에 끼치는 영향에 대해 수시로 점검한다. 결과적으로 LRPE 프로그램은 네이퍼빌 203학군 1만 9,000명 학생들을 미국 전체에서 가장 건강한 학생들로 탈바꿈시켰다. 한 고등학교 2학년 학급에서는 과체중 학생 비율이 3퍼센트에 불과했다. 국가 전체 평균 30퍼센트에 비하면 확연히 낮은 수치다. 이와 관련해 레이티 박사는 다음과 같이 언급한다. "더 놀라운, 정말 믿을 수 없는 사실은 LRPE 프로그램에 참가한 학생들이 미국 전체에서 가장 똑똑한 아이들로 거듭났다는 것입니다."[10]

1999년, 네이퍼빌 203학군의 8학년 학생들은 '수학 및 과학 성취도 국제 비교평가TIMSS'에 참가했다. 이것은 전 세계 학생들을 대상으로 수학 및 과학 실력을 평가하는 프로그램으로 지난 1995년부터 4년마다 실시되고 있다. 1999년 평가에는 전 세계 38개국에서 23만 명이 참가했고, 그중 미국 참가자 수는 5만 9,000명이었다. 평가 결과에서는 중국, 일본, 싱가포르 학생들이 미국 학생을 압도적으로 능가했다. 더욱이 상위권의 절반은 아시아계 학생들이었다. 상위권을 차지한 미국 학생들은 고작 7퍼센트에 불과했다. 1999년 평가에서 미국 학생들은 과학에서 18위, 수학에서 19위를 차지했다. 저지시티와 마이애미 학생들은 과학과 수학 모두에서 꼴찌를 기록했다. 그러나 네이퍼빌 학생들의 결과는 전혀 달랐다. 우선 네이퍼빌 203학군 8학년 학생들의 97퍼센트가 1999년 TIMSS 평가에 참여했기 때문에 일부 학생들만 평가대상으로 선발된 것이 아님을 알려둔다. 과학에서는 싱가포르 학생들을 간발의 차로 누르고 1위를 차지했고, 수학에서는 싱가포르, 한국, 대만, 홍콩, 일본 다음으로 6위를 차지했다.

이에 대해 레이티 박사는 다음과 같이 언급한다. "미국 청소년들은 너무 뚱뚱하다, 학습 의욕이 없다, 학력 수준이 낮다 등 온갖 좋지 않은 소식들만 듣다가 마치 한 줄기 희망을 발견한 것 같습니다." 그러나 레이티 박사는 네이퍼빌 학생들의 괄목할 만한 성과를 모두 LRPE 프로그램 결과로 돌리는 것에는 매우 조심스러운 입장을 보였다. 특정 결과에 영향을 미치는 요소에는 여러 가지가 있기 때문이다.[11] 그러면서도 레이티 박사는 "이 둘의 상관관계를 무시해버리기에는 너무나 흥미롭다"고 설명한다.[12]

그렇다면 네이퍼빌 학생들은 어떻게 TIMSS 평가에서 상위권을 차지할 수 있었을까? 이에 대해 레이티 박사는 이렇게 설명한다. "네이퍼빌 지역이 부유한 곳이고 부모들 학력 수준도 높기 때문에 이런 결과가 나온 것은 아닙니다. 네이퍼빌 스타일의 LRPE와 비슷한 신체활동 프로그램에 참가한 타이터스빌, 펜실베이니아 학생들의 평가점수 역시 눈에 띄게 향상되었습니다. 요컨대 체력단련이 학생들의 학업성취에 매우 중요한 역할을 하는 셈이죠."[13] 이처럼 높은 성과를 이끌어낸 학교들의 전략은 대부분의 미국 학교에서 선택하는 전략, 곧 예체능 수업시간을 줄여 수학·과학·국어 시간을 늘리는 것과는 정반대의 양상을 보인다. 교육정책 입안자와 행정가들은 이런 식으로 주요 과목 수업시간을 늘리면 학생들의 학업성취도가 개선될 것이라고 생각했지만, 전혀 그렇지 못했다. 그럼에도 그들 중 상당수는 여전히 이 같은 정책이 효과적이라고 믿고 있다.

신체적 안정이 아이들의 전체적인 학업 성취도 및 참여도에 긍정적인 영향을 끼친다는 연구 결과는 계속해서 등장하고 있다. 레이티 박사는 지난 2004년 한 연구위원회가 학령기 아동의 신체활동 효과를 대대적으로 검토한 850여 건의 연구 결과를 인용한다. 해당 논문의 범위는 신체운동학에서부터 소아과학에 이르기까지 매우 다양하게 분포되어 있었다. 대부분의 연구는 일주일에 3일에서 5일, 30분에서 45분 사이로 적당한 강도에서 격렬한 강도로 이루어지는 신체활동의 결과를 측정했다. "운동의 효과는 정말 엄청났다. 비만에서부터 심장병·고혈압·우울증·불안·골밀도 등의 문제가 개선되었고, 자존감과 학업성취도 역시 향상된 것으로 나타났다. 이처럼 다양한 분야에서의 강력한 효과를 바탕으로 해당 연구위원회는 학생들에게 매일 한 시간 이상 적당한 강도와 격렬한 강도의 운동을 꾸준히 할 것을 강력히 권고했다. 운동으로 학업성취도가 향상된 결과를 통해 연구위원회는 '신체활동이 기억력과 집중력, 학교생활에 긍정적인 영향을 준다'는 각종 연구의 결과를 다시 한번 입증할 수 있었다."[14]

미국 공립학교에 재학 중인 학생들의 경우 음악 및 시각예술 교육은 어느 정도 받고 있다. 하지만 무용이나 연극은 대체로 중요하게 다뤄지지 않고 있으며, 높은 빈곤율을 보이는 지역 학생들은 일반적인 예술활동에 참여할 기회가 거의 없다.[15] 이에 대해 쿼드런트 리서치Quadrant Research의 창립자 겸 디렉터 밥 모리슨Bob Morrison은 다음과 같이 언급한다. "예술 관련 활동에 참여할 기회조차 없는 학생들이 수백만에 이릅니다. 대부분은 빈곤 지역 학생들로 이들 지역부터 우선적으로 예술 프로그램이 도입돼야 합니다." 그러면서 그는 만약 수백만 명의 학생들이 수학이나 국어를 학습할 수 있는 기회가 없다면, 그 상황을 받아들일 수 있을지 반문했다. "물론 아니겠죠. 예체능 과목에도 마찬가지 태도를 보여야 합니다. 예체능은 일부 재능 있는 아이들만 교육하면 된다는 믿음이 좀처럼 사라지지 않고 있습니다. 그러나 예체능 교육은 진로와 상관없이 모든 아이들에게 긍정적인 영향을 준다는 사실을 우리는 이미 잘 알고 있습니다. 오직 수학자를 길러내기 위해 수학교육을 하는 것은 아닙니다. 저명한 소설가를 양성하기 위해서만 국어교육을 하는 것도 아닙니다. 예체능 교육도 마찬가지입니다. 예체능 교육은 예체능 활동을 통해 배운 다양한 기술과 지식, 경험을 앞으로의 진로와 생활에 잘 활용하여 전인격적인 존재로 거듭나게 하려는 데 목적이 있습니다."

개별학습과 그룹학습

개별학습과 그룹학습 간 균형이 이루어져 있는가?

때로 학습내용을 완전히 익힐 수 있는 가장 좋은 방법은 수업시간에 배운 것을 집에서 복습하고 다양한 연습문제를 통해 이해 정도를 측정해보는 것이다. 이것은 개인적인 차원의 학습방법으로 매우 효과적이다. 그러나 때로는 다른 사람들과 함께 머리를 맞대어 생각하는 것이 더 효과적인 경우도 있다. 그래서 학교에서는 이두 가지 방법을 적절히 섞어서 사용해야 한다. 이와 관련해 메리엘런 웨이머Maryellen Weimer 교수는 그룹학습의 다섯 가지 핵심 가치를 다음과 같이 설명한다.

- **학습내용을 온전히 내 것으로 만들 수 있다.** 그룹으로 학습을 하면 아이들은 교사로부터 일방적으로 지식을 습득하는 것이 아니라 스스로 익히고 학습하여 배운 내용을 온전히 내 것으로 만들 수 있다.
- **학습내용을 완벽히 이해한다.** 서로에게 뭔가를 설명하거나 정답을 놓고 토론을 벌일 때, 결론을 정당화할 때는 상호작용을 통해 자신의 생각을 좀 더 명확히 할 수 있고, 때로는 상대방의 생각까지 확실하게 정리해줄 수 있다.
- **그룹학습의 원리를 배운다.** 그룹 구성원들이 각자 맡은 내용을 준비함으로써 상호작용이 원활하게 된다. 또 서로 도움을 주고받으며 정해진 시간 내에 좋은 결과를 만들 수 있다.

- **그룹 결정의 가치를 발견한다.** 학생들이 개별적으로 시험을 치르고, 같은 시험을 그룹별로 다시 치르면, 대부분 그룹의 시험점수가 높게 나온다. 서로 자신이 알고 있는 내용을 공유하고 토론하면서 정답에 이르는 확률이 높아지기 때문이다.
- **다른 사람과 함께 학습하는 법을 안다.** 기존의 친구들 외에 서로 다른 배경과 경험을 가진 친구들과 학습함으로써 새로운 사람들과 함께 학습하는 법을 알게 된다.[16]

혼합 연령 수업

혼합 연령 수업이 권장되고 있는가?

아이들마다 배우는 내용도, 배우는 속도도 모두 다르다. 그러나 학교교육은 보통 연령별로 이루어진다. 그러나 서로 다른 연령대의 아이들을 함께 섞어놓으면 모두에게 유익하다. 혼합 연령 수업은 아이들을 나이별로 묶지 않고 학습 단계별로 묶기 때문에 특정 과목이나 개념 이해에 어려움이 있는 경우 특히 많은 도움이 된다. 저학년 아이들은 고학년 아이들의 정교함을 배울 수 있고, 또 고학년 아이들은 저학년 아이들을 도와줌으로써 자신의 학습역량을 더욱 강화해나갈 수 있다.

이에 대해 일리노이대학교 어바나-샴페인캠퍼스 유아교육학과 명예교수 릴리언 카츠Lilian Katz는 우리는 꼭 나이순으로 무리 지어 교육받아야 한다는 강박관념이 있는 것 같다고 지적하면서 혼합 연령 수업의 목표가 "서로 다른 경험과 지식, 능력을 가진 아이들의 차이를 활용하는 것"이라고 설명한다. 아이들에게는 성장과정에서 자신의 성향이 분명히 드러나고 또 강화될 수 있는 공간이 필요하다는 것이다. 이 같은 맥락에서 아이들은 다양한 방식의 학습방법에 노출되어야 한다. 그룹 내 연령대의 폭이 넓을수록 수용 가능한 아이들의 행동 및 학습 수준 범위가 넓어진다. 또 어른들도 훨씬 관대한 마음으로 아이들을 품을 수 있다. 이와 함께 아이들에게는 좀 더 높은 수준의 사회적 참여 경험이 필요한데, 카츠 교수는 혼합 연령 수업을 통해 이것이 가능하다고 설명한다. "저학년 아이들의 경우 혼자서는 엄두조차 내볼 수 없는 여러 가지 복잡한 활동에 참여하고 기여할 수 있습니다."[17]

일부 초등학교는 매년 같은 담임교사를 배정하여 혼합 연령 수업을 이어가고 있다. 이는 학생들에게 학습시간을 좀 더 확보해줄 수 있다는 부수적 효과가 있다. 교사들이 매년 초 학생을 파악하느라 보내는 시간이 절약되기 때문이다. 그래서 학생들은 자신의 속도에 맞춰 집중적으로 공부할 수 있고, 학급별 동료애도 더욱 깊어진다. 미국 고등학교에서는 이 같은 혼합 연령 수업이 일반적이다. 그래서 2학년 학생이 3학년 선배들과 프랑스어 수업을 같이 듣거나 선택 과학수업에 1, 2, 3학년 학생들이 함께 참여하는 경우를 쉽게 볼 수 있다. 혼합 연령 수업을 통해 학생들은 최소한 동일 연령 수업과 같은 수준의 학습 결과를 기대할 수 있다.

평가방식

학교는 공개적이고 유익한 평가방식을 채택하고 있는가?

학교는 아이들의 발전 정도를 어떻게 평가하고 있는가? 만약 표준화된 시험을 통해서만 평가하고 있다면, 여러분의 자녀가 겪고 있을지 모를 각종 문제나 어려움이 제때에 발견되지 못할 수 있다. 이런 경우 적절한 조치를 취하기가 어렵다. 그렇다면 학교는 아이들 한 명 한 명의 발전과 성취를 평가하기 위해 어떤 방법을 사용하고 있는가? 담임교사의 시각이나 부모의 판단을 얼마나 신뢰하고 있는가? 아이들이 어떤 학생으로 인식되는지, 또 어떤 도전에 직면해 있고 어떤 도움이 필요한지를 판단하는 데 표준화된 시험은 얼마나 중요하게 활용되는가? 평가과정에서 아이들 개개인의 강점과 약점이 반영되는가?

좋은 학교는 형성평가와 총괄평가 방식을 모두 사용한다. 형성평가란 아이들이 학습하는 과정에서 관련 정보와 피드백을 학생과 교사, 부모에게 제공하며 평가하는 방식을, 총괄평가란 학습이 종료되는 시점에 아이들의 성취 정도를 보고하는 평가방식을 의미한다. 8장에서는 이들 두 가지 평가방식을 사용하는 새로운 방법에 대해 살펴보도록 하겠다.

대부분의 교사는 도움이 필요한 아이들에게 기꺼이 도움을 주고자 한다. 그러나 학교에서 교사들에게 학습 진도만을 강조하며 다그친다면 교사는 아이들에게 적절한 도움을 줄 수 없다(주정부와 연방정부의 압박으로 대부분의 학교가 이 같은 모습을 보이고 있다).

일과표

학교의 일과는 유연하고 다양하게 운영되는가?

대부분의 학교에는 일과가 정해져 있어 모든 학생에게 언제, 어디서, 왜 있어야 하는지를 알려준다. 불과 얼마 전까지만 해도 아주 소규모 학교에서조차 일과를 정하는 것은 꽤나 어려운 일이었다. 좀 더 규모가 큰 학교의 경우에는 훨씬 복잡했다. 학생 개개인에게 일과를 달리 부여하는 것은 불가능해 보였고, 그 결과 모든 학생에게 동일하게 적용되는 오늘날의 일과가 보편화되었다. 그러나 학생들의 학습 속도는 개인별로 모두 다르며, 미리 계획된 활동시간이 맞아떨어지지 않는 경우도 많다는 점이 문제로 지적되곤 했다.

이 같은 차이를 고려해 좀 더 유연한 스케줄을 운영해야 한다는 주장이 오랫동안 제기되어왔다. 물론 이들 주장의 교육적 근거역시 타당하다. 다행스럽게도 디지털 기술의 발달 덕분에 개인별로 좀 더 유연하게 일과를 운영하는 계획은 점차 현실화되고 있으며, 점점 더 많은 학교가 실행하고 있다. 일부 학교에서는 모든 학생이 개인 일정표에 따라 움직이며, 자신의 학습 현황을 기록하고 지원하는 개별 평가 포트폴리오를 갖고 있다. 그렇다고 학생들이 늘 혼자서 학습하는 건 아니다. 개별 일과표를 갖고 있다는 건 자신만의 속도로 나아가면서도 같은 주제나 프로젝트를 수행하는 경우에는 연령대와 상관없이 여럿이 함께 참여한다는 의미다.[18]

학습환경

학교는 학생과 학교공동체에 안전하고 활기찬 장소를 제공하는가?

학교는 보통 제한된 예산과 자원으로 운영된다. 하지만 내가 경험해본 결과 예산이 부족한 가난한 지역에서도 아이들이 서로를 배려하는 가운데 자신감 넘치는 모습으로 활기차게 생활하는 학교가 있는가 하면, 예산이 넘치는 부유한 동네이지만 아이들의 모습에서 즐거움을 전혀 찾아볼 수 없는 삭막한 학교도 있었다. 학교는 스스로의 모습을 어떤 식으로 만들어가고 있는가? 즐겁게 공부할 수 있는 기쁨 넘치는 곳으로 만들어가고 있는가, 아니면 적막이 감도는 딱딱한 곳으로 만들어가고 있는가? 교실과 복도 곳곳이 학생들의 작품으로 꾸며져 있으며, 분위기는 생기가 넘치는가? 여러분의 자녀는 하루에 일곱 시간을 학교에서 보낸다. 학교 내 이런저런 환경은 아이들의 학습 분위기와 의욕에 어떤 영향을 끼치는가?

공동체 의식

학교는 지역사회와 얼마나 효과적으로 협력하고 있는가?

마지막으로 학교의 공동체 의식을 살펴봐야 한다. 학교는 부모 및 지역사회와 얼마나 잘 연계되어 있는가? 학부모-교사 공동조직은 얼마나 활발하게 운영되고 있는가? 학부모로서 여러분은 환영 받고 있는가? 또 교내의 이런저런 행사에 도움을 주면서 자신의 전문성과 경험을 공유하고 있는가? 학교는 지역 내 각종 업체 및 주민자치센터와 교류하고 있는가? 또 학생들에게 공동체 의식을 길러주고 있는가?

에릭 스캡스Eric Schaps가 설립한 캘리포니아주 오클랜드 지역에 있는 학교발전센터는 학습과정 및 윤리, 사회적 발달 항목에 대한 연계 프로그램을 제공한다. 이들 프로그램은 이미 15만 개 이상의 학교와 방과 후 활동에서 사용되고 있다.[19] 이를 통해 스캡스는 공동체 의식이 강한 학교일수록 아이들에게 끼치는 영향력 또한 매우 값지다는 것을 깨닫게 되었다.

공동체 의식이 강한 학교의 학생들이 학습적으로도 더 강한 동기 부여를 받고 있었다. 이와 더불어 더 윤리적이고 이타적으로 행동 하며 사회적·정서적 능력을 키워나갔다. 약물사용 및 폭력을 포함한 여러 가지 문제행동 역시 피해가는 모습을 보였다.
이러한 긍정적 영향은 학년이 올라가도 이어졌다. 다수의 연구 결과 초등학교에서의 공동체 의식 함양 프로그램은 중학교, 고등학교 때까지 그 효과가 지속되는 것으로 나타났다. 초등학교 시절 오클랜드 학교발전센터의 아동개발프로젝트에 참가한 중학생의 경우, 비슷한 경험이 없는 일반 중학생에 비해 학업성적이 뛰어나며 (평점과 시험점수 기준), 교사들의 각종 행동평가(수업 참여도, 예의범절, 사회적 기술) 결과가 매우 높은 것으로 나타났다. 또 스스로 느끼는 학교에서의 비행 수준(범죄행동) 역시 매우 낮은 것으로 조사되었다. 시애틀에서도 학교발전센터의 프로젝트와 유사한 형태의 초등학교 프로그램인 사회발달프로젝트가 실시되었다. 그 결과 초등학생 시절 해당 프로젝트에 참가한 현재 18세 고등학생의 경우, 비슷한 경험이 없는 일반 고등학생에 비해 폭력성향이나 과도한 음주, 성적 문제행동의 비율은 매우 낮은 반면 학업 성취도나 동기 수준은 매우 높은 것으로 나타났다.[20]

대안교육

1장에서 여러분의 자녀교육을 개선하는 세 가지 방법으로 현재의 시스템 내에서, 또는 시스템에 변화를 주면서, 아니면 시스템을 완전히 벗어나는 방법을 제시한 바 있다. 그런데 세 번째 방법을 선택하는 부모들이 점점 늘어나고 있다. 아직은 그 비율이 미미한 수준에 불과하지만 말이다. 평생 동안 공교육 대변자로 살아온 나는 공교육을 매우 신뢰한다. 그렇지만 여러분은 학부모로서 내 자녀가 지역학교에서 필요한 교육을 제대로 받지 못하고 있다고 생각할 수 있다. 또 여러분의 노력만으로는 학교에 필요한 변화를 제때에 줄 수 없다는 사실을 인정할 수밖에 없을 수도 있다. 이런 경우 여러분은 대안학교를 찾아나서게 된다.

제리 민츠Jerry Mintz는 30년 넘게 대안교육의 필요성을 주창해온 전문가다. 17년 동안 공립학교 교사를 거쳐 공립, 독립 대안학교 교장으로 재직한 그는 여러 곳에 대안학교 및 관련 기구를 설립했다. 1989년에는 대안교육자원협회를 설립하여 지금까지 운영해오고 있다.[21] 제리는 부모가 자녀의 대안교육을 생각해봐야 할 10가지 신호로 다음 내용을 언급하고 있다.

1. 아이의 입에서 학교가 싫다는 말이 나오는가? 그렇다면 학교생활에 문제가 있는 것일 수 있다. 아이들은 학습능력을 타고난다. 학교가 싫다는 아이의 말에 귀를 기울이고 왜 그런지 이유를 살펴보자.

2. 어른과 눈을 맞추기 힘들어하거나 또래보다 나이가 많거나 적은 아이들과는 잘 어울리지 못하는가? 그렇다면 오직 또래집단 내 아이들과만 상호작용을 하면서 좀 더 확장된 범위의 주변 사람들과는 쉽게 교류할 수 없는 조금 비정상적인 '사회화'가 진행된 경우일 수 있다.

3. 유명 브랜드만 고집하거나 옷차림에 유독 신경 쓰는가? 내면의 가치보다 외면의 가치를 중시하는 징후일 수 있다. 이를 통해 아이들은 지극히 단순한 방법으로 서로를 비교하거나 받아들이게 된다.

4. 학교만 갔다 오면 유난히 피곤해하고 짜증을 내는가? 아이들은 학교생활로 힘들어하거나 지칠 수 있다. 하지만 지속적으로 과민반응을 보이는 경우, 학교생활을 통해 활력과 즐거움을 얻기보다 오히려 심신이 약화되고 있다는 신호일 수 있다.

5. 학교에서의 다툼과 공정하지 못한 상황에 대해 불만을 토로하

는가? 이것은 학교에서 취하는 분쟁해결 방식이나 의사소통 방식이 아이들 중심이 아닐 수 있다는 것을 의미한다. 실제로 대부분의 학교는 아이들의 문제해결 능력을 무시한 채 어른 중심의 쉽고 빠른 문제해결 방식을 택하고 있다.

6. 미술, 음악, 무용 등을 통한 창의적 표현에 흥미를 잃어버렸는가? 예체능 과목을 중시하지 않는 분위기는 아이들의 흥미와 재능을 끌어내지 못한 채 내재된 가치마저 떨어뜨릴 수 있다.

7. 읽기나 쓰기 공부는 등한시하고 그저 흥미를 위한 단순한 놀이에만 집중하는가? 아이들이 학교 숙제만 겨우 끝내놓는가? 시험성적만 지나치게 강조하다 보면, 아이들은 흥미를 느꼈던 여러 가지 활동에 점차 무관심해져 창의력을 잃어버릴 수 있다.

8. 숙제를 마지막 순간까지 미루다 겨우 마치는가? 아이가 스스로 숙제의 필요성을 느끼지 못한다고 볼 수 있다. 숙제를 '꼭 해야 하지만 별 가치 없는 과제'로 생각하는 아이는 본질적인 호기심마저 잃을 수 있다.

9. 아이가 신나는 표정으로 학교에서 돌아오는가? 그렇지 않다면, 학교생활이 재미없는 것일 수 있다. 아이에게 학교에서의 수업과 생활이 재미와 활력을 주면서 아이들이 최대한 적극적으로 참여할 수 있도록 지원해야 한다.

10. 학교에서 아이에게 행동을 조절할 수 있는 약물 섭취를 권유했는가? 우선, 이 같은 진단은 매우 조심스럽게 받아들여야 한다. 부모가 명심해야 할 것은, 오늘날의 전통적인 학교 커리큘

럼이 기본적으로 아이들의 행동을 통제한다는 사실이다. 하루 5~6시간을 꼼짝없이 앉아서 공부만 해야 한다면, 누구나 벗어나고 싶은 충동을 느낄 수 있다.

아이에게서 위의 신호가 발견되었다고 해서 당황할 필요는 없다. 하지만 여러 개의 신호가 지속적으로 관찰될 경우 부모는 대안교육을 고려해봐야 한다고 제리는 설명한다. 그렇다면 대안교육은 과연 무엇일까? 우선 대안교육에도 공립 및 사립을 포함한 다양한 종류의 학교가 존재한다. 미국을 예로 들면 상당수의 공립학교에서 대안교육 프로그램을 별도로 운영하고 있다. 일반적으로 대안교육은 다음 두 가지 종류로 구분된다.

- **공립 선택 프로그램** 지역 내 학생이면 누구나 이용 가능하며, '학교 내 학교'로 불리기도 한다.
- **공립 위기학생 프로그램** 학교생활에서 여러 가지 문제를 보이는 아이들을 위한 프로그램이다. 학생 개개인별로 맞춤식 지원을 제공하는 프로그램이 있는가 하면, 전체 학생을 대상으로 일괄적으로 지원하는 탓에 실질적으로는 크게 효과를 얻지 못하는 프로그램도 있다.

앞서 나는 차터스쿨과 마그넷스쿨, 각종 사립학교의 성장에 대해 언급한 바 있다. 이들 학교에는 마리아 몬테소리Maria Montessori가 고안한 실험적 교육방식을 적용하는 4,500곳 이상의 몬테소리

학교, 수백 곳의 발도르프학교, 그리고 다양한 종류의 진보학교가 포함되어 있다. 이곳들은 모두 여러 가지 '탁월한 교육의 구성요소'를 균형적으로 제공한다는 목표 아래 운영되고 있다. 또 학생과 부모가 교육에 대한 각종 책임을 직접적으로 행사하는 독립 대안학교 역시 수백 곳에 이른다. 이곳은 보통 민주학교, 자유학교, 또는 서드버리학교로 불린다. 이와 관련해 제리가 펴낸 『학교는 끝났다School's Over』라는 책은 대안교육, 특히 민주학교의 역사와 운영, 가치의 개괄을 살펴보는 데 아주 적합하다. 꼭 읽어보길 권유한다.[22]

이 책의 서문에서 나는 민주학교가 본질적으로 기존의 학교와는 다르다고 강조했다. 민주주의가 온전히 실현된 학교에서는 아이들에게도 자신의 학습방식과 이에 영향을 끼칠 수 있는 각종 사항을 결정할 수 있는 권한이 주어진다. 이를테면 학교의 운영방식, 일과표, 커리큘럼, 평가, 각종 시설 및 교사 채용 등에 참여할 수 있다. 이 같은 민주학교는 어른이 지배하는 기존의 양육 중심 교육방식과는 정반대로 운영된다. 또한 이곳은 보통의 학교가 내세우는 전형적 가치, 예를 들면 독립된 학습역량 개발 및 다양한 재능 발달, 동정심이 많고 사려 깊고 생산적인 시민 양성이라는 참된 가치를 직접 구현하는 곳이다. 이는 야콥 헥트Yaacov Hecht의 교육 프로젝트에서 명백하게 나타난다.

야콥은 민주교육 분야에서 선견지명을 겸비한 국제적 전문가다. 지난 1987년, 야콥은 이스라엘 하데라 지역에 최초의 민주학교를 설립했다. 이후 그는 민주학교의 네트워크 구축을 적극적으

로 지원하며 제1회 국제민주학교콘퍼런스IDEC를 개최해 교육가
와 학교, 관련 조직의 연계를 도왔다. 오늘날에는 전 세계적으로
수백 개의 민주학교가 존재하며, 그중 100개 정도가 미국에서 운
영되고 있다. 여기에는 뉴욕 브루클린 자유학교, 테네시 서머타운
농장학교, 위스콘신 비로콰 유스 이니셔티브 고등학교 등이 포함
된다. 야콥은 '협동의 예술'이라는 이름으로 교육도시 프로젝트를
추진하여 학교가 위치하고 있는 지역의 시스템과 자원을 충분히
활용할 수 있도록 했다.[23] 그는 『민주교육Democratic Education』이라
는 책에서 민주학교의 주요 구성요소에 대해 설명하고 있다.

- 학습의 범위, 즉 학습 대상과 방법을 학생이 직접 선택
- 민주적인 자기 관리
- 다른 사람과의 비교 없이, 시험이나 성적 없이 오직 개개인
  에 집중한 평가방식

민주교육의 성패는 학생 개개인에 대한 존중과 더불어 상호 공
감, 공동의 목적과 상호 안정을 위한 학교 전체의 노력에 좌우된
다. 사실 이들 가치는 대안교육에서부터 기존의 학교교육에 이르
기까지 모든 학교교육에서 중심이 되어야 한다. 그리고 이것은 민
주주의가 의미하는 바이기도 하다.

홈스쿨링

홈스쿨링이나 언스쿨링을 통해 자녀를 직접 교육하는 부모가 늘

어나고 있다. 현재 미국 학령기 아동의 약 3퍼센트가 홈스쿨링을 받고 있으며, 앞으로 이 비율은 증가할 것으로 보인다. 홈스쿨링의 매력은 과연 어디에 있을까?

우선, 부모는 자녀의 흥미와 성격을 누구보다 잘 알고 있기 때문에 아이에게 적합한 활동으로 커리큘럼을 구성할 수 있다. 또한 커리큘럼을 상황에 따라 유연하게 조정할 수도 있다. 홈스쿨링을 하는 아이들의 경우 일반 학교 아이들에 비해 하루 수업시간이 대체로 짧은 편이다. 아이들 스스로 수업시간을 구성하고, 그날그날 활동에 따라 일과를 조정하기 때문이다. 그럼에도 일반 학교의 학생들만큼, 또는 그보다 더 많이 활동한 것처럼 느끼곤 한다. 여러분 가운데 일부는 홈스쿨링을 하려면 부모가 여러모로 희생해야 한다고 생각할 수 있다. 그러나 실제로 홈스쿨링을 하고 있는 가족들은 이전보다 가족 간 유대가 훨씬 단단해졌다고 입을 모은다. 아이들은 더 많은 학습 기회를 가질 수 있고, 독립적으로 행동하면서 자신이 학습할 부분을 직접 선택한다.

또 특정 공간에 매여 있지 않기 때문에 여행을 하면서 세상을 탐험할 수 있는 기회 역시 또래들보다 많다. 뿐만 아니라 신체활동 및 놀이의 기회 역시 많이 주어진다.

홈스쿨링의 잠재적 단점으로는 흔히 두 가지 문제가 거론된다. 한 가지 문제는 아이들이 또래 친구들과 어울리면서 사회적 관계를 형성할 수 있는 기회를 얻지 못한다는 점이다. 그러나 홈스쿨링 가족들은 홈스쿨링 네트워크를 통해 아이들이 사회적 관계를 확장할 수 있도록 서로 돕고 있다. 제리 민츠에 따르면, 홈스쿨링을 하고 있는 모든 아이들은 사실상 특정 홈스쿨링 그룹에 속한다고 볼 수 있다. 이들 중 일부 그룹은 각 지역의 홈스쿨자원센터로 합쳐지며, 이곳 센터는 일주일에 4~5일 동안 운영된다.

또 다른 문제는 기존 학위체계의 자격 취득에서 불이익을 받을 수 있다는 점이다. 그러나 홈스쿨링 부모들은 다양한 방법을 통해 이 문제를 해결해나가고 있다. '집 안의 학교'를 표방하며 기존 학교의 커리큘럼을 그대로 적용하는 경우가 있는가 하면, 대안학교의 일종인 엄브렐러 스쿨umbrella school에서 만든 커리큘럼을 일정 금액을 지불하고 구입하는 경우도 있다. 엄브렐러 스쿨은 홈스쿨링을 하는 부모들이 커리큘럼을 직접 고안하고 과제를 평가하며, 필요한 보고서 형식을 만들 수 있도록 지원한다. 그러나 모든 부모가 이 같은 방법을 고집하는 것은 아니다. 기존 교육체계의 시험 응시나 일반적인 경로를 통한 대학 진학에 관심을 두지 않는 부모들도 있다. 이러한 제도권 교육을 완전히 피하고 싶어서 홈스쿨링을 선택하는 경우도 있기 때문이다. 그러나 SAT(미국 대학 입학 자격시험) 같은 기존의 제도권 시험에 응시하는 아이들의 경우 일반 학교교육을 받은 아이들만큼 좋은 성적을 내고 있다.

하지만 누구나 홈스쿨링이 가능한 건 아니다. 홈스쿨링 때문에 직장을 그만둘 수 없는(또는 그만두고 싶지 않은) 부모도 많다. 또 스스로 홈스쿨링에 필요한 능력을 갖추지 못했다고 생각하는 부모도 있다. 성공적으로 홈스쿨링을 마친 사례도 있지만 그렇지 못한 사례도 있다. 홈스쿨링의 성공 여부는 부모와 아이들이 얼마나 잘 준비되어 있는지, 또 얼마나 열심히 참여하는지에 달려 있다. 그러나 가르치는 것은 열정만으로는 결코 부족하다(이 부분은 다음 장에서 구체적으로 살펴보겠다). 홈스쿨링을 성공적으로 진행한 부모들은 이 사실을 너무나 잘 알고 있다. 그래서 자신의 지식과 전문성은 물론 아이들의 역량 계발을 위해서도 헌신적으로 노력한다. 자녀의 홈스쿨링을 준비하고 있다면, 인터넷에서도 많은 정보를 얻을 수 있다.[24]

언스쿨링

"내 생애 최고로 행복한 토요일. 학교에 갇혀 있을 때 꿈꾸던 바로 그날!" 블로거 산드라 도드Sandra Dodd는 언스쿨링을 시작한 아이들의 주말을 이렇게 표현했다.[25] 언스쿨링은 홈스쿨링의 일종으로 모든 공식 수업을 완전히 거부한다. 홈스쿨링 참여자의 약 10퍼센트가 언스쿨링을 선택한 것으로 추정된다. 모든 아이들은 학습능력을 타고났기 때문에 호기심만 있으면 세상을 살아가는 데 필요한 각종 수단과 방법은 물론 관심 있는 분야를 탐색할 수 있다는 것이 언스쿨링의 기본 철학이다.

일반적인 홈스쿨링 아이들과는 달리 언스쿨링 아이들은 부모나 다른 어른으로부터 커리큘럼을 일절 제공받지 않는다. 단, 특정 분야의 학습을 원할 경우 학교 외의 학습기관에서 음악이나 미술, 어학 등 다양한 수업에 참여할 수 있다. 언스쿨링을 하는 부모들의 기본 생각은 정해진 커리큘럼을 따르기보다 아이의 적성과 흥미를 우선시한다는 것이다. 이에 대해 제리 민츠는 다음과 같이 언급했다. "경우에 따라 부모들은 과거의 모든 기록을 소급하여 커리큘럼을 구성합니다. 가령 일 년 동안 참여했던 모든 활동을 기록한 후 주제별로 경험을 나누어 다음 학년의 커리큘럼을 설계하는 식이죠." 언스쿨링에 참여하는 아이들은 대개 제도권 시험에 참가하지 않으며, 주정부에서 제시하는 졸업요건에도 일체 응하지 않는다.[26]

『언스쿨링 언매뉴얼Unschooling Unmanual』의 공동저자 얼 스티븐스Earl Stevens는 이렇게 설명했다. "아이들은 온종일 참된 경험을 즐긴답니다. 서로 신뢰하고 지지해주는 가정환경 속에서 아이들은 '참된 경험'을 즐기게 되고, 이것은 정서와 지적 능력의 건강한 발달로 이어집니다. 읽고 쓰고 숫자놀이를 하고, 사회를 배우며 역사를 알아가고, 생각하고 궁금해하는 모든 활동은 아이들에게 매우 자연스러운 과정입니다. 그런데 사회는 학교라는 틀 속에 아이들을 가둔 채 이 같은 활동을 강요하고 있습니다. 그러니 각종 부작용이 나타나는 것은 어쩌면 당연한 결과입니다."[27] 스티븐스는 어린 시절에 읽기와 언어에 유달리 관심을 보인 자신의 아들을 예로 들며 어떤 식으로도 아이의 학습에 개입하지 않았다고 설명했다. 그 결과 영상수업은 단 한 번도 들어본 경험이 없었지만 영어가 아이의 가장 좋아하는 과목이 되었다.

피터 그레이 교수는 언스쿨링으로 교육받은 성인을 대상으로 설문조사를 실시했다. 응답자의 절반 이상은 단점보다는 장점이 훨씬 많다고 대답했으며, 언스쿨링을 통해 스스로 동기를 부여할 수 있는 역량을 갖게 되었다고 설명했다. 언스쿨링의 가장 큰 단점으로 지적되는 대인관계에 대해서도 의외로 긍정적인 반응을

보였다. 또래 친구들은 대부분 학교에서 생활하기 때문에 혼자만
고립돼 있는 것 같은 기분을 느끼기도 했지만, 이를 통해 오히려
모든 연령대의 사람들과 소통할 수 있는 역량을 갖게 되었다고 응
답했다. 같은 나이의 동급생과만 어울리곤 하는 또래 친구들과는
대조적인 모습이었다. 응답자 가운데 80퍼센트 이상은 고등교육
기관으로 진학했으며, 이 중 절반은 이미 대학을 졸업한 상태였다.
나머지 절반은 아직 재학 중이며, 일부 학생은 아이비리그 대학에
다니고 있는 것으로 조사되었다. 한 가지 재미있는 사실은 대학과
정 학습에 어려움을 느끼는 경우는 없었지만 학교라는 시스템을
낯설어하는 경우는 다수 있었다.[28]

사방 탐색하기

『학교혁명』에서 나는 개인별 맞춤 교육이라는 개념 자체가 좀 혁
신적으로 들릴 수 있지만, 오늘날 새로 등장한 개념은 아니라고
강조한 바 있다. 맞춤식 교육은 교육의 역사에서 깊은 뿌리를 갖
고 있다. 상당수 전문가와 기관은 아이들의 자연스러운 발달과정
에 맞춘 교육이 필요하며, 이러한 교육은 공정하고 문명화된 사
회를 건설하는 데 매우 중요하다고 주장해왔다. 이 같은 목소리
를 내는 전문가들은 각기 다른 문화적 배경과 지식을 갖고 있지
만, 한 가지 공통점이 있다. 바로 아이가 한 명의 독립된 개체로
성장하는 데 필요한 학습이 무엇이고, 그 학습을 어떻게 해나가
는 것이 효과적인지를 결정하는 데 상당한 열정을 갖고 있다는 것
이다.[29]

대표적인 인물로는 오스트레일리아 출신의 철학가이자 사회개혁가 루돌프 스타이너Rudolf Steiner를 꼽을 수 있다. 루돌프는 인본주의적 관점으로 교육 분야에 접근해 '스타이너 발도르프 학교 연합'을 창설했다. 이 같은 스타이너의 접근방식은 전체 아동의 인지적·신체적·정서적·정신적 욕구 충족에서 개인적 필요를 중시한다. 1919년 첫 번째 발도르프학교가 문을 연 이후 현재 전 세계 60개국에서 약 3,000곳의 학교가 운영되고 있다.[30]

또 다른 인물로는 A. S. 닐A. S. Neill을 들 수 있다. 닐은 1921년 영국 서머힐스쿨을 설립했으며, 이곳은 오늘날 모든 민주학교의 전형으로 평가받는다. 서머힐스쿨의 철학은 "학생 개개인에게 자유를 허락함으로써 각자 자신의 삶에 책임을 지고, 개인의 적성과 소질을 좇아 의미 있는 삶을 살아갈 수 있도록 하는 것"이다. 이를 통해 학생들은 자신감을 기를 수 있고 한 명의 독립된 개체로서 자존감을 키워나갈 수 있다.[31]

마리아 몬테소리 역시 맞춤식 교육의 선구자로 평가된다. 마리아는 20세기 초 이탈리아 산 로렌조 지역에서 사회 취약계층 아이들을 돌보는 것으로 교육자 생활을 시작했다. 오늘날 몬테소리의 교육방식을 따르는 학교는 전 세계적으로 2만 곳이 넘는다. 대표적인 학교로는 노스캐롤라이나 샬럿에 있는 공립 초등학교 파크 로드 몬테소리를 꼽을 수 있다. 내가 직접 방문해본 곳이기도 하다. 파크 로드의 교육정책에 잘 나타나 있듯 몬테소리 교육은 다음의 핵심 원리를 기본으로 한다.

움직임과 인지 몬테소리 교육에서 언어학습은 단순히 시각적 인지가 아닌 직접 소리를 내고 음가를 분석하면서 이루어진다. 수학학습은 수학적 원리가 어떻게 작동하는지를 실제로 경험하면서, 지리학습은 지도를 직접 만들어보면서 익혀나간다.

선택과 통제 몬테소리 교육은 아이들에게 상당한 선택권과 통제권을 동시에 부여한다. 그렇다고 잘못된 행동을 마음대로 하거나 커리큘럼의 일부를 포기해도 되는 건 아니다. 다만 매일매일 어떤 활동을 누구와 얼마나 오랫동안 할지에 대해서는 자율적으로 결정할 수 있다. 스스로 선택하는 과정을 통해 아이들은 창의성과 안정성, 문제해결 능력을 동시에 기를 수 있다.

흥미와 호기심 몬테소리 교육은 기본적으로 학습자의 흥미를 가장 중시하며, 이러한 흥미를 계발할 수 있도록 설계되었다. 학습자의 흥미와 호기심 자극을 위해 별도로 구성된 자료와 수업도 존재한다.

본질적 보상 상이나 벌은 자연스럽지 않거나 강요된 노력에 따르는 보상이다. 몬테소리 교육에서는 좀 더 본질적인 보상을 중시하며, 뭔가 잘못된 경우 스스로 고쳐가거나 동료들 간의 첨삭을 통해, 또는 교사의 관찰로 개선될 수 있도록 지원한다. 일체의 등급체계나 시험은 존재하지 않는다.

협동 아이들은 다른 사람과 협력할 때 훨씬 효과적으로 학습할 수 있다. 또 이 과정에서 함께 어울리는 법을 알게 되고 자연스레 교우관계도 좋아진다. 몬테소리 교육은 동료 간 학습을 중시하는데, 이는 가르치는 아이나 가르침을 받는 아이 모두에게 매우 효과적이다.

문맥 몬테소리의 학습자료는 아이들에게 몬테소리 학습이 어떻게 적용되며, 왜 다른 학습방식과 다르게 운영되는지를 구체적으로 설명한다. 수학은 물론 문학, 과학 등 모든 과목의 학습은 몬테소리 교육의 역사적 맥락 안에서 이루어진다.

학생 개인별 맞춤 학습에 대한 이 같은 접근방식은 이른바 '진보적 교육'이라는 개념으로 받아들여지곤 한다. 그래서 일부 비판자들은 '전통적 교육'과 완전히 반대되는 개념으로 이해한다. 교육의 역사는 이러한 두 종류의 교육 사이를 끊임없이 오가는 가운데 발전해왔다. 요컨대 가장 효과적인 교육방식은 엄격함과 자유로움, 전통과 혁신, 개인과 그룹, 이론과 실제, 내면세계와 외면세계 사이에서 적절한 균형을 유지하는 것이다. 우리가 아이들에게 원하는 것 역시 결국은 균형을 갖춘 인물로 성장하는 것 아닌가.

배우는 것과 가르치는 것

앞서 우리는 좋은 학교의 구성요소에 관해 살펴보았다. 그리고 그 중심에는 훌륭한 교사의 자질이 있음을 확인했다. 제아무리 훌륭한 커리큘럼과 정교한 평가방식을 자랑한다 해도 학교의 가치는 아이들이 얼마나 효과적으로 학습하는가에 전적으로 달려 있으며, 이는 곧 교사의 자질과 직결되어 있다.

제7장

좋은 교사가 좋은 학교를 만든다

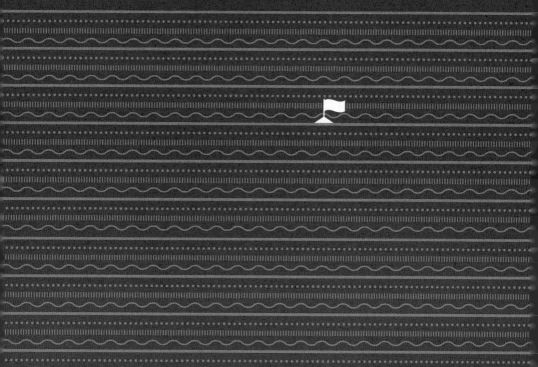

You, Your Child, and School

학창시절, 여러분이 가장 좋아했던 선생님은 누구인가? 모두 다 기억하는 건 아니지만, 나에게는 이토록 오랜 시간이 지나고도 여전히 또렷하게 기억에 남는 선생님이 몇 분 있다. 괴짜 같은 말과 행동 때문인 경우도 있고 공부를 정말 잘 가르치셔서인 경우도 있다. 때로는 둘 다 해당되는 경우도 있다. 고등학교 시절, 라틴어를 가르쳐주셨던 다비스 선생님은 정년을 앞둔 60대 교사로 늘 초췌하고 창백한 모습이었다. 마치 코미디언 미스터 빈Mr. Bean이 할아버지가 된 모습을 보는 것 같았다. 교사라고 하기에는 외양이 그리 단정치 못했지만 학식은 정말 뛰어난 분이었다. 조금이라도 편하고 싶다는 듯 선생님은 말을 할 때면 늘 손으로 턱을 받치고 있었다. 앉아 있을 때도 같은 자세였다. 이때는 팔꿈치가 버팀목이 되어주었다. 서 있을 때나 교실 안을 서성거릴 때나 늘 같은 자세로 있는 선생님이 나는 무척 신기해 보였다. 선생님 나름의 학생을 대하는 기술 같기도 했다.

선생님은 짧은 지휘봉을 들고 다녔는데, 마치 마법사의 마술봉

같았다. 지휘봉은 주로 칠판에 필기된 내용이나 학생을 지목할 때 사용되었다. 선생님은 학생에게 질문을 한 뒤 바로 옆에서 지휘봉으로 책상을 툭툭 치면서 대답이 나올 때까지 기다렸다. 그 모습은 마치 먹잇감을 기다리는 사마귀 같았다. 그만큼 위협적이었다. 정말 단순한 방법이었지만 학생들을 집중시키는 묘한 힘이 있었다. 나 역시 선생님 덕분에 라틴어를 정말 많이 배웠다.

고등학교 2, 3학년 때 영어를 가르쳐주셨던 베일리 선생님도 오래도록 기억에 남는다. 늘 조용하고 엄격한 모습의 선생님은 상당한 권위가 느껴지는 분이었다. 고전영문학을 연구하고 가르치는 데 평생을 바친 선생님은 다비스 선생님과 마찬가지로 정년을 얼마 남겨놓지 않은 상태였다. 하지만 우리가 요청할 때면 셰익스피어나 밀턴, 낭만파 시인의 긴 작품을 거침없이 외곤 하셨다. 첫 수업시간에 선생님은 〈안토니와 클레오파트라Antony and Cleopatra〉가 역사적으로 최고의 영문학 작품임을 우리에게 이해시키는 것이 1년간의 수업목표라고 말씀하셨다. 그리고 그 목표를 거의 이루셨다. 3학년이 끝날 무렵, 우리는 선생님께 꼭 읽어야 할 영문학 작품 10편을 추천해달라고 부탁드렸다. 아쉽게도 그 목록은 오래 전에 잃어버렸지만, 『킹 제임스 성경King James Bible』이 목록 중 첫 번째 작품이었다는 것은 또렷이 기억하고 있다. 선생님은 단지 종교적인 이유에서뿐만 아니라 성경 속 문장 하나하나에서 형용할 수 없는 아름다움을 느껴보라고 추천해주었다.

베일리 선생님이 유독 기억에 남는 이유는 앞을 보실 수 없는 분이었기 때문이다. 그래서 늘 점자노트를 들고 다니셨고, 선생님이 말씀하실 때마다 손가락 끝 아래에 있는 색종이 테이프 모양의 두루마리 종이 위로 점자가 찍혔다. 책이나 편지는 물론이고 각종 기록이 모두 글자로 이루어진 세상에서 선생님이 겪어냈을 수많은 어려움은 상상조차 되지 않는다.

교사의 중요성

전 세계 교사들과 각종 협업을 추진해온 앨리스테어 스미스Alistair Smith는 자신의 저서 『좋은 교사: 성공적인 학교의 비밀High Performers: The Secrets of Successful Schools』이라는 책에 다음과 같이 썼다. "최고의 학교에서 최고의 교사에게 배운 학생은 최악의 학교에서 최악의 교사에게 배운 학생에 비해 최소한 세 배 더 많은 내용을 학습한다. 좋은 교사와 좋은 학습방법은 좋은 학교의 선결조건이다."[1] 부모는 교사에게 많은 것을 기대한다. 여기에는 충분한 이유가 있다. 교사도 마찬가지다. 부모에게 어느 정도 기대하는 바가 있다.

교사에게 기대하는 것

교사의 주요 역할은 학생이 학습하는 데 도움을 주는 것이다. 그것은 아주 명확해 보이지만, 실제로 교사들은 학습 외적인 것에 더 많은 시간을 쓰고 있다. 학교 정책에 따라 수업계획서를 작성해야 하고, 공립학교라면 해당 지역과 국가 제도에 맞춰 각종 요구사항을 준수해야 한다. 또 학생들의 성적도 평가해야 한다. 오랜 시간이 소요되는 성적 평가는 대체로 방과 후나 주말을 이용해서 작업한다. 이외에도 일상적으로 이어지는 행정업무, 기록 관리, 보고서 작성, 교사회의 등 각종 업무가 넘쳐난다. 이와 함께 학업성취도 평가 준비에도 상당한 시간이 소요된다. 뿐만 아니라 교사들은 학생들 간에 빚어지는 문제행동이나 갈등상황도 해결해야 한다. 고등학교 교사는 매주 수백 명의 아이들을 상대하곤 한다. 동료 교사가 부재중이라면 그 교사의 업무까지 대신해야 하며, 방과 후 프로그램, 동호회, 스포츠팀 운영이나 공연 준비를 지원해야 하는 경우도 있다.

요컨대 교사는 무척 할 일이 많은 직업이다. 훌륭한 교사가 되기 위해서는 전문적인 지식과 기술은 물론 학생의 성취에 대한 열정이 있어야 한다. 변호사, 의사, 치과의사 등의 직업인과 마찬가지로 교사들 중에도 능력은 없으면서 본업보다 다른 곳에 더 관심이 많은 사람들도 분명 있다. 하지만 내 경험상 대부분의 교사는 자신이 가르치는 학생들의 성공을 위해 최선을 다한다. 교사에게는 아주 큰 책임이 따른다. 좋은 교사는 이 책임을 아주 기쁘게, 그리고 무겁게 받아들인다. 그래서 자녀의 담임교사를 대할 때에는 교사의 전문성을 존중하는 동시에 이들이 학생은 물론 학교의 행정업무, 교육 당국과 여러 학부모로부터 수많은 압박에 시달리고 있다는 사실을 반드시 기억해야 한다. 이 같은 사실을 고려할 때,

여러분은 자녀의 담임교사에게 무엇을 기대해야 할까? 그리고 교사의 역할은 부모로서 여러분의 역할과 어떻게 관련되어 있을까?

학습은 누구도 대신해줄 수 없다

학습은 마치 신체운동과 같다. 아무도 나를 대신해줄 수 없다. 운동은 지극히 개인적인 활동으로 어느 정도의 결과를 얻기 위해서는 힘과 에너지를 쏟아야 한다. 월요일부터 금요일까지 매일 여섯 시간씩 체육관에서 보낼 수도 있다. 하지만 이런 노력을 거부한다면 목표한 건강을 이뤄낼 수 없다. 상대방에게 나 대신 운동해달라고 부탁할 수는 있지만, 상대방의 건강이 좋아질 뿐 내 건강이 좋아지지는 않는다. 마지못해 덤벨을 몇 번 들어올리거나 억지로 팔굽혀펴기를 한다고 생각해보자. 어느 정도의 효과는 있겠지만 결과는 기꺼운 마음으로 성실히 노력했을 때보다는 훨씬 못 미칠 것이다.

아이들의 학습도 마찬가지다. 의무적으로 학교에 가서 하루 종일 앉아 있을 수는 있다. 하지만 누구도 공부를 대신해주지는 않는다. 마지못해 수업에 참여하고 최소한의 반항만을 표출하면서 숙제도 다른 사람에게 부탁할 수 있다. 하지만 학교교육의 혜택을 최대한 활용하려면 모든 학습과정에 자발적으로 참여해야 한다. 공부를 대신해줄 수 있는 사람은 아무도 없다. 교사의 역할은 아이들에게 동기를 부여하고 각종 지원을 제공하는 것이다.

교사의 무거운 책임과 역할

'가르치다'라는 동사의 동의어를 묻는다면 과연 어떤 대답이 나올까? 대부분은 '지도하다'라는 동사를 생각할 것이다. 또 '설명하다'라는 동사일 수도 있다. 그렇다면 '가르치는' 모습을 생각하면 어떤 이미지가 떠오르는가? 보통은 교사가 교실 한가운데서 학생들을 향해 서 있는 모습이 연상될 것이다. 물론 이런 식으로 가르칠 때도 있지만 아닌 경우도 있다. 어떤 내용을 가르치느냐에 따라 전체 학생을 대상으로 설명하는 것이 가장 효과적일 때도 있다. 예를 들어, 학습 주제가 불규칙 동사이거나 속담, 역사적 사건, 기타 명제적 지식과 관련된 내용인 경우가 이에 해당된다.

그러나 수학, 과학, 음악, 미술, 체육 과목 등의 특정 기술과 관련된 내용을 가르치거나 구체적인 내용을 증명해야 할 경우에는 이 같은 직접적인 설명방식이 적합하지 않다. 모든 학생이 같은 내용을 학습하지만, 학생들은 학습 유형에 따라 고유의 강점과 약점을 지니고 있다. 그래서 훌륭한 교사는 학생 개인별로 학습방법을 달리 적용한다. 때로는 소수의 그룹으로, 때로는 일대일 방식으로 적절한 지원을 제공한다. 이러한 맞춤식 교육이 가능한 이유는 다음 두 가지로 설명할 수 있다. 첫째, 일괄적인 설명 외에도 많은 교육방법이 존재한다. 둘째, 명제적 지식 외에도 많은 종류의 교육 내용이 존재한다.

앞서 언급한 교육의 목표와 여덟 가지 능력을 살펴보면 아이들의 학습은 결코 교사의 지도만으로 이루어지지 않는다는 것을 알 수 있다. 교사의 지도를 바탕으로 아이 스스로의 연습과 경험, 반성, 친구관계, 논쟁, 도전, 자극 등 수많은 방식을 통해 학습해나간다. 훌륭한 교사는 이 같은 사실과 함께 이와 관련해 자신이 여러 가지 역할을 맡고 있다는 사실 또한 잘 알고 있다. 그럼 이 가운데 네 가지 역할을 좀 더 구체적으로 살펴보도록 하자.

학습 유도하기

교육을 농사에 비유한 글을 본 적이 있다. 농부는 식물이 잘 자라는 환경과 그렇지 못한 환경을 알고 있다. 또 자신이 식물을 자라게 할 수 없다는 사실도 알고 있다. 뿌리를 붙여줄 수도, 잎에 색을 칠해줄 수도 없다. 식물은 그저 스스로 자란다. 농부의 역할은 식물이 잘 자랄 수 있도록 최상의 여건을 만들어주는 것이다. 교육도 마찬가지다. 훌륭한 교사는 자신이 아이들을 학습하게 할 수 없다는 사실을 알고 있다. 공부는 아이들 스스로 하는 것이다. 교사의 역할은 공부를 잘할 수 있도록 최고의 환경을 만들어주는 것이다.

교사는 다양한 방식으로 학생을 지도한다. 직접적인 설명방식은 그중 하나일 뿐이다. 순간순간 필요에 맞게 여러 가지 방법을 적용한다. 때로는 학생 전체를 상대로 한 설명방식, 때로는 그룹별 활동방식, 때로는 일대일 교습방식을 적절히 선택한다. 그래서 훌륭한 교사는 판단력과 유연성, 창의력을 갖고 있으며, 학생별로 상황에 맞는 적합한 지도방식을 숙지하고 있다.

학습에 참여시키기

훌륭한 교사는 학생들을 지속적으로 학습에 참여시키고 호기심과 흥미를 잃지 않도록 함으로써 학생들이 최고의 성적을 낼 수 있도록 끊임없이 격려한다. 그래서 억지로 참여하기보다 설레고 기대하는 마음으로 참여하도록 유도하면서 수업 참여 및 학습에 대한 기쁨을 맛볼 수 있게 한다. 또 훌륭한 교사는 교실 안에서 학생들이 호기심을 자유롭게 드러낼 수 있도록 돕는다. 아이들의 순수한 호기심이 어떤 식으로 자라날지는 아무도 모를 일이다.

교사이자 연구자인 새러 M. 파인Sarah M. Fine은 교사를 대상으로 교습방법을 가르치고 있다. 새러는 고등학교 교실에서의 수업 참여는 '지적 놀이'가 그 핵심이라고 설명한다. 교사가 제공하는 과제가 학습 과정이나 결과에 특별한 제약을 두지 않거나 어느 정도 지적인 모험이 필요한 경우, 학생들의 참여도와 집중력은 향상되며 다음 수업에 대한 기대감 역시 높아지는 것으로 나타났다. 이에 대해 새러는 다음과 같이 설명한다. "학생들은 교사를 적이나 지배자가 아닌 동지로 묘사했습니다. 가장 주목할 만한 내용은 아이들이 교실 수업을 묘사할 때 흔히 사용하는 '지겹다'라는 표현이 사라졌다는 것입니다."[2] 자, 이 부분은 아주 중요하다. 앞서 언급했듯 가르치는 것과 배우는 것은 서로 깊은 관련이 있다. 그리고 여기에는 교사의 노력뿐 아니라 학생의 노력도 함께 필요하다. 최근 몇몇 대학생과 이야기를 나눌 기회가 있었는데 그중 한 명이 내게 물었다. "어떤 교수님 수업은 정말 지루해요. 그런 수업에선 어떻게 해야 하죠?" 나는 이렇게 대답했다. "모든 책임을 교수에게 전가해서는 안 돼요. 수업이 지루해도 분명 학생으로서 개선할 수 있는 부분이 있을 거예요. 그저 교수님만 쳐다보고 앉아서 '재미있게 수업해주세요'라고 외쳐서는 안 되죠. 학습의 주체는 여러분이에요. 책임감을 갖고 흥미를 느껴보세요."

신경학자이자 중학교 교사로 근무하고 있는 주디 윌리스Judy Willis는 교사들의 교습방법을 가르치는 일을 겸하고 있다. 주디는 고차원적 사고능력과 창의력이 계발되고, '아하'라는 탄성과 함께 중요한 사실을 깨닫는 순간은 자유롭게 뭔가를 발견할 수 있는 분위기에서 이루어질 가능성이 높다고 설명한다. 이러한 환경에서는 누구나 어린아이와 같은 호기심으로 학습의 즐거움을 만끽할 수 있다.[3] 이와 관련해 컬럼비아대학교 사범대학 부교수 크리스토퍼 엠딘Christopher Emdin은 성도의 참여를 이끌어내는 목사의 설교 기술을 활용한 '오순절 교습법'이라는 이론을 제시한다.

목사가 강대상에서 쉴 새 없이 설교를 한다. 그러다 어느 순간, 목소리를 아주 낮게 깔고 성도들의 집중을 유도한다. 이 같은 기술은 학생들에게도 매우 효과적인 교습방법이다. 그런데 왜 사범대학에서는 이처럼 실질적인 교습방법과는 전혀 상관없는 숱한 이론을 들이밀며 각종 기준을 설명하는 것일까? 이러한 기본적인 기술조차 알려주지 못하면서 말이다. 교사에게 진정으로 필요한 것은 학생을 수업에 참여시키는 기술이다. 내용에 집중해야 하는 것도 맞고, 이론에 집중해야 하는 것도 맞다. 그러나 제아무리 좋은 내용과 이론이라 해도 교습방법이나 학습방법이 잘못된 상태에서는 전혀

효과를 낼 수 없다.[4]

엠딘 교수는 아주 생생한 비유를 들어 탁월한 교습방법이 가져오는 효과를 정확히 짚어내고 있다. 올바르게 적용된 교습방식은 일종의 예술과도 같으며, 교사의 기대보다 훨씬 더 높은 수준의 결과를 이끌어낼 수 있다. 위의 비유는 또한 교사의 개인적 특성에 따른 교습방식의 차이를 간접적으로 나타내고 있다. 일반 사람들과 마찬가지로 교사 또한 외향적이고 허풍을 떠는 사람이 있는가 하면 조용하고 내향적이며 사려 깊은 사람도 있다. 내게 영어를 가르쳐주셨던 베일리 선생님은 탁월한 교육자인 동시에 표준어가 아닌 방언을 상상조차 할 수 없을 만큼 정확하게 사용하는 분이었다.

힘 실어주기

상대방에게 힘을 실어준다는 건 상대방을 더욱 강하고 자신 있게 만들어준다는 의미다. 자신감은 스스로의 능력과 가치에 기반한 자기 확신의 감정이다. 그런데 스스로에 대한 자신감과 학습이나 업무에 대한 자신감에는 차이가 있다. 우선, 자신감은 스스로에게 느끼는 전반적인 신뢰의 감정으로, 자신감 있는 사람은 어떤 상황에서든 침착하고 균형 있게 행동한다. 그러나 업무 자신감은 특정 맥락과 관계된 것으로, 구체적인 기술과 능력을 발휘할 때만 드러난다.

최근 중국 음식점을 방문한 적이 있다. 저녁식사를 하고 있는데

요리사가 주방에서 작은 수레를 끌고 나오더니 커다란 볼에 담긴 밀가루 반죽을 치대기 시작했다. 10분 남짓 반죽을 굴렸다가 다시 폈다가 늘어뜨리기를 반복하더니 마침내 기다랗게 땋은 모양의 면발을 만들어냈다. 그야말로 국수 명인의 작품이었다. 면발을 뽑는 주방장의 손길은 거침이 없었다. 완벽한 기술에서 나오는 자신감 덕분으로 보였다. 주방장의 모습은 무척 인상적이었지만, 그렇다고 그가 행글라이딩이나 비파 연주, 충치 치료에도 똑같은 자신감을 갖고 있는 건 결코 아니었을 것이다. 특정 업무에서 나오는 자신감은 해당 업무에만 국한된다. 그 자신감이 다른 업무에도 전달되거나 일반적인 자신감으로 연결되지는 않는다. 그래서 자신의 전문분야에는 상당한 자신감을 보이는 사람들도 다른 일에서는 한없이 수줍어하며 소극적인 태도를 보이곤 한다.

참된 자신감과 거짓 자신감에도 차이가 있다. 참된 자신감은 자신의 능력을 제대로 평가하는 데서 비롯된다. 반대로 거짓 자신감은 자신의 능력을 과대평가함으로써 생겨난다. 앞서 언급한 중국집 주방장의 경우 면발을 반죽할 때의 얼굴에서 이미 참된 자신감이 드러났다. 침착한 미소는 수년간의 연습이 있었기에 가능한 표정이었다.

학생들의 학업성취도, 특히 국어와 수학 능력을 비교·분석하는 국제적인 평가는 다수 존재한다. 미국 학생들의 경우 대체로 중간 정도의 순위에 포함되는데, 통계로 보면 영국이나 스웨덴 학생과 비슷한 수준이다. 그런데 한 설문조사에서 시험성적에 대한 자신감이 어느 정도인지 학생들에게 물었다. 그 결과 미국 학생들이

가장 자신 있어 하는 것으로 나타났다. 거짓 자신감으로는 1등을 차지한 셈이다.[5]

2장에서 나는 아이의 자존감을 키워주는 것도 중요하지만, 불필요한 칭찬은 자칫 위험한 결과를 초래할 수 있다고 말했다. 물론 칭찬은 중요하다. 그러나 구실 없는 칭찬은 거짓 자신감으로 이어질 수 있다. 참된 자신감은 아이가 하는 모든 일을 무조건 칭찬한다고 해서 생겨나는 게 아니다. 다양한 문제 해결에 필요한 지식과 기술, 자질을 계발할 수 있도록 부모가 도와줄 때 아이는 비로소 참된 자신감을 가질 수 있다.

훌륭한 교사는 두 가지 방법으로 학생들에게 힘을 실어준다. 첫째, 학생 개개인의 능력을 계발할 수 있게 지원함으로써 특정 영역에서 자신감이 생겨날 수 있도록 돕는다. 둘째, 일종의 학습공동체 속에서 학생들의 여덟 가지 역량 계발을 위해 함께 노력함으로써 스스로에 대한 전반적인 자신감을 키울 수 있도록 돕는다. 이를 통해 교사는 학생들이 독립적인 학습자가 되도록 여러 가지 실험을 하고 질문을 던지며 창의력과 비판적 사고능력을 기르는 데 필요한 지식과 역량을 얻을 수 있게 지원한다.

이 같은 교습방법과 학습방법의 관계는 '학습의 힘'이라는 개념을 이해하는 바탕이 된다. 이 개념을 처음 소개한 사람은 교육가이자 작가인 가이 클랙스턴Guy Claxton이다. 그는 '학습능력배양BLP'이라는 개념을 소개하면서, 이를 통해 학생들은 좀 더 역량 있는 학습자로 거듭날 수 있다고 설명한다. 학습능력배양은 곧 어렵고 불확실한 상황에서도 침착하고 자신 있게, 또 창의적으로 문제를 해결할 수 있는 힘을 기르는 것을 의미한다. 자신의 학습능력에 자신 있는 아이들은 그렇지 않은 아이들에 비해 더 빨리, 효과적으로 학습한다. 더 많이 집중하고, 더 깊게 생각하며, 학습과정 자체를 즐긴다. 그래서 교내외 시험에서 더 좋은 성적을 거두는 것이다.[6]

기대하기

훌륭한 교사는 학생들에 대한 기대 수준이 높다. 교사의 이러한 기대감은 학생의 성취에 절대적인 영향을 끼친다. 나와 함께 책을 쓴 루는 9학년 때 영어 선생님 덕분에 작가의 길로 접어들 수 있었다. 이 선생님을 만나기 전까지만 해도 루는 글쓰기에 별다른 취미가 없었고, 그저 학교 숙제로 하는 정도였다. 그런데 어느 날 루가 학년 초에 쓴 글을 우연히 본 영어 선생님은 루에게 짧은 이야기나 에세이를 쓰면서 글쓰기 실력을 키워보라고 조언해주었다. 전혀 예상하지 못한 소질을 발견한 루는 선생님의 도움을 받으며 늦게까지 학교에 남아 글을 쓰기도 했다. 그 과정에서 루는 지금까지 해왔던 다른 어떤 과제보다 글쓰기에 더 많은 정성을 쏟고 있다는 사실을 깨달았다. 또 글쓰기가 너무 재미있어서 과제로조차 느껴지지 않았다. 만약 루가 9학년 때 다른 선생님을 만났다면 자신이 글쓰기를 이토록 사랑하는지 깨닫지 못했을 것이며, 루의 삶은 지금과는 전혀 다른 방향으로 흘러갔을지 모를 일이다.

교습방식의 종류

가르치는 것과 배우는 것은 결코 단번에 이루어지지 않는다. 교사는 알고 있는 지식을 마치 업로드하듯 학생들에게 한 번에 전달해줄 수 없다. 최소한 아직까지는 그렇다. 가르치는 것과 배우는 것은 유기적으로 연관돼 있다. 그리고 그 중심에는 네 가지 필수 구성요소가 존재한다. 교사, 학생, 학습내용, 그리고 환경이다. 이들 네 가지는 서로 영향을 주고받는다.

책의 앞부분에서 나는 부모의 양육방식을 몇 가지로 분류하여 설명했다. 교사 역시 부모와 마찬가지로 각자의 교습방식이 다르다. 이것은 교사로서의 역할 인식과 더불어 개인적 성향과 관련이 있다. 교습방식은 교사의 숫자만큼이나 그 종류가 많지만, 크게 몇 가지로 구분할 수 있다. 몇 해 전, 앤서니 그라샤Anthony Grasha는 교습방식에 대해 광범위한 설문조사를 진행한 뒤 교사들의 교습방식을 크게 다섯 가지로 구분하여 각각의 장단점을 간략하게 기술했다.[7]

- **전문적 교습방식** 특정 분야에 높은 수준의 지식을 갖고 있는 교사로 학생들에 대한 교습과정을 마치 자동차로 지식을 실어 나르는 것으로 생각한다. 특정 주제를 완벽하게 익힐 수 있다는 장점이 있지만 교사의 지식 수준이 너무 높은 탓에 때로는 학습과정에서 학생이 겪는 어려움을 교사가 이해하지 못할 수도 있다는 단점이 있다.

- **권위적 교습방식** 권위를 중시하는 교사로 틀에 맞춰진 학습 방식을 추구하며 각종 커리큘럼을 엄격하게 준수한다. 학습의 목표가 명확해 학습을 통해 달성하는 바가 무엇인지 누구나 쉽게 알 수 있다는 것이 가장 큰 장점이다. 그러나 유연하지 못하고 경직된 학습방법 탓에 종종 낙오자가 생긴다는 점은 단점으로 지적된다.

- **경험적 교습방식** 자신의 경험을 끊임없이 공유함으로써 어떻게 하면 효과적으로 학습할 수 있는지 방법을 설명해주고, 그 방법대로 따라 할 것을 권유한다. 실질적인 경험에 따른 학습법을 제공해준다는 점은 장점이 될 수 있지만, 그 방법이 모든 학생에게 효과적이지는 않다는 점은 단점이 될 수 있다.

- **조정적 교습방식** 학생 스스로 뭔가 발견할 수 있도록 가이드라인을 제시함으로써 독립적인 사고능력을 길러주는 데 주력한다. 교사는 단순한 지도자라기보다 학생들에게 수없이 질문하며 상담사의 역할을 한다. 학생 개개인을 만족시키는 데는 유리하게 작용한다. 그러나 시간이 지나치게 많이 소요되고, 일부 학생은 이 같은 교습법에 불편함을 느낄 수 있다는 점은 단점으로 꼽힌다.

- **위임적 교습방식** 학생이 스스로 할 수 있도록 유도하면서 교사는 꼭 필요한 경우에만 도움을 제공한다. 독립적인 학습자로 거듭날 수 있도록 끊임없이 유도하지만, 상당수 학생이 교사가 원하는 수준의 독립성을 갖기에는 역부족일 수 있어

특별히 주의해야 한다.

부모들이 다양한 양육방식을 혼합하여 사용하듯 교사들 역시 특정 교습방식을 고집하기보다 여러 가지 방식을 조화롭게 사용한다. 교사도 자신만의 특성과 교습방식을 갖고 있기 때문에 경우에 따라 학생들과 좋은 관계를 유지할 수도, 그렇지 못할 수도 있다. 그러나 어떤 식으로든 교사는 학생 개개인과 관계를 맺고 가장 효과적인 방식으로 학습할 수 있도록 지원해야 한다.

교사에 대한 감정이 학습에 미치는 영향

아이들의 학습태도는 교사에 대한 감정에 좌우되곤 한다. 교사와 친밀한 관계를 맺고 있는지, 아이가 교사를 좋아하고 존경하는지의 여부가 크게 작용하는 셈이다. 이러한 감정은 시간이 지나면서 변할 수 있지만, 학생과 교사의 상호관계에 직접적으로 영향을 끼친다. 요컨대 학생과 교사의 관계도 하나의 인간관계이기 때문에 학생에 대한 교사의 태도 역시 교사에 대한 학생의 태도에 영향을 줄 수 있다는 것이다. 서로 다른 사람이 서로 다른 측면을 이끌어내는 것은 관계의 본질이다. 누군가와 친구가 되고 누군가와 사랑에 빠지는 이유가 바로 여기에 있다. 그래서 아이들도 어떤 교사에게는 매우 공손하게 행동하지만, 다른 교사에게는 늘 불손하게 행동하며 반발할 수 있다. 만약 여러분의 자녀가 특정 교사와 끊임없이 대립한다는 사실을 알게 되더라도 절대 아이만 꾸짖어서는 안 된다. 손바닥도 마주쳐야 소리가 나는 법임을 명심하자.

교사의 격려가 아이의 재능을 좌우한다

모든 아이에게는 흥미를 느끼는 분야가 있는가 하면 그렇지 못한 분야도 있다. 어떤 활동은 좋아할 수 있지만 어떤 활동에는 별 관심이 없을 수 있다. 이 같은 재능과 적성은 각기 다른 분야를 얼마나 쉽게 학습하고, 그 과정을 얼마나 즐기는가와 관련이 있다. 아이들마다 흥미를 느끼는 분야는 제각기 다르다. 음악이나 미술, 체육, 무용 등 그 분야는 무수히 많다. 특정 분야에 재주가 있는 아이는 그렇지 못한 아이보다 학습과정에서 큰 도움이 필요하지 않다. 올바른 교사라면 아이가 특정 활동에 전혀 관심을 보이지 않을 때 좀 더 잘 해낼 수 있도록 격려할 것이다. 교사의 권유로, 또는 교사가 아이에게 쏟은 특별한 관심 덕분에 자신의 재능을 발견하여 성공한 사례는 수없이 많다. 물론 개중에는 아이가 유난히 즐기고 좋아했던 활동마저 포기하게 만드는 자격 없는 교사도 있지만 말이다.

왜 환경이 중요한가

학습에 얼마나 열의를 보이는가는 학교의 분위기와도 관련이 있다. 아이가 특정 활동이나 교사를 유난히 좋아한다면, 해당 과목에 열의를 보일 가능성이 높다. 그러나 주변 친구들이 특정 활동이나 교사를 이상하게 취급하거나 무시한다면 여러분의 자녀 역시 해당 과목을 멀리하면서 흥미를 잃어버릴 수 있다. 다른 모든 관계와 마찬가지로 학습에서도 여러 가지 요소가 서로 영향을 주고받는다. 때로는 전혀 예상치 못한 방식으로 전개되기도 한다. 수업시간이 오기만을 기다릴 만큼 특정 과목을 좋아하다가도 친구들로부터 조롱 섞인 비난을 받고 나면 이내 흥미를 잃어버릴 수도 있다. 그러나 교사와 친구들이 어떤 반응을 보이든 상관없이 자신만의 열정을 밀고 나가는 아이도 있다. 교사가 전문 직업군에 속하는 이유는 이 같은 관계의 복잡성을 다루는 직업이기 때문이기도 하다.

무엇이 훌륭한 교사를 만드는가

훌륭한 교사와 평범한 교사의 차이는 어디에 있다고 생각하는가? 보통은 교사의 역할을 학생이 잘 알지 못하는 내용을 습득할 수 있도록 도와주는 것 정도로 생각한다. 고교시절 내게 라틴어를 가르쳐주었던 다비스 선생님은 우리보다 라틴어를 훨씬 잘했고, 선생님의 역할은 우리가 라틴어를 더 많이 배울 수 있도록 도와주는 것이었다. 이처럼 교사는 자신이 가르치는 과목에 대한 전문 지식이 필요하지만, 그것만으로는 결코 충분하지 않다. 끊임없이 유도

하면서 학습에 참여시키고, 힘을 실어주고, 학생에게 기대감을 가져야 한다. 아주 복잡하고 전문적인 역량이 필요한 일이다. 핀란드, 캐나다, 한국, 싱가포르, 홍콩 등 세계적인 교육 시스템을 자랑하는 많은 나라에서 교사를 선발하고 훈련하는 데 그토록 많은 투자를 하는 이유가 바로 여기에 있다.

미국의 많은 차터스쿨에서는 전문 지식을 많이 갖고 있으면 가르치는 기술은 조금 부족하더라도 해당 교사를 채용할 수 있는 조항을 운영하고 있다. 일부 정치인 역시 일정 수준 이상의 지식이 교사에게 필요한 전부라고 생각한다. 하지만 결코 그렇지 않다.

티치포아메리카TFA는 논란이 많은 비영리단체로, 대학 졸업생을 대상으로 5주간의 훈련 프로그램과 함께 2년 동안의 교생실습 기회를 제공한다. 실습은 대부분 열악한 환경의 빈곤지역 학교에서 이루어진다. 실습활동을 성실히 이행하는 학생들도 있지만, 많은 학생들이 이력서상의 경력만 한 줄 더한 채 중도 포기하고 만다. 이후 다른 나라에서도 티치포아메리카에서 영감을 받아 비슷한 프로그램을 도입, 고득점 졸업자에게 교생실습을 적극 권장하고 있다. 영국의 티치 퍼스트Teach First가 대표적이다. 일반적으로 훌륭한 교사의 첫 번째 조건은 전공과목에 대한 우수한 학업성적이라고 생각한다. 하지만 이들 단체의 운영 결과 전혀 그렇지 않은 것으로 나타났다.

핀란드는 전 세계에서 가장 성공적인 교육 시스템을 운영하고 있는 나라다. 성공의 주된 요인으로는 교사의 전문성을 꼽을 수 있다. 핀란드에서 교사는 매우 존경받는 직업으로, 교사가 되기 위한 경쟁 역시 무척 치열하다. 우선, 교사가 되려면 핀란드 국내 대학에서 운영 중인 공인된 교원 교육 프로그램을 이수해야 한다. 그러고 나면 연구 중심의 학위과정에 참여할 수 있는 자격을 얻게 되고, 이때부터 5년에서 6년을 다시 학업에 매진해야 비로소 교사자격을 얻게 된다. 이 같은 교원 선발 프로그램은 핀란드 젊은 층에게 인기가 매우 높아 매년 10 대 1의 경쟁률을 보인다. 지원자 가운데 10퍼센트만 최종 선발되기 때문에 상위 10퍼센트의 최우수 대학 졸업자만을 신규 교원으로 채용하려는 게 아닌가 생각할 수도 있다. 실제로 일부 정치인은 그렇게 생각한다. 하지만 전혀 그렇지 않다.

이에 대해 핀란드의 세계적인 교육 전문가 파시 살베르그Pasi Sahlberg는 "핀란드가 학문적으로 가장 유능하고 뛰어난 교사를 채용하고자 한다는 것은 허구에 불과하다"고 단언한다. 선발되는 교원 후보는 학업성취도 기준에서 보면 다양한 영역에 고루 분포돼 있으며, 일부러 그렇게 뽑는다.[8] 그래서 전체 인원 가운데 4분의 1 정도는 상위 20퍼센트에, 또 다른 4분의 1은 하위 20퍼센트에서 선발한다. 이는 곧 1학년 학생 가운데 절반은 '평균적인 학업성적'을 보유하고 있음을 의미한다. 이와 관련해 살베르그 교수는 다음과 같이 설명한다. "헬싱키대학교의 경우 수많은 지원자 가운데 가장 성적이 뛰어난 학생들만 신임 교원으로 선발해 교육시키는 것이 훨씬 쉽고 간단합니다. 하지만 절대 그렇게 하지 않아요. 교사의 자질은 성적에 상관없이 여러 사람에게 고르게 분포돼 있기 때문이에요. 예를 들어, 젊은 운동선수나 음악가, 청년 리더들 중에는 학업성적은 그리 좋지 않더라도 훌륭한 교사로 성장할 수 있는 자질을 가진 사람이 많습니다."[9] 요컨대 핀란드의 사례는 단순히 학문적으로 지식이 뛰어난 사람보다는 교사라는 직업에 타고난 소질과 열정을 가진 사람을 선발해 적절한 훈련을 제공하는 게 훨씬 낫다는 사실을 보여준다. 핀란드뿐 아니라 세계적인 교육 시스템을 자랑하는 모든 나라에서 교사가 되는 길은 결코 쉽지 않다.

티치포아메리카 역시 핀란드처럼 지식역량을 훌륭한 교사의 모든 것으로 간주하지 않는다. 학생들의 학습을 효과적으로 지원할 수 있는 열정과 전문성을 고루 평가한다. 티치포아메리카는 참가 교사들의 특징을 면밀히 분석했는데, 그 결과 학생들에게 가장 큰 도움이 된 교사들은 다음과 같은 공통점이 있는 것으로 나타났다.

- 교실에 끊임없이 변화를 주고, 학생들과 함께 학습 향상 정도를 주기적으로 평가한다.
- 모든 학생이 함께 참여할 수 있도록 노력하고, 학부모에게 학급 상황을 지속적으로 전달한다.
- 결과 평가에 주력한다.
- 뚜렷한 목표 아래 1일 단위에서부터 1년 단위까지 실행계획을 준비한다.
- 학교나 주변 환경에 상관없이 꾸준하고 지속적으로 자신의 역할을 수행한다.[10]

『그릿Grit』의 저자 앤절라 더크워스Angela Duckworth의 연구에서도 끈기는 교사의 중요한 자질인 것으로 조사되었다. 실제로 '투지'가 강한 교사는 학생들의 괄목할 만한 성장을 이끌어낼 확률이 31퍼센트나 높은 것으로 나타났다. 또 자신의 삶에 만족하는 교사가 학생들에게 도움이 될 확률이 훨씬 높았다. 교사로서 자신의 일을 사랑하면 삶의 만족도가 높아지고, 자연스레 학생을 가르치는 일도 더 열심히 하게 된다는 것이다.[11] 실제로 이런 교사들은 자신이 맡은 학생과 수업에 매우 헌신적으로 임했다. 이것은 훌륭한 교사의 또 다른 자질이기도 하다. 이들은 새로운 것을 배우며 교사로서 자신의 역량을 개선하는 데 매우 열정적이다. 에드캠프 Edcamp를 예로 들어보자.

에드캠프는 교사들이 함께 모여 학습할 수 있도록 시간과 공간을 제공하는 일종의 캠프다. 첫 번째 에드캠프는 지난 2010년, 의기투합한 몇몇 교사를 주축으로 필라델피아에서 처음 열렸다. 이들의 목표는 교사들이 평소에 갖고 있던 궁금증과 어려움을 해결함으로써 전문적인 역량을 계발할 기회를 제공하는 것이었다. 창립 멤버는 이 같은 에드캠프의 취지를 트위터에 소개했고, 무려 100명의 교사가 등록하여 첫 번째 에드캠프에 참가했다. 참가자들은 발표 형식이 아닌 토론으로 어떤 주제를 논의할지 직접 결정했다. 각 세션 역시 교사들의 아이디어를 바탕으로 진행되었고, 이과정에서 교사들은 서로의 경험을 신뢰하며 공유해나갔다. 에드캠프는 기본적으로 다음 네 가지 규칙하에 진행되었다.

• 반드시 무료로 진행한다. 참가를 원하는 교사들은 기금을 마

련할 필요가 없다. 그저 참가만 하면 된다.

- 누구에게나 기회가 열려 있다. 몇 학년을 담임하는지, 어떤 학교에 재직 중인지는 관계없다. 학생을 가르치는 교사라면 누구나 참가할 수 있다.
- 참가자의 참여가 중심이다. 참가 교사들은 어떤 주제를 논의할지 직접 결정한다. 따라서 매번 다른 주제가 논의되고, 누구나 자유롭게 대화 주제를 제안할 수 있다.
- 각종 벤더에서 자유롭다. 벤더 업체의 광고로 홍수를 이루는 대규모 행사와는 달리 에드캠프는 이들의 참여를 철저히 배제한다.

에드캠프의 자원봉사자는 대부분 정규직 교사로 이루어져 있으며, 이들이 모든 에드캠프를 운영한다. 교사들의 직업에 대한 열정으로 시작된 에드캠프는 전 세계 각지로 퍼져나갔다. 2010년 고작 8개에 불과하던 에드캠프는 2017년 미국 50개 주를 포함, 전 세계 33개국으로 확대돼 현재 1,600개에 이르는 에드캠프가 운영되고 있다. 규모는 20~30명이 참여하는 소규모 캠프에서부터 600명 이상이 참여하는 대규모 캠프에 이르기까지 다양하다. 평균적으로는 75~100명이 참가하는 규모로 운영된다.[12]

집과 학교의 관계

가르치는 것과 배우는 것은 서로 관계를 맺고 있다. 그중 가장 중요한 부분은 바로 부모와 학교의 관계다. 부모가 내 아이에 대한 교육적 책임이 전적으로 학교와 교사에게 있다는 생각을 버리면, 아이들은 학교생활을 훨씬 더 잘해나갈 가능성이 높다. 과거 시카고대학교는 저소득층 도시지역의 초등학교를 대상으로 7년간의 장기연구를 진행한 바 있다.[13] 이 연구에서는 학생의 성취와 학교의 개선에 가장 큰 영향을 끼친 요인을 구체적으로 살펴보았다. 다른 연구 결과와 마찬가지로 여기에는 교사의 자질이 포함돼 있었다. 또 다른 주요 요인으로 가족의 참여도가 꼽혔다. 자녀의 학교생활에 부모의 참여도가 높은 아이들이 그렇지 않은 아이들에 비해 수학 성취도는 10배, 국어 성취도는 4배가 높은 것으로 나타났다. 그렇다면 가족, 특별히 부모의 개입이 아이들의 교육과 학교생활에 유리하게 작용하는 이유는 무엇일까?

동기부여와 지원

자녀교육에 적극적으로 관심을 나타내는 부모는 학습에 대한 동기부여와 학습 결과에 상당한 영향을 끼칠 수 있다. 이것은 가족의 여건이나 배경과는 전혀 상관이 없다. 부모가 자녀에게 학교생활에 대해 이런저런 질문을 하고, 잘해내리라 기대하며, 계획 수립을 도와주고, 또 방과 후에는 어디서 무슨 활동을 하는지 지속적으로 신경을 쓴다고 해보자. 이런 아이들은 무관심한 부모 밑에서 자라는 아이들보다 학교생활을 훨씬 잘해나간다. 이렇듯 부모와 학교가 힘을 합치면 지각이나 결석이 줄어들고, 아이들이 학교생활에 잘 적응하면서 졸업하는 비율도 높아진다.[14]

개인적 지식

부모는 누구보다 자녀에 관해 잘 알고 있다. 여기에는 개인적인 관심사나 약점, 강점, 성향, 배경, 대인관계 등 많은 것이 포함된다. 하지만 아무리 부모라 해도 자녀의 모든 것을 알 수는 없다. 특히 아이가 점점 독립적인 개체로 성장해갈수록 더욱 그렇다. 그럼에도 여전히 부모는 자녀의 많은 부분을 알고 있다. 교사는 아이의 일부분만을 볼 수 있지만, 부모는 그 외의 다른 많은 부분을 볼 수 있다. 때로 아이들은 한 개인으로서 이해받지 못한다는 생각 때문에 학교생활에 어려움을 겪기도 한다. 이런 경우 교사가 아이의 강점을 제대로 알아차리지 못했을 가능성이 크다. 아이는 학교생활 외적인 부분에 많은 소질과 적성을 보일 수도 있지만, 교사는 이 사실을 미처 파악하지 못했을 수 있다. 만약 알았다면 그 아이를 전혀 다르게 대했을 것이다. 여기서 부모가 기여할 수 있는 부분은 자녀의 소질과 능력에 관한 구체적인 정보를 제공하여 교사가 아이를 전체적으로 파악할 수 있도록 돕는 것이다.

학교와 공동체

학교와 교사는 학생과 관련하여 여러 가지 문제에 맞닥뜨린다. 단순한 행동에서부터 학습문제, 괴롭힘, 약물남용, 폭력, 감정적 스트레스, 우울증 등 그 종류는 무수히 많다. 이들 중 일부 문제는 학교에서 기인한 것으로 학교 내부적으로 해결이 가능할 수 있다. 또 어떤 문제는 가정에서 비롯되기도 한다. 이 경우 아이들의 문제행동은 가정 내에 그치지 않고 학교로까지 이어진다. 물론 집에서 해결될 수도 있다. 하지만 부모와 교사 관계가 가까울수록 이 같은 문제는 더 잘 이해되고 해결될 가능성이 높다.

숙제에 대하여

학생에게나 학부모에게나 숙제만큼 성가신 존재도 없을 것이다. 오늘날 학생들이 점점 더 많은 스트레스에 노출되는 이유는 바로 숙제 때문이다. 학생뿐만이 아니다. 부모 역시 숙제를 시키거나 대신해줘야 하는 문제로 상당한 압박을 느낀다. 숙제의 효과를 두고 교육 전문가들 사이에서도 논쟁이 뜨겁다. 일부에서는 그 종류를 막론하고 숙제는 아무런 가치가 없기 때문에 없애버려야 한다고 주장한다. 교육계의 저명한 사상가 앨피 콘Alfie Kohn 역시 그중 한 명이다. 그는 자신의 저서 『숙제의 신화The Homework Myth』를 통해 숙제와 성적은 아무런 관련이 없으며, 숙제가 아이들의 가정 및 개인 생활에 끼치는 부정적 영향은 그 어떤 긍정적 효과보다 크다고 역설한다.[15] 반대로 숙제에 교육적 효과가 있을 뿐 아니라 기타 긍정적 혜택이 있다고 주장하는 사람들도 있다. 이처럼 숙제의 효과에 대해서는 아직까지 의견이 분분하다.

그렇다면 아주 기초적인 부분부터 살펴보자. 여러분의 자녀는 보통 어느 정도의 숙제를 하는가? 숙제가 가치 있다고 생각하는가? 부모가 자녀의 숙제를 어떻게 도와줄 수 있는가? 만약 숙제가 너무 많다면, 학교에서 양을 줄이거나 없애도록 하는 데에는 어떤 도움을 줄 수 있는가?

숙제의 양

숙제의 양은 학교에 따라, 또 학년에 따라 천차만별이다. 일부 학교나 학년에서는 숙제가 전혀 없는 경우도 있다. 그러나 매주 18시간 이상의 숙제를 해야 하는 경우도 있다. 미국에서는 전미교육협회 및 전미학부모교사연합회 규정에 따라 '10분 숙제'의 규칙이 운영되고 있다. 학생들은 10분 정도 소요되는 숙제를 매일 해야 하며, 그 시간은 학년이 올라갈 때마다 10분씩 늘어난다. 그래서 1학년에게는 매일 10분, 2학년에게는 20분의 숙제가 주어지며, 이런 식으로 12학년까지 매년 늘어난다. 전 학년 아이들의 평균 숙제시간은 매일 120분으로 일주일에 약 10시간이 소요된다. 하지만 늘 같은 방법이 적용되는 건 아니다.

지난 2013년, 피닉스대학교 사범대학에서는 교사들이 내는 평균 숙제시간에 대해 설문조사를 진행한 적이 있다.[16] 그 결과 유치원생부터 5학년 학생까지는 일주일에 3시간 이하, 6학년부터 8학년까지는 3.2시간, 9학년부터 12학년까지는 3.5시간으로 조사되었다. 그런데 여기서는 두 가지 사항을 집고 넘어가야 한다. 첫째, 이 숙제시간은 교사 한 명이 제공하는 분량에 대한 시간이라는 점이다. 아이들이 숙제에 투자하는 전체 시간을 측정하려면, 위 숙제 시간에 전 과목 교사의 인원수를 곱해야 한다. 예를 들어, 다섯 명의 교사와 함께 각기 다른 커리큘럼을 학습하는 고등학생이라면 매주 17.5시간 정도를 숙제에 투자하는 셈이다. 파트타임 직업의 주당 업무시간에 버금가는 수준이다. 둘째, 3.5시간이라는 소요시간은 교사의 추정시간이라는 점이다. 실제로 숙제를 하는 데 걸리는 시간은 아이의 능력과 흥미 정도에 따라 이보다 적거나 많이 걸릴 수 있다. 어떤 아이는 30분 만에 대충 해버릴 수도 있고, 또 어떤 아이는 오랜 시간 땀을 뻘뻘 흘려가며 간신히 해낼 수도 있다.

그렇다면 요즘에는 이전 세대에 비해 숙제의 양이 늘어났을까? 여러 가지 변수를 고려했을 때 그렇게 말하기는 어렵다. 하지만 실제 조사 결과는 숙제의 양이 늘어났음을 보여주고 있다. 2007년 교육통계센터의 조사 결과 고등학생 평균 숙제시간은 일주일에 7시간이었다.[17] 그러나 이와 유사하게 진행된 1994년의 결과를 보면 주당 5시간 미만인 것으로 나타났다.[18] 한 가지 확실한 것은 1960년대에 영국에서 고등학교 생활을 한 나의 경우 5시간보다 훨씬 많은 시간을 숙제에 할애했다. 물론 내 개인적인 사례에 국한된 것일 수도 있다. 세대별 숙제 양을 판단하는 한 가지 방법은 여러분의 자녀가 하는 숙제 양과 지금의 자녀 나이 때 여러분이 했던 숙제 양을 비교해보는 것이다.

숙제의 유익성

숙제의 가치에 대해서는 여전히 논란이 많다. 그러나 지지하는 쪽에서는 숙제가 학생과 교사, 부모에게 여러모로 유익하다고 설명한다.

- 학생은 특정 내용을 더 깊이 이해할 수 있다. 자신만의 속도로 내용을 습득하며, 좀 더 독립적인 학습자로 거듭난다. 문제해결 능력과 시간관리 기술을 배울 수 있다. 또 학교에서 배운 내용을 교외활동에 연관 지어 활용할 수 있다.
- 교사는 학생이 수업내용을 얼마나 잘 이해했는지 확인할 수 있다. 학생 개인별 강점과 약점, 발전 정도를 평가할 수 있다. 수업시간에 더 많은 내용을 다룰 수 있다.
- 부모가 자녀의 교육에 실질적으로 참여할 수 있다. 우선, 아이가 학교에서 배운 내용을 직접 확인할 수 있다. 또 어떤 부분을 어려워하는지, 어떤 부분을 자신 있어 하는지 명확하게 알 수 있다.

피닉스대학교 사범대학 부학장 애슐리 노리스Ashley Norris 박사는 학교 측에서 실시한 설문조사 결과를 두고 다음과 같이 설명한다. "숙제를 통해 아이들은 자신감뿐 아니라 책임감, 문제해결 능력까지 자연스레 높일 수 있습니다. 이러한 요소는 고등학교 생활은 물론 대학 및 직장 생활을 성공적으로 이끌어가는 데에도 필수적입니다."[19]

물론 타당한 말일 수 있다. 그러나 대다수 부모가 아이들의 숙제를 봐주는 데 많은 어려움을 느낀다. 너무 오랫동안 공부에서 손을 놓은 상태이기 때문이다. 또 많은 부모가 일하느라 바쁜 탓에 시간을 따로 내어 숙제를 도와줄 수 없다. 그럼에도 노리스 박사는 숙제에는 그만한 가치가 있다고 확신한다. 더구나 오늘날 많은 학교에서는 숙제의 속성이 점차 변하고 있다. 주된 요인 중 하나로 이른바 '거꾸로 교실flipped classroom'의 확산을 꼽을 수 있다.

전형적인 수업에서는 교사가 자료를 나눠주고 해당 내용을 학생에게 설명한다. 숙제는 수업시간에 배운 내용에 기초하여 주어진다. 그러나 거꾸로 교실에서는 교사가 동영상, 슬라이드, 수업노트 등 각종 자료를 먼저 학생에게 제공하고 집에서 예습을 해오도록 한다. 이후 수업시간에 교사는 학생들과 예습한 내용을 토대로 질문을 주고받으며 생각을 공유한다. 노리스 박사의 언급처럼 이같은 접근방식에서는 숙제가 교실의 범위를 확장할 뿐 아니라 수업시간이 사용되는 방식 또한 생산적으로 변화시키는 셈이다. 학생들은 공동으로 학습하는 과정에서 서로의 생각과 경험을 수용하고 비판하면서 더 많은 것을 배워나간다.[20]

그럼에도 다수의 부모와 교육자는 숙제가 아이들은 물론 부모의 부담까지 가중시킨다며 우려의 목소리를 내고 있다. 아이들의 휴식시간을 빼앗을 뿐 아니라 또래들과 어울리면서 아이답게 놀 수 있는 여유, 가족과 함께 보낼 시간까지 앗아간다는 것이다. 또한 이들은 많은 사람들이 숙제의 효과를 언급하지만 그 효과는 꾸준히 지속되지도, 확실히 보장되지도 않는다고 지적한다.

혼합된 효과

듀크대학교 뇌과학연구소에서 심리학 및 신경과학을 연구하는 해리스 쿠퍼Harris Cooper 교수는 지난 2006년, 숙제가 성적에 끼치는 영향에 대해 구체적으로 분석한 결과를 내놓았다.[21] 연구 결과 숙제는 학교성적에 긍정적인 영향을 끼치는 것으로 나타났다. 특히 그 효과는 초등학교 학생들보다 7학년부터 12학년 사이의 중고등학교 학생들에게 더 크게 나타나는 것으로 조사되었다. 쿠퍼의 연구 결과는 왜 저학년 학생들보다 고학년 학생들이 더 많은 영향을 받는지를 구체적으로 설명하고 있다. 우선, 나이가 어린 아이들의 경우 산만한 환경에서 잘 집중하지 못한다. 또 효과적인 공부습관도 갖고 있지도 않다. 그 이유를 두고 쿠퍼 교수는 다음과 같이 설명한다. "대체로 초등학교의 숙제는 특정 영역의 성적을 향상시키기 위한 목적보다 시간관리 능력이나 공부방법을 개발하기 위한 목적인 경우가 많기 때문입니다."[22]

그러나 과도한 숙제는 모든 아이에게 역효과를 불러올 수 있다. 쿠퍼 교수는 "고등학교 학생이라고 해도 숙제 양이 너무 많으면 오히려 효과가 떨어질 수 있다"고 지적한다. 쿠퍼 교수의 연구 결과는 앞서 설명한 '10분 숙제'의 규칙과 전반적으로 일치한다. "요컨대 모든 아이에게 숙제는 반드시 필요하지만, 그 양과 형태는 아이의 발달 수준과 가정환경에 따라 차별적으로 주어져야 합니다. 저학년 아이들에게는 큰 어려움 없이 할 수 있는 짧은 숙제가 적절하죠. 때로 부모가 함께 참여하는 형태도 좋고, 학교 밖에서 아이들이 즐길 수 있는 활동도 좋습니다."[23] 한편, 고등학교 학생

들에게조차 2시간 이상이 소요되는 숙제는 높은 성적과 크게 연관이 없는 것으로 나타났다.[24]

쿠퍼 교수의 연구팀은 숙제가 시험성적과 기존의 학업성취도에 끼치는 영향에 대해서도 살펴보았다. 그러나 앞서 살펴본 교육의 네 가지 목적과 여덟 가지 능력에 끼치는 영향에 대해서는 살펴보지 않았다. 아니, 연구 자체가 불가능했다. 전체적인 연구 결과 숙제는 공부습관과 학습태도, 자기 통제력, 학습에 대한 호기심, 문제해결 능력 등을 전반적으로 개선하는 효과가 있는 것으로 나타났다. 이와 반대로 신체적·감정적 피로를 유발하고, 학습에 대해 부정적인 태도를 갖게 하며, 아이들의 여가시간을 제한하는 결과 또한 가져오는 것으로 조사되었다.[25] 이러한 부작용은 학습에 대한 호기심을 유발하고 성적을 향상시키는 데 상당한 지장을 초래할 수 있다.

틀 깨기

숙제의 이 같은 부정적 효과는 오늘날 일부 중고등학교에서 숙제라는 틀을 새롭게 정립하여 그 효과를 극대화하고자 하는 이유이기도 하다. 뿐만 아니라 일부 초등학교에서도 숙제를 줄이거나 아예 없애고 있는 이유이기도 하다. 청소년기의 정서적 안정에 관한 유명 상담사이자 작가인 모린 힐리Maureen Healy는 자신이 만나본 대다수 부모는 이러한 추세를 반기고 있다고 설명한다. 매일같이 반복되는 '숙제는 다 했니?'라는 잔소리를 더 이상 할 필요가 없어졌기 때문이다.[26] 부모들은 숙제에 대한 부담에서 벗어나 아이들과 좀 더 자유롭게 저녁시간을 보내며 여러 가지 활동을 할 수 있게 되었다. 총 4만 2,000명의 아이들을 관할하는 플로리다주 매리언카운티 교육감 하이디 마이어Heidi Maier는 최근 교육계에 돌풍을 일으켰다. 숙제를 전면 금지하는 대신 두 시간의 독서를 하도록 바꾼 것이다. 버몬트주 오차드초등학교 교장 마크 트리필리오Mark Trifilio 역시 이와 비슷한 조치를 취했다. 지난 2016년, 교사 및 학부모와의 논의 끝에 트리필리오 교장은 읽기 능력 외에는 입증된 효과가 거의 없다는 점을 이유로 들면서 숙제를 완전히 없앴다. 숙제할 시간에 다른 활동에 집중하는 것이 낫다는 판단하에 오차드초등학교는 다음과 같은 새로운 정책을 도입했다.

숙제 없애기 정책: 숙제 대신 매일 해야 할 일

1. 매일 밤 자신에게 맞는 책을 읽는다. 부모가 읽어주기도 한다.
2. 바깥활동을 한다. 스마트폰 이용 시간은 늘리지 않는다.
3. 가족과 함께 저녁식사를 한다. 식사 준비와 설거지를 돕는다.
4. 숙면을 취한다.

1년 후, 학생들의 성적은 전혀 떨어지지 않았고, 오히려 창의적으로 생각하고 각자 흥미 있는 분야를 집중적으로 탐구하는 시간이 늘어났다.[27] 모린 힐리는 초등학교의 이 같은 '숙제 없애기 정책'의 숨은 의미를 다음과 같이 설명한다. "우리는 교사를 신뢰하고, 학교의 커리큘럼을 신뢰합니다. 또 아이들이 수업시간에 집중하고 학습한다는 사실 또한 충분히 신뢰합니다. 유치원에서부터

5학년 아이들에게 숙제를 내주지 않는다고 해서 절대 학습능력이 떨어지지 않습니다. 오히려 수업시간에 더 집중할 수 있고 방과 후 활동에 더 적극적으로 참여하게 됩니다."[28]

부모로서 무엇을 해야 할까?

상황 파악 후 행동하기

만약 아이가 학교에서 받아오는 숙제의 양이나 유형에 우려되는 면이 있다면 여러분은 어떻게 하겠는가? 우선, 충분한 대화를 통해 아이가 느끼는 문제가 무엇인지 정확히 파악해야 한다. 예를 들어, 전체적으로 양이 많아서 힘들어하는지, 특정 영역의 숙제가 어려운 것인지, 학교의 지원이나 평가방법에 문제가 있는 것인지 등. 문제가 무엇인지 확실히 파악했다면 학교 측과 상담해야 한다. 특정 과목의 숙제가 문제되는 경우라면 해당 과목 교사와, 전체적인 양이 문제라면 교장과 이야기를 나누어야 한다. 규모가 큰 학교라면 커리큘럼 담당 교사와 상담할 수도 있다. 교사가 내주는 숙제 양에 대해서는 학교마다 가이드라인을 두고 있지만, 담임교사가 학생 한 명 한 명의 전체적인 숙제 양을 일일이 파악하기란 어렵다.

이렇게 학교 측과 상담을 진행하면서 여러분은 '10분 숙제'의 규칙을 언급할 수 있다. 그래도 흡족한 답변을 듣지 못할 경우에는 학부모회 측에 안건으로 올려 숙제에 대해 완전히 다르게 접근하고 있는 여러 학교의 사례를 소개할 수도 있다. 만약 숙제와 관련된 학교 정책을 받아들일 경우, 아이에게 어떤 도움을 줄 수 있을까?

숙제 관리에 대한 조언

숙제를 자발적으로 할 수 있도록 여건을 만들고 규칙을 정해 아이와 부모 모두 강제적인 압박에서 벗어나도록 한다. 이와 관련하여 애슐리 노리스는 다음과 같이 조언한다.

- **아이를 대신해서 숙제를 해주고 싶다는 충동을 억제하라.** 아이들은 숙제하는 과정에서 생겨나는 실수를 통해서도 많은 것을 배운다. 따라서 이 과정을 건너뛰지 않고 스스로 경험하는 것이 중요하다. 문제가 생겨 힘들어한다면 부모의 도움을 받아 다른 방향으로 접근해보고 싶은지 아이에게 먼저 물어보라. 숙제를 피하기 위해, 또는 다른 사람이 대신해주도록 설득하기 위해 아이가 주로 사용하는 방법과 변명을 정확히 파악하고 있어야 한다.
- **부모도 함께 공부하고 확인하라.** 숙제에 활용할 수 있는 정보를 탐색하여 아이에게 연결해준다. 밀려드는 숙제에 압도당하지 않게 하는 방법은 미리 준비할 수 있도록 돕는 것이다. 온라인을 통해 이런저런 정보를 찾다 보면 기억에서 오랫동안 흐릿해진 개념을 다시 떠올릴 수 있다. 아이의 교과서를 확인해서 현재의 진도 상황을 파악한다. 혼자서 내용을 파악

하기 어렵다면 담임교사에게 조언을 구하자. 훌륭한 답변을 얻을 수 있을 것이다.

• **계획을 세워라.** 막판에 몰아서 급하게 하는 습관을 피하자. 일주일 단위로 계획을 세우고, 숙제의 양이 많은 경우 하루에 조금씩 분량을 정해 나눠서 하도록 하자. 주말까지 제출해야 하는 숙제가 있는 경우, 아이와 함께 논의하여 어떻게 해나갈 것인지 구체적으로 계획을 세우자.

• **가족 일정표를 만들어라.** 종이에 쓰거나 컴퓨터를 활용하여 가족 일정표를 만든다. 여기에는 부모의 업무 일정과 자녀의 학교수업, 방과 후 활동 등 가족 구성원의 모든 일정이 들어가야 한다. 많은 준비가 필요한 시험이나 숙제가 있는 경우, 매일매일 해야 할 분량을 기록하여 아이의 시간관리 능력이 향상될 수 있도록 돕는다. 부모는 일정표에 여러 가지 계획을 표시함으로써 시간관리의 모범을 보일 수 있다.

• **가족 공부시간을 정하라.** 매주 한 번 가족 공부시간은 부모와 아이가 연결될 수 있는 좋은 통로가 될 수 있다. 또 아이에게 학습의 중요성을 일깨워주면서 가치 있는 시간을 함께 보낼 수 있다. 매주 월요일 아이가 한 주간의 숙제를 받아오면 가족이 함께 둘러앉아 일주일을 어떻게 보낼 것인지 계획을 세운다. 각자의 활동을 의논하고, 이런저런 마감일을 정하며, 어떤 정보가 필요한지 확인한다. 여기에 가족 공부시간만큼은 반드시 확보한다. 부모는 이 시간을 활용해 각종 계획을 세워 체계적으로 준비하며, 필요한 정보를 확인할 수 있

다. 예컨대, 미처 하지 못한 결제를 하거나 신문을 읽거나 회사 업무를 볼 수도 있다.

- **숙제를 실제 생활과 연관시켜라.** 숙제를 실생활의 경험과 연관 지을 수 있는 기회를 탐색하라. 예를 들어, 현재 사회면을 장식하고 있는 여러 가지 이슈를 사회과목 학습내용에 연결 지어보고, 특정 과제를 탐색해 수학이나 과학 개념을 실생활에 적용해보는 것이다. 고학년 학생에게는 매일 신문을 읽어 좋은 글을 접하게 한다. 또 스스로 연구하여 글을 써서 가족 및 친구와 공유하도록 한다.

- **아이들과 함께 창의적으로 활동하라.** 숙제를 창의적인 활동으로 확대할 수 있는 기회를 탐색하자. 아이들이 스스로 디지털 프레젠테이션을 하고, 셰도박스를 만들고, 계란탕을 만들고, 특정 주제에 대해 지역 내 유명 인사를 인터뷰하는 도전까지 해보도록 하는 것이다. 또 다양한 기술을 활용하면 아이들의 흥미와 참여를 유도할 수 있다.

- **조용하고 안정적인 여건을 만들어라.** 공부하기 좋은 환경을 만들자. 아이들이 숙제할 수 있는 조용한 장소를 정해두는 편이 좋다. 편안한 공간이어야 하지만 텔레비전 등 주위를 산만하게 할 수 있는 물건이 있어서는 안 된다. 매일 시간을 정해놓고 일정하게 공부하는 습관을 들이는 것이 무엇보다 중요하다.

자녀의 숙제 관리에 도움이 되는 몇 가지 조언을 정리해보았다. 이 같은 제안을 각자의 환경과 기대에 맞게 조정하면 된다. 그러나 핵심은 좀 더 큰 관점에서 아이들의 성장에 기본 바탕이 되는 원리를 이해하는 것이다. 놀이활동, 충분한 휴식, 가족시간, 제대로 된 영양섭취, 각자의 흥미를 탐색할 수 있는 기회 등을 아울러 생각해야 한다. 이 모든 요소에 집중한다고 해서 결코 아이들의 교육에 집중할 시간이 줄어들지 않는다. 이것은 오히려 효율적인 학습을 위한 최고의 방법이다.

부모와 교사의 관계

부모가 자녀교육에 적극적으로 개입하면 학습 발달 및 성장에 매우 긍정적인 영향을 끼친다. 그러나 개입의 정도가 너무 지나칠 경우 그 효과는 오히려 반감될 수 있다. 책의 전반부에서 우리는 부모의 과도한 개입, 특히 자녀의 일거수일투족을 감시하며 문제가 발생하면 즉시 개입하는 일명 '헬리콥터 부모'의 문제점에 대해 살펴보았다.[29]

일부 부모들은 자녀의 생활 전반을 통제하면서, 담임교사를 포함해 누구와 연락을 주고받는지까지 세세하게 감시하곤 한다. 자녀가 A학점을 받지 못한 경우, 학교 측에 항의하며 담당교사에게 성적을 올려줄 것을 강요하기도 한다. 그러나 자신의 자녀가 잘못한 일에 대해서는 최대한 책임을 지지 않으려 하고, 공정한 대우를 받지 못했다는 판단이 들면 고소를 하겠다며 협박을 일삼는다.

이런 부모들은 다른 학부모를 끌어들여 명분을 만들고, 문제의 원인을 다른 아이에게 돌리기도 한다.

인디애나대학교의 크리스 미노Chris Meno 교수는 헬리콥터 부모의 행동은 결코 악의적이지 않으며 단지 아이를 위험이나 실망감으로부터 지켜주기 위한 목적에서 비롯된 것임을 알게 되었다. 그러나 이들의 행동은 아이는 물론 담임교사나 스스로에게까지 심각한 해를 끼칠 수 있다. 우선 아이는 모든 것을 부모에게 의지한 채 홀로 서지 못한다. 교사는 좌절감을 느끼며 교사로서의 권위가 실추된 듯한 기분에 빠진다. 주위 학부모들 역시 이들을 강박적이고 위협적인 존재로 인식하고 최대한 가까이 가려 하지 않는다.

물론 아이의 담임교사나 학교를 상대로 법적으로 문제제기를 하거나 공식적인 불만을 표출해야 하는 경우도 있다. 이 같은 경우에 부모로서 해야 할 역할에 대해서는 9장에서 살펴보겠다. 그러나 이런저런 불만을 표시하기보다 교사와 긍정적인 관계를 유지하는 편이 훨씬 낫다. 아이가 교사와 좋은 관계를 유지할 수 있도록 도와주는 것이 건강한 학교생활을 위한 최선의 방법이기 때문이다.

학교는 학습공동체로서 많은 구성원으로 이루어져 있다. 모두가 중요하지만, 내 자녀의 교육을 위해 가장 중요한 대상은 바로 교사다. 학부모와 교사의 관계는 학생과 교사의 관계 강화에 매우 중요한 역할을 하면서, 결과적으로 효과적인 학습에도 영향을 끼친다. 그렇다면 여러분은 교사 및 학교와 어떤 관계를 유지해야 하고, 그 관계가 효과적으로 작동하고 있는지 어떻게 알 수 있을까?

제8장

교육 생태계를 구축하라

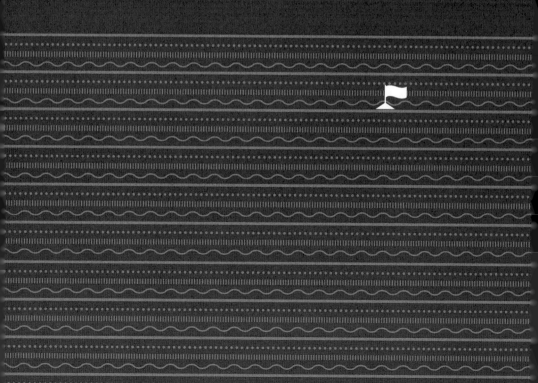

You, Your Child, and School

아이 한 명을 기르는 데는 온 마을이 필요하다는 옛말이 있다. 정말 맞는 말이다. 교육적인 측면에서 보면 더욱 그렇다. 우리는 7장에서 가르치고 배우는 과정은 마치 농사를 짓는 원리와 비슷하며, 아이들의 학습효과는 특정 환경에서 최대가 된다는 것을 살펴보았다. 그런데 이 같은 환경은 교육이라는 거대한 생태계의 일부일 뿐이다. 교육 생태계에는 부모와 가족은 물론 우리가 속한 지역사회, 교육과 관련하여 책임을 맡고 있는 수많은 사람과 기관이 속해 있다. 부모로서 여러분은 내 자녀교육에 국한하여 관심을 가질 가능성이 높다. 아니면 좀 더 넓은 범위에서 교육 전반에 대해 다양한 관심을 가질 수도 있다. 어떤 쪽이든, 여러분은 부모로서 아이들의 교육과 그 교육을 책임지고 있는 구성원에게 네 가지 방식으로 영향을 끼칠 수 있다. 첫째, 교사들과 직접적으로 소통하며 협력할 수 있다. 둘째, 자녀의 학교생활 전반에 관여할 수 있다. 셋째, 학교 운영에 참여할 수 있다. 넷째, 좀 더 광범위한 교육정책 수립에 가담할 수 있다. 지금부터 하나씩 살펴보도록 하자.

교사와 협력하라

여러분은 내 아이가 학교에서 무엇을 하고 어떻게 생활하는지 알아야 할 자격이 있다. 또 아이의 학습 발달에 영향을 끼칠 수 있는 부분에 대해서는 문제제기를 할 수도 있다. 보통 학교가 학부모와 소통하는 방법은 두 가지가 있다. 학기말 성적표, 그리고 학부모의 밤 행사다.

표면적으로 보면 학부모의 밤 행사는 교사와 학부모, 학생들이 함께 모여 서로 자유롭게 의견을 주고받으며 앞으로의 계획을 논의하는 자리다. 그러나 실제로는 모두에게 일 년 중 가장 신경 쓰이는 날이기도 하다. 서로 간에 짧고 유쾌한 대화가 오가지만, 내뱉지 못하고 삼키는 말들이 훨씬 더 많다. 또 몇몇 부모에게는 학교행사에 참여하는 유일한 날이기도 하다. 하지만 결코 편하지만은 않다. 수많은 감정이 복잡하게 차오르면서 마음을 짓누른다. 아동문학 작가 앨런 앨버그Allan Ahlberg는 이날의 감정을 다음의 시로 표현했다.

> 우리는 복도에서 기다리고 있어요.
> 엄마, 아빠, 그리고 나.
> 이제 두 분은 앉아서 이야기를 나눠요.
> 너무너무 떨리는데 어떡하죠?
> 선생님은 어떤 말씀을 하실까요?
> 나도 나름대로 힘든 점이 있다고 말하죠, 뭐!

하지만 후회가 돼요.

맞춤법 좀 제대로 지킬걸,

생각 좀 제대로 할걸.

우리는 복도에서 기다리고 있어요.

남편과 아들, 그리고 나.

아들은 저쪽에서 그저 웃고 있네요.

나도 겉으로는 웃고 있지만 너무 떨려요.

선생님이 어떤 말씀을 하실까요?

전부 다 나쁜 말은 아니기를.

아들은 참 좋은 아이예요, 정말로.

아빠 닮아 좀 흐리멍덩한 것만 빼면 말이죠.

우리는 복도에서 기다리고 있어요.

아내와 아들, 그리고 나.

아내는 오이처럼 차갑고 냉정한 사람이에요.

하지만 나는 떨리는 마음을 주체할 수가 없네요.

나는 이런 날이 정말 싫어요.

또다시 아이가 된 기분이죠.

마치 회초리 순서를 기다리는 것 같아요.

나는 교실에서 기다리고 있어요.

시작할 시간이 거의 다 되었네요.

할 수만 있다면 이 자리를 피하고 싶어요.

쿵쾅쿵쾅 심장은 요동치고요.

복도에서는 부모님들이 즐겁게

이야기 나누는 소리가 들려오네요.

후우, 이제 마주해야 할 시간이에요.

어느 때보다 긴장되고 떨리는 순간이에요.[1]

　학부모의 밤과 같은 행사가 모두에게 스트레스가 되는 이유는 이런 자리가 아주 드물기 때문이다. 기껏해야 일 년에 두세 번, 성적표가 발급될 때뿐이다. 긴급회의가 소집되는 경우는 특별한 문제가 발생한 것이기 때문에 긴장감이 훨씬 더하다. 실제로 학교 정문에서 짧게 인사를 나누는 경우를 제외하고 대부분의 부모에게 담임교사를 마주할 수 있는 기회는 이날이 거의 전부다.

　성적표는 각 과목의 성적과 더불어 교사의 짧은 평가가 기록된 통지서다. 교사가 의무적으로 기록한 내용을 부모는 극도의 긴장감 속에서 확인한다. 하지만 교사의 평가는 이미 학기가 끝난 상태에서 주어지기 때문에 그 내용을 두고 부모가 자녀와 대화를 나누려 해도 큰 효과는 기대할 수 없다. 한참 지나버린 일이기 때문이다. 교사와 학부모가 협업하는 것이 중요한 이유가 바로 여기에 있다. 사후약방문식으로 일을 처리하기보다 그때그때 함께 나서서 대처하면 훨씬 효과적으로 문제를 해결할 수 있다.

　협력을 증진하는 한 가지 방법은 정기적인 회의나 워크숍을 좀 더 자주 갖는 것이다. 일부 학교는 이미 시행하고 있으며 그 가치는 엄청나다. 학부모는 이런 기회가 있다면 반드시 참여해야 하고, 학교에서 아직 시행하지 않고 있다면 직접 나서서 도입을 권유해 볼 수도 있다. 물론 시간은 제한적이고 누구나 바쁜 일상을 살아간다. 그래서 오늘날에는 교사와 부모가 협업할 수 있는 또 다른 방법이 있다. 디지털 기술을 활용하는 것이다. 교사와 학부모, 학생은 다양한 애플리케이션을 통해 지속적으로 관계를 구축할 수 있다. 블랙보드 런Blackboard Learn, 에드모도Edmodo, 프레시 그레이드Fresh Grade 등의 애플리케이션이 대표적이다.[2]

프레시 그레이드는 학생들의 일상을 정기적으로 업데이트할 수 있는 앱이다. 교사는 스마트폰이나 태플릿 기기를 이용해 학생별 사진과 영상, 녹음 파일, 간단한 메모 등을 디지털 포트폴리오에 추가할 수 있다. 1년 동안의 모든 활동과 학습 내용이 이 포트폴리오에 기록되며, 학부모는 언제든지 이들 자료를 열람할 수 있다. 아이들의 학습 결과물을 보고 발전 정도를 가늠할 수 있으며, 녹음 파일이나 영상을 통해 책 읽는 목소리를 듣거나 다른 아이들과 어울리는 모습을 볼 수도 있다. 또 필요한 경우 교사에게 댓글을 남기거나 질문할 수도 있다. 이에 따라 부모는 아이에게 어떤 도움이 필요한지 정확하게 파악하여 적절한 지원을 제공할 수 있다.

스스로 헬리콥터 부모 기질이 다분하다고 인정한 어느 학부모는 아이에 대해 늘 뭔가 놓치고 있다는 생각이 들었다고 설명한다. 학교생활에 대해 물어보면 돌아오는 대답은 늘 "재밌었어" "즐거웠어" 또는 "별일 없었어"라는 말이 전부였기 때문이다. 하지만 앱을 사용하면서 담임교사가 올려주는 각종 사진과 영상을 볼 수 있게 되었다. "사진에서 본 수학문제에 대해 물어보면 아이는 구체적으로 대답을 해줘요. 우리 둘 사이의 대화를 이어주는 중요한 수단인 셈이죠." 또 다른 부모 역시 비슷한 생각을 나타냈다. "아들의 학교생활 전반에 하나의 끈으로 연결된 느낌이에요. 성적은 물론 여러 가지 일상을 언제든 볼 수 있으니까요. 사용하기도 쉽고, 앱을 통해 아이가 수업시간에 배우는 내용에 대해서도 이런저런 토론을 할 수 있게 되었죠."

그러나 일부 교사나 학생들은 학교생활의 모든 면이 낱낱이 드러나는 것에 대해 상당한 우려를 표시한다. 부모가 자녀의 학교생활에 지나치게 간섭할 소지가 있다는 것이다. 다른 모든 도구와 마찬가지로 이들 교육용 앱 역시 그 자체로는 아무런 문제가 없다. 하지만 악용될 경우 헬리콥터 부모에게는 학교생활에 대한 개입을 더욱 부추길 수 있는 도구가 된다. 따라서 모두에게 효과적으로 책임감 있게 사용될 수 있는 방법을 마련하는 것이 시급하다.

부모가 학교에 개입하는 첫 번째 목적은 자녀의 학교생활을 돕기 위함이요, 두 번째 목적은 학교에 활력을 불어넣기 위함이다. 부모는 여러 가지 방법으로 이를 도울 수 있다.

부모의 참여가 변화를 만든다

학교 교장을 역임한 리처드 거버Richard Gerver는 한 학생의 엄마에 관련한 놀라운 이야기를 전해주었다.[3] 그 엄마는 유능한 미용사였지만, 리처드의 말을 빌리면 '학교 공포증'이 있는 게 아닌가 싶을 정도로 학교를 멀리하던 사람이었다. 하지만 아이들에게 미용 기술과 더불어 미용사로서의 경력 관리 방법 등을 알려주면 좋겠다는 생각에 그 엄마를 어렵게 설득했다. 아이들의 만족도는 기대 이상이었다. 강의는 단지 미용기술의 범위에 국한되지 않았다. 엄마는 고객의 이야기에 공감하는 방법을 비롯해 의사소통 기술을 향상시킬 수 있는 다양한 조언을 해주기도 했다. 이에 대해 리처드는 이렇게 설명했다. "실제 생활에서 몸으로 부딪쳐가며 깨달은 내용이었기 때문에 아이들은 더 생생하게 받아들일 수 있었죠. 그런데 그분 스스로도 자신이 그런 의사소통 능력을 갖고 있었는지 미처 몰랐다고 하더라고요!"

에듀케이션닷컴Education.com의 편집장 대니얼 우드Danielle Wood는 부모가 아이들의 학교생활에 실질적으로 도움이 줄 수 있는 여덟 가지 방법을 다음과 같이 제안한다.

- 학급 전체나 읽기에 도움이 필요한 아이들만 대상으로 책을 읽어준다.
- 미술이나 컴퓨터 등 방과 후 활동에 도움을 제공한다.
- 직접 지도하는 방식으로 아이들이 학습내용을 좀 더 깊이 이해할 수 있도록 지원한다.
- 학부모 교사로 자원봉사를 한다.
- 특별활동 수업이나 동호회 활동에 도움을 제공한다.
- 전문 직업인으로서 경험을 공유한다.

- 학교 도서관에서 봉사활동을 한다.
- 스포츠 프로그램과 관련하여 봉사활동을 한다.[4]

상당수 부모는 학교에 도움을 줄 수 있는 특정 기술과 능력을 갖고 있다. 경영학 석사학위를 소지한 경우 기업가로서의 소질 계발에 도움을 줄 수 있다. 영양학적 지식을 가진 부모라면 일 년에 몇 차례 학교를 방문해 아이들의 식습관 개선에 도움이 되는 특강을 진행할 수도 있다. 이외에도 취미로 그림을 그리거나 천문학에 관심이 많거나 여러 차례 북클럽을 운영해본 부모도 있을 수 있다. 이렇듯 부모가 지닌 다양한 기술을 학교 측에 알리고 학생들과 공유할 수 있도록 적극적으로 논의해보자.

초등학생 딸아이를 둔 캐럴 셰퍼드Carol Shepard는 이제부터 수업시간에 노트북을 사용한다는 소식을 듣자마자 아이들에게 디지털 영화 만드는 방법을 보여줄 수 있는 좋은 기회라는 생각이 퍼뜩 들었다. 캐럴이 자신의 의견을 학교 측에 전달하자 한 교사가 학생들의 영화 제작 대회인 '조지아 영화제' 출품에 관심을 보였다. 학교는 캐럴의 제안에 선뜻 응했고, 캐럴은 지인 몇 명을 더 참여시켰다. 이에 대해 캐럴은 다음과 같이 설명했다.

"우리는 아이들에게 모핑 소프트웨어, 스크래치 애니메이션 기법, 스톱모션 기술 등을 이용해 〈월레스와 그로밋Wallace and Gromit〉 같은 클레이메이션을 제작하는 과정 전체를 가르쳤습니다. 아이들은 영화 제작이 단번에 이루어지지 않는다는 사실을 깨달으면서 제작 과정을 완전히 익히고 싶다는 기대를 품게 되었죠.

우리는 소프트웨어 엔지니어링에 대한 세 가지 규칙을 설명해주었습니다. 세 번 정도 강의가 진행되고 나자 아이들은 머릿속에 그리는 것들을 표현해내기 시작했습니다. 이번 영화 제작은 본래 계획한 일정보다 시간이 훨씬 더 많이 걸렸습니다. 하지만 모든 아이가 제작이 진행되는 몇 주일 동안 한 시간 이상씩 일찍 등교하여 작업에 참여했고, 마침내 작품을 완성할 수 있었습니다. 제작 후반부에 이르자 아이들은 저희들의 도움 없이 새로운 장면을 촬영하기 시작했습니다. 더 중요한 변화는 팀 내에서 발생하는 여러 가지 갈등상황을 아이들 스스로 해결하는 모습을 보였다는 것입니다."[5]

결국 이 영화는 조지아 영화제에서 최우수 작품상을 수상했고, 이후 학교 측은 영화 제작 프로그램을 더욱 활성화하기로 했다. 캐럴은 전문적인 영화 제작자는 아니지만 디지털 영화 제작에 어느 정도의 전문성을 갖고 있었고, 자신이 가진 기술을 아이들에게 나눠주고 싶어 했다. 이번 사례에서 보듯 학생들에게 가치를 공유하고자 하는 경우에도 군이 한 분야에서 일가를 이룬 최고 전문가일 필요는 전혀 없다. 많은 학교가 인력 부족에 시달리면서 주정부나 연방정부에 과도하게 의존하고 있는 상황이므로 학부모의 지원을 고맙게 받아들일 것이다.

특별한 기술이 없다고 해도 기꺼이 시간을 내어 적극적으로 참여한다면 엄청난 가치를 만들어낼 수 있다. 기금 마련이나 후원행사 개최를 돕고, 홍보물을 배포하며, 행사 준비를 지원하는 모든 노력은 학생뿐 아니라 학교 관련자 모두에게 아주 큰 도움이 된다. 유치원 교사 출신인 조 애실라인Jo Ashline은 학교 운영에 생기를 불어넣는 학부모의 헌신이 얼마나 가치 있는 것인지 누구보다 잘 알고 있다. 물론 학교의 전문적인 수업이나 핵심 프로그램 운영에 대한 책임은 교사와 담당자에게 있지만, 학교는 단순히 시험을 치르고 성적을 매기는 곳 이상의 의미를 지닌다고 조는 설명한다. 부모들이 시간과 자원을 들여 학교 측과 단단한 유대관계를 쌓아나가는 것 자체가 교사와 학생 모두에게 강한 인상으로 남는다는 것이다. "학교 발전을 위해 행사를 계획하고, 후원자를 물색하며, 시간과 노력을 들여 학교 주변을 깨끗이 단장하고, 전문적인 역량과 네트워크를 활용하는 모든 과정에는 상당한 인력이 필요해요. 내 자녀의 학교를 한 마을이라고 한다면, 여러분이나 주변 친구들은 마을 주민이나 마찬가지입니다. 그러니 마을의 모든 일에 적극 동참해야 합니다."[6]

앞서 부모가 학업성취도에 끼치는 영향에 관한 시카고대학교의 연구내용을 언급한 적이 있다. 연구 결과에 따르면 학교와 부모의 협력은 전반적인 학교 발전에 상당한 동력이 된다. 학교가 학부모와 긴밀한 관계 속에서 그들의 생각과 의견에 귀를 기울이면 좀 더 효과적인 학습환경을 만들어나갈 수 있다는 것이다.

이처럼 부모와 학교 간의 긴밀한 유대관계는 학교의 성공과 개혁을 위한 다섯 가지 필수 요소 가운데 하나다. 나머지 네 가지 요소로는 학교의 강력한 리더십, 교사와 교직원의 수준, 학생 중심의 학습 분위기, 학교의 목표 및 가치와 커리큘럼 간의 조화를 들 수 있다. 이 둘의 유대관계는 또한 학교의 전반적인 시설 및 인적 자원 개선에 핵심적인 역할을 하며, 정식 커리큘럼과 더불어 방과 후 프로그램의 형태와 내용에까지 긍정적인 영향을 끼친다. 다양한 사례에서 볼 수 있듯, 학부모와 지역공동체가 지역 학군에 적절한 압력을 행사하면 관내 학교는 다양한 정책 및 운영, 자원 활용 등에서 긍정적인 변화를 탐색해나갈 가능성이 높다.

에릭 스캡스는 학교에서 학생들에게 진정한 공동체 의식을 제공하고 있는지 간단하게 확인할 수 있는 설문조사 방법을 제시한다. 실제로 이 방법은 학교를 평가하고자 하는 부모에게 도움이 된다. 또 학생이나 다른 학부모와 이야기하면서도 간단히 적용해볼 수 있다. 무엇보다 중요한 것은 학생들이 교실을 집처럼 편하게 느끼고 있는지, 서로의 학습에 도움을 주고받는지, 또 교사는 학생들의 걱정과 염려에 세심하게 반응하는지, 학교는 학생들이 공정하지 못하다고 여기는 규칙에 대해 귀를 기울이고 있는지 등을 식별하는 것이다.

학교 운영에 참여하라

학교교육의 질을 높이는 또 다른 방법은 학교 정책에 영향을 끼치는 것이다. 가장 효과적인 통로로는 학부모교사협회를 꼽을 수 있다. 학부모교사협회는 정기적으로 회의를 열어 학교 운영에 관한 전반적인 내용을 학부모에게 전달하며, 학부모가 의견을 낼 수 있는 기회를 제공한다. 이를 통해 학부모는 예고된 변화 사항을 미리 확인할 수 있고, 변화의 방식 등을 결정하는 데 직접적인 역할을 할 수 있다. 또한 기금 마련, 교사 임명, 방과 후 프로그램 지원 등에도 중요한 역할을 한다.

전미학부모교사연합회는 학교 발전을 지원하는 가장 오랜 역사를 자랑하는 최대 규모의 단체다. 연합회에는 수백만 명의 학부모와 교사, 지역 회원들이 가입되어 있다. 다음은 연합회가 제시하는 학교와 부모의 파트너십 강화를 위한 여섯 가지 기준이다.

- **모든 가족을 환영하라.** 학교는 가족을 학교공동체의 일원으로 간주하며, 서로 다른 배경을 지닌 모든 가족을 존중하고 수용한다는 점을 분명히 하라. 또 전체 학부모에게 학교의 다양한 행사와 프로그램에 참여할 수 있는 기회가 열려 있음을 정확히 전달해야 한다.
- **효과적으로 의사소통하라.** 학교 운영에 영향을 끼칠 수 있는 중요한 사안에 대해서는 모든 학부모가 그 내용을 알 수 있도록 해야 한다. 이때 언어장벽으로 전달받지 못하는 문제가 발생하지 않아야 하며, 학교는 학부모의 피드백을 적극적으로 수용해야 한다.
- **학생 지원 현황을 전달하라.** 아이들이 학교와 가정에서 수행하는 학습에 적극적으로 참여할 수 있도록 학교가 어떤 식으로 지원하고 있는지, 시의적절한 도움을 제공하고 있는지 등의 여부를 가족이 알 수 있도록 전달해야 한다.
- **학생 개개인에 대한 내용을 전달하라.** 학교가 어떻게 운영되

고 있는지, 또 학생의 지지자로서 학교가 어떤 노력을 하고 있는지를 구체적으로 알려야 한다.

- **힘을 분산하라.** 학교 운영에 영향을 끼칠 수 있는 문제에 대해서는 가족을 온전한 파트너로 인식하고 논의하라. 이를 통해 학교는 부모의 참여를 좀 더 넓은 범위로 확대하여 각종 사안에 대해 논의할 수 있는 기회를 적극적으로 제공할 수 있다. 이 같은 논의과정에는 교사와 학부모뿐 아니라 학교 지도자, 관련 공무원, 지역 인사들도 참여해야 한다.

- **지역사회와 협력하라.** 학교 운영을 지역사회 전반으로 확대하라. 이를 통해 학교는 지역 내 다양한 자원을 좀 더 쉽게 활용할 수 있으며, 성공이라는 결과물을 지역사회로 되돌려 줄 수 있다.[7]

전미학부모교사연합회 회장 오타 손턴Otha Thornton은 이 같은 기준은 가족의 참여가 단지 자녀의 숙제를 도와주고, 학교 회의에 참석하며, 교사와 연락을 주고받는 것에 국한되지 않는다는 것을 보여준다고 언급한다. 다시 말해, 최고 수준의 교육 제공을 목표로 학교가 필요로 하는 자원을 확보하기 위해 지역 내 학교위원회를 옹호하고 주정부 및 연방정부 정책에 관여하는 것 역시 가족의 참여 범주에 포함된다는 것이다.[8]

그러나 이것은 학교가 가족의 참여에 적극적일 때만 가능한 일이다. 일부 교사나 학교의 경우, 심지어 바자회 등의 행사를 제외하고는 학교 시스템 자체적으로 학부모의 참여를 제한하는 곳이 있다. 그러나 내 경험상 대부분의 학교는 학부모의 적극적 참여가 지니는 가치를 충분히 알고 있다. 따라서 학교는 학부모 워크숍 개최, 정기회의 구성, 교사 및 학부모와 지역사회 간 신뢰 구축 등의 방식으로 학부모의 참여를 적극적으로 지지해야 한다.

조지루카스교육재단이 발족한 비영리단체 에듀토피아Edutopia는 학부모의 학교 참여를 더욱 촉진할 수 있는 열 가지 방법을 제시하고 있으며, 이것은 학부모와 학교가 상호작용할 때 지침으로 사용할 수도 있다.

- **학부모가 모이는 곳으로 가라**. SNS를 이용하여 학부모와 지속적으로 소통하고, 학교 운영에 참여하도록 권장하라.
- **모두를 환영하라**. 상당수 학부모는 영어가 모국어가 아님을 인정하고, 무리 없이 의사소통할 수 있도록 여러 가지 기술을 활용하라.
- **온라인상에 존재하라**. 웹 기반 도구를 사용하여 가상의 창을 마련하라.
- **스마트폰을 활용하라**. 스마트폰 등 모바일 기기를 사용하여 가족의 참여를 촉진하라. 단체 메시지 전송 기능이나 각종 앱을 사용할 수 있다.
- **기존의 매체를 활용하라**. 학교활동 및 교육개혁에 관한 공개 토론을 준비하는 데 기존의 매체(새롭게 출시된 교육 관련 책이나 영화 등)를 적극 활용하다.
- **독서를 가족 모두의 일과로 권장하라**. '독서의 날Read Across

America'·'나의 첫 번째 책First Book'·'함께 경험하기Experience Corps' 등의 프로그램 참여를 통해 독서가 가족 전체의 활동이 될 수 있도록 권장하라

- **방문 상담을 시작하라.** 발상을 전환해 학부모 상담을 가정방문 상담으로 대체하라.
- **학부모 상담을 학생 주도로 전환하라.** 학생들이 학부모 상담을 주도함으로써 부모에게 직접 자신의 학교생활을 보여주고 강점과 약점, 목표 등을 제시할 수 있도록 한다.
- **가족의 참여를 촉진하라.** 가족이 함께 참여하고 활동할 수 있는 학교 행사를 마련한다.
- **학부모와의 파트너십을 구축하라.** 북클럽 행사, 가족 인터뷰 숙제 등 다양한 행사를 학부모가 직접 주관하게 만들어 학부모의 참여를 이끌어낸다.[9]

교육정책 수립에 참여하라

한 단계 높은 수준에서 학교교육에 영향을 끼치고 싶은가? 그렇다면 교육위원회에 참여하면 된다. 다양한 배경의 사람들로 구성된 교육위원회는 일반회원의 투표를 거쳐 회원자격을 부여하며, 학군 전체의 교육정책에 상당한 영향력을 행사한다. 대부분의 학군에서는 각 학교장이 교육위원회에 보고를 하며, 교육위원회는 학교별 예산을 할당하고 커리큘럼을 승인하며 학교별 자원분배 방

식을 결정한다. 교육위원회 활동은 단순한 봉사활동보다 한 단계 높은 수준의 학부모 참여로 볼 수 있다. 그렇다고 봉사활동만큼 시간과 에너지를 들일 필요가 없다는 것은 결코 아니다. 학부모로서 적극적으로 참여하여 헌신하는 만큼 교육위원회가 관할하는 학군 전체에 막대한 영향을 끼칠 수 있다.[10]

교육위원회 회원으로 활동할 시간이 없다면 다른 방식으로도 얼마든지 참여할 수 있다. 대부분의 교육위원회는 학기가 진행되는 동안 매달 공개회의를 개최한다. 이 자리에서 각종 안건을 보고하고 질의응답을 받는다. 이처럼 매달 진행되는 정기회의에 한 번도 빠지지 않고 참석한 몇몇 학부모를 만나본 결과 이들의 목소리가 지역 내 학교 정책에 상당 부분 반영되었다는 사실을 알 수 있었다. 상당수 교육위원회는 별도의 포커스 그룹Focus Group(회원이 아닌 외부 전문가의 참여를 장려하여 신속히 해결해야 할 특정 과제를 수행하기 위해 설립한 조직 - 옮긴이)을 구성하기 때문에 이곳에 참여하여 활동할 수도 있다. 또 많은 경우 정기적으로 시민 그룹을 구성하여 학교공동체에 관한 여러 가지 문제에 대해 자문을 구한다. 이들 시민 그룹에 참여함으로써 학부모로서 다양한 의견을 개진할 수도 있다. 이처럼 다양한 교육위원회 활동에 관한 정보는 해당 학군 웹사이트에서 찾을 수 있다.

집단행동으로 개혁의 바람을

학교의 변화를 위해 학부모가 참여할 수 있는 길은 기존의 일반적인 통로만 있는 것이 아니다. 또한 기존의 통로는 때로 변화가 필요한 방향으로 움직이지 않은 경우도 있다. 일부 지역에서는 학부모가 학교에 참여하는 데 상당한 벽이 존재하기도 한다. 이때 여러 부모와 교사의 집단행동은 변화를 추동하는 강력한 힘이 될 수 있다.

대표적인 사례로 워싱턴 D.C.의 티칭 포 체인지Teaching for Change 주도로 진행된 텔린 스토리Tellin' Stories를 꼽을 수 있다. 티칭 포 체인지의 부회장 앨리슨 크라이너 브라운Allyson Criner Brown은 텔린 스토리가 처음에는 학생 프로젝트로 시작되었다고 말한다. "워싱턴 D.C. 일부 지역은 흑인들이 주로 거주하는 곳입니다. 이곳에 중미지역 이민자들이 대거 유입되면서 상당수 학교가 어려움을 겪기 시작했죠. 티칭 포 체인지는 이들 학교에 도움을 주기 위해 시작됐습니다. 중미지역 이민자 학생들에 관한 여러 가지 정보를 교사들에게 전달했죠. 이들의 가족은 누구이며, 어떤 지역 출신인지 등에 관한 정보였습니다." 이후 티칭 포 체인지는 이민자 가정의 부모들이 모여 정사각형 모양의 펠트 원단을 제작하는 프로젝트를 시작했다. 그러면서 자연스레 누비이불이 발달한 중미지역의 문화까지 소개할 수 있었다. "프로젝트에 참가한 부모들이 주변의 학부모들을 하나둘 데려오기 시작하면서 서로 간에 다양한 이야기가 오갔고, 중미지역에서 흔히 사용하는 누비이불까지 만들게 되었습니다. 텔린 스토리는 흑인 가정과 중미지역 가정이 서로를 알아가는 최선의 방법이었죠."[11]

텔린 스토리의 접근방식은 세 가지 원리를 바탕으로 한다. 첫째, 모든 공부가 학교나 교과과정을 통해서만 이루어지지는 않는다는 점이다. 학생과 학교공동체는 생생한 경험과 지식을 가진 여러 학부모를 통해서도 얼마든지 배워나갈 수 있다. 둘째, 가족의 참여는 탄탄한 학교를 만들어내는 데 필수 요소라는 점, 셋째, 모두가 자신의 목소리를 낼 수 있으려면 공동체의 구성이 반드시 필요하다는 점이다. 이에 대해 앨리슨은 다음과 같이 설명한다. "우리 사회의 힘과 권력은 결코 평등하지 않습니다. 학교에서도 마찬가지입니다. 인종과 계층, 언어 등에 따라 힘의 불균형이 뚜렷하게 나타납니다. 힘이 없는 집단에 속해 있다면 어떻게 힘을 키워나갈 수 있겠습니까? 따라서 공동체를 조직하는 것은 힘이 약한 사회적 집단에 속해 있다는 이유로 힘을 가질 수 없는 사람들에게 해줄 수 있는 최선의 방법이라고 생각합니다."[12]

티칭 포 체인지는 모든 학교에 학부모 코디네이터를 두도록 했다. 이들 코디네이터는 안건이 있는 경우 학부모와 교장 간 회의를 주선한다. 안건은 학교뿐 아니라 학부모도 직접 상정할 수 있다. 또 새로운 학년이 시작될 때마다 환영조찬 행사를 열어 학부모가 활용할 수 있는 다양한 자원을 소개한다. 그러나 코디네이터의 가장 중요한 역할은 학부모가 학교공동체에 적극적으로 목소리를 낼 수 있으며, 그 목소리는 여러 학부모가 힘을 합칠 때 더욱 커질 수 있다는 점을 명확히 하는 것이다. '빨리 가려면 혼자 가고,

멀리 가려면 함께 가라'라는 속담처럼 말이다.

이에 대해 앨리슨은 이렇게 설명한다. "우리와 함께 일했던 대다수 부모들이 권력에 맞서기를 주저했습니다. 티칭 포 체인지의 핵심은 관계를 구축하여 공동체를 만드는 일입니다. 여러 학부모와 관계를 쌓고 열린 마음으로 대화를 함으로써 우리의 공통점이 무엇인지, 우리가 아이들에게 바라는 것이 무엇인지 함께 찾아나가야 합니다. 물론 혼자서도 할 수는 있습니다. 하지만 다른 사람의 도움이 필요한 경우라면 기꺼이 시간을 내어 사람들과 관계를 쌓고 그들의 목소리에 귀 기울여야 합니다. 이런 노력은 여러분의 관점을 좀 더 넓혀줄 것입니다. 학교를 하나의 단체로 만들고자 한다면 개인이 아닌 공동체의 노력이 필요합니다. 한두 명의 요청으로도 의견은 전달될 수 있지만 50명, 70명이 함께 모여 단체를 구성하고 의견을 전달한다면 훨씬 더 강력한 효과를 낼 수 있습니다."[13]

브루스먼로초등학교는 방과 후 프로그램이 매우 훌륭한 것으로 유명하다. 학생들의 숙제를 지원해줄 뿐 아니라 수업이 끝난 뒤 안전하게 머무를 수 있는 장소도 제공한다. 그러나 교사가 턱없이 부족해 어려움이 많았다. 대기 학생만 무려 75명에 달했다. 이 같은 문제를 해결하기 위해 학부모들이 이메일과 전화로 D.C.공립학교협회DCPS에 상황을 알렸고, 협회 측과 학부모 측의 면담이 진행되었다. 많은 학부모가 참여해 적극적으로 프레젠테이션을 선보인 결과 협회는 방과 후 프로그램에 여섯 명의 교직원을 충원할 수 있도록 예산을 추가 편성했다. 대기자 명단에 있는 학생들을 모두 수용할 수 있는 규모였다. 이외에도 티칭 포 체인지는 기금 문제, 지역 내 고급주택가 형성 문제, 학교건물 보수 문제 등 다양한 문제 해결을 위한 각종 프로그램에 비슷한 영향을 끼쳤다.

시스템 안팎의 변화

학교는 얼마든지 바뀔 수 있다. 변해야 하고 변하는 중이다. 가르치는 것과 배우는 것은 학생과 교사, 학습내용, 환경 사이의 상호작용이다. 이 모든 것이 바뀌고 있으며, 이것은 이들 요소 간 상호작용 역시 바뀌어야 하는 이유가 된다. 부모로서 여러분은 지금까지 우리가 살펴본 각종 변화에 영향을 줄 수 있는 힘을 갖고 있다. 1장에서 언급했듯 여러분은 학교 시스템 내에서, 특히 자녀의 학교 내에서 변화를 추구할 수 있다. 또 시스템 자체의 변화를 추구할 수도 있으며, 아예 학교라는 시스템을 벗어나 교육할 수도 있다.

문제는 학생이 아니라 시스템이다

사실 기존의 교육 시스템의 변화 가능성은 대부분의 사람들이 생각하는 것 이상으로 높다. 학교가 현재의 운영방식을 바꾸지 않는 이유는 어쩔 수 없어서라기보다 늘 해오던 방식이기 때문이다. 하지만 굳이 기존의 방식을 고수할 필요는 없다. 학교는 변화를 추구할 수 있으며, 실제로 많은 학교가 변화를 시도하고 있다. 일부 혁신학교의 경우 기존의 틀을 하나둘 깨뜨리며 학생과 학부모, 지역공동체의 욕구를 충족시키고 있다. 이들 학교의 공통점은 훌륭한 교사와 더불어 탁월한 선견지명을 가진 리더가 있다는 것이다. 혁신학교의 교장은 배경이나 능력에 상관없이 모든 학생이 성공적인 학교생활을 해나갈 수 있도록 필요한 변화를 기꺼이 수용한다. 이처럼 올바른 리더십과 창의력을 지닌 교장은 낙제 수준의 학교를 혁신의 상징으로 탈바꿈시킬 수도 있다.

매사추세츠주 록스베리 지역의 오차드가든초등학교가 대표적이다. 10년 전만 해도 이 학교는 그야말로 형편없는 수준이었다. 어떤 기준으로 평가해도 주에서 가장 문제가 많은 학교 중 하나였다. 개교 후 7년 동안 교장만 무려 다섯 번이 바뀌었다. 매년 가을 인사철이 되면 교사 절반이 떠나버렸다. 시험성적은 매사추세츠주 전체 학교의 하위 5퍼센트 수준이었다. 학생들은 반항심에 가득 차 하나같이 제멋대로 굴었다. 그래서 늘 폭력의 위험성이 도사리고 있었다. 아이들이 무기를 숨길지도 모른다는 우려에서 백팩 착용마저 금지할 정도였다. 또 만약의 사태에 대비해 사설 경호원까지 두었는데, 여기에 매년 3억 가까운 돈이 사용되었다. 이 모두가 초등학교에서 일어난 일이었다.

그리고 지난 2010년, 여섯 번째 교장 앤드루 봇Andrew Bott이 부임했다. 봇 교장이 부임하기 전 주변 사람들은 오차드가든의 교장직은 경력 단절의 지름길이라며 상당한 우려를 표했다. 물론 봇 교장 역시 이곳의 평판은 익히 알고 있었다. 첫인상은 마치 교도

소에 온 느낌이었다고 인정했다. 하지만 봇 교장은 완전히 다른 방향으로 문제를 해결해나갔다. 주변 사람들 모두가 깜짝 놀랐다. 우선 경호원을 모두 없앴고, 그 비용을 예술 프로그램 운영에 투자했다.

그 결과 오차드가든은 오바마 대통령 시절, 예술 및 인간성 위원회PCAH의 시범학교 여덟 곳 중 한 곳으로 선정되었다. 이후 2년 동안 봇 교장은 기존 교사 가운데 80퍼센트를 예술 전공자로 교체했다. 이들은 학교에 대한 교장의 새로운 비전에 공감하고 지지하는 교사들이었다. 봇 교장은 이렇게 말했다. "문제아 몇 명 잡자고 매년 3억 가까운 돈을 여섯 명의 경호원에게 쏟아붓는 것보다는 훨씬 나은 투자였습니다." 신임 교직원은 이와 함께 학생 개개인을 지원할 수 있는 강력한 시스템을 구축했다. 또 수업시간을 늘렸고, 데이터를 기반으로 하는 출석률에서부터 시험성적까지 학교생활 전반을 향상시킬 수 있는 방법을 개발했다. 나아가 학교의 문화를 전체적으로 활성화하는 데 주력했다. 각종 악기를 구입한 것은 물론 연주자들을 직접 초청해 아이들과 함께 연주할 수 있는 자리를 마련했다. 또 교사와 학부모를 위한 창의적인 워크숍도 진행했다. 예체능 수업은 아이들에게 학습을 향한 열정을 불어넣었고, 교내의 벽과 복도에는 이내 학생들의 작품이 걸리기 시작했다. 그 자체만으로도 아이들에게는 자극이 되었고, 주인의식을 느끼는 계기가 되었다. "아이들이 머물고 싶은 학교를 만들면 아이들은 저절로 잘합니다. 훌륭한 예체능 프로그램은 학교를 즐거운 곳으로 만들었고, 바로 이 점이 성공의 열쇠가 되었습니다."[14]

오차드가든의 학생 수는 800명이 넘는다. 이들 중 대부분은 무료급식이나 할인급식 대상자로 지정되어 있다. 절반 이상의 학생들은 영어를 제2외국어로 배우고 있으며, 다섯 명 중 한 명은 개인학습 프로그램으로 특별 지도를 받고 있다. 봇 교장은 이 학교의 문제가 아이들에게 있지 않았다고 설명한다. 단지 교육에 대한 새로운 접근방식이 필요했을 뿐이다. 그래서 커리큘럼을 확대해 운영하고, 예술 프로그램을 늘려 학생 전체를 참여시키고, 좀 더 높은 수준의 성과를 목표로 설정했다.

그 결과 이전의 시스템에서 문제아로 낙인찍혔던 아이들이 완전히 바뀌었다. 남은 학교생활을 무사히 마치고 졸업하여 중학교, 고등학교로 진학했다. 경호원을 없애고 그 돈으로 예술 프로그램을 운영한다고 하자 사람들은 말도 안 되는 짓이라고 수군거렸다. 하지만 결과가 증명했듯, 봇 교장은 무엇이 아이들의 학습동기를 자극하는지 누구보다 잘 알고 있었다. 개혁은 아직 끝나지 않았지만, 지금까지의 성과만 보더라도 엄청난 변화가 있었음을 알 수 있다. 이제 오차드가든을 떠난 봇 교장의 후임으로 부임한 메건 웹Megan Webb 교장은 지속적으로 학교 개혁정책을 펼쳐나가고 있다.[15]

오차드가든의 개혁은 새롭게 통과된 법에 의존한 형태가 결코 아니었다. 단지 기존의 운영방식에서 벗어나 좀 더 발전적인 방식으로 아이들을 교육할 수 있는 길을 모색한 리더가 있었기에 가능한 일이었다. 오차드가든의 사례[16]는 교육에 관한 변치 않는 사실을 아주 잘 묘사하고 있다. 바로 문제는 학생이 아니라 시스템에 있다는 사실 말이다. 시스템만 제대로 바꾸면 학생들의 각종 비행이나 학습의욕 저하, 수동적 참여 자세 등 다양한 문제는 자연스레 해결된다. 결국 잘못된 시스템이 문제를 만들어내는 셈이다.

분위기를 바꿔라

학교 관행의 대부분은 법적 의무의 결과라기보다 일상적 습관의 결과다. 하지만 법적 제도를 마련하는 데는 상당한 어려움이 뒤따른다. 그리고 이러한 어려움은 관행을 더욱 고착화한다. 오차드가든의 사례와 같이 기존의 학교를 개혁하고자 하는 시도는 결코 녹록치 않다. 주정부 및 연방정부의 정책과 더불어 각종 예산 제한 문제는 이러한 시도를 더욱 어렵게 한다. 학업성취도 평가에 대한 끊임없는 압박이 대표적인 경우다. 학업성취도 평가는 학력 수준을 상승시키는 것은 고사하고 오히려 학생과 교사 모두에게서 학습의욕을 앗아가버린다. 높은 성적을 내려면 학습의욕이 충만해야 하는데도 말이다. 그토록 많은 학부모와 교사들이 학업성취도 평가 폐지를 주장하면서 기존 교육계의 분위기를 바꾸려고 노력하는 이유가 바로 여기에 있다.

최근 몇 년 동안 전 세계 학부모는 학업성취도 평가의 부정적인 영향을 적극적으로 알려왔다. 부모들은 아이들이 입시를 좌우하는 수많은 시험에 허덕이는 모습을 더 이상 좌시할 수 없었다. 그래서 시민불복종 형태로 항거하기 시작했다. 시험 응시 자체를 거부하기로 한 것이다. 학부모 조직의 효과는 뉴욕에서 빛을 발했다. 지난 2015년, 3학년부터 8학년까지 공립학교 학생 약 20퍼센트가 주정부 관할 시험을 거부했다. 그 결과 시험성적의 신뢰도에 상당한 문제가 생겼고, 시험의 목적 자체가 무효화되었다. 콜로라도의 경우 대규모 학군 대부분이 전체 학생의 95퍼센트가 시험에 응시해야 한다는 기준에 미치지 못했다. 이러한 기준은 '낙제학생방지법'에 따라 책정된 것이다. 부모들은 이로써 학업성취도 평가에 반대하는 강력한 메시지를 전달할 수 있었다.[17]

한 단계 높은 수준에서의 참여를 원하는 경우, 주 단위 또는 국가 주도로 운영되는 옹호단체에서 활동할 수 있다. 이들 단체는 학부모의 참여를 적극적으로 수용하면서 다양한 관점에서 교육 개혁을 추진한다. 예를 들어 두 명의 교육 전문 블로거가 시작한 미국부모연합의 경우 공립학교 개혁에서부터 다양성 문제, 공정한 예산 분배, 민영화 방지, 고부담 시험 폐지 등을 촉진하는 국가 조직으로 성장했다.[18] 단체명에서 암시하듯 이곳은 부모의 참여를 통한 연합을 추구한다.

교육개혁센터의 방향은 조금 다르다. 이곳은 차터스쿨 개혁에 주력하면서 학교의 선택을 중시한다. 하지만 부모는 여러 가지 방법으로 학교 운영에 참여할 수 있다.[19] 또 캘리포니아 소재의 부모개혁은 실적이 부진한 학교에 대해서 부모가 직접 나서 학교의 변화를 촉구하도록 하는 '부모주도법' 법안 통과를 위해 상당한 로비를 펼치기도 했다. 해당 법안이 규정하는 부모의 역할 범위는 행정직원 교체에서부터 차터스쿨로 체제를 전환하는 수준까지 다양하게 아우르고 있었다.[20] 이외에도 교육개혁을 추진하는 수많은 학부모 단체가 활발하게 활동하고 있다. 이들 단체는 보통 교육개혁 옹호단체로 알려져 있으며, 인터넷에 검색하면 수많은 단체가 등장한다.

공교육만이 해법은 아니다

6장에서 살펴봤듯, 아직은 그 숫자가 미미하지만 학교라는 교육 시스템에서 탈피하는 학부모가 점점 늘어나는 추세다. 부모들은 믿음이 가지 않는 공교육을 거부하고 홈스쿨링과 언스쿨링이라는 자신만의 교육방식을 선택하고 있는 것이다. 온라인으로 이용할 수 있는 자료가 많아지고 각종 네트워크가 점차 진화하면서 앞으로는 더 많은 부모들이 이 같은 선택을 할 것으로 예상된다. 이처럼 부모들이 선택할 수 있는 교육의 폭이 확대되고 있다. 교육을 실행하는 것은 결코 쉬운 일이 아니지만, 어떤 형태의 교육이든 지식과 협력은 힘으로 이어진다는 것만큼은 명백한 사실이다.

교육의 굴곡

이번 장에서 우리는 자녀의 학교생활에 적극적으로 참여하면 개인적인 측면에서의 자녀교육은 물론 학교 및 교육 전체적인 측면에서도 상당한 영향을 끼칠 수 있음을 살펴보았다. 어떠한 교육방식을 택하든 모든 아이들은 고유의 특성을 지닌 개별적인 존재이고, 따라서 한 아이에게 맞는 학교와 교사도 다른 아이에게는 맞지 않을 수 있다. 우리네 인생과 마찬가지로 교육의 여정은 결코 쉽지 않다. 늘 해결해야 할 문제가 생기고 극복해야 할 난관이 닥쳐오게 마련이다. 아무리 좋은 환경에서도 아이들은 문제를 일으킬 수 있고 학교에서 문제아 취급을 받을 수도 있다. 그렇다면 이 같은 상황에서 여러분은 어떻게 해야 하며, 어떤 선택을 할 수 있을까?

제9장

학교생활 문제를 어떻게 해결할 것인가

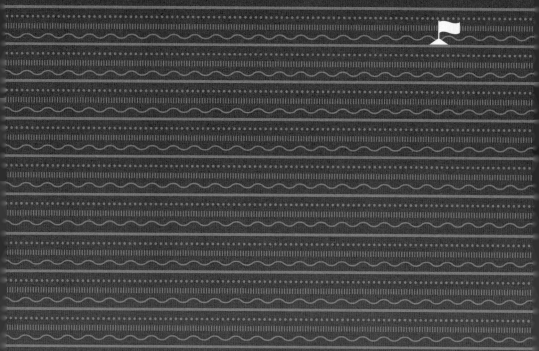

You, Your Child, and School

이상적인 관점에서 보자면 여러분은 학교와 지속적으로 생산적인 관계를 유지하면서 모든 교사가 내 자녀에게 늘 관심을 갖고 집중한다고 생각할 것이다. 그러나 현실적으로 아이가 학교생활을 하는 동안에는 여러 가지 문제가 발생하고, 부모는 학교나 학군을 상대로 이 문제를 해결해야 한다. 그것이 부모의 역할이다. 따라서 학교가 역할을 제대로 수행하고 있는지 의문을 제기할 수 있고, 그렇지 않다고 판단될 경우 해결책을 찾아나설 수 있다. 그렇다면 여러분은 무엇을, 어떻게 할 수 있을까?

　이번 장에서는 학교생활을 하는 동안 발생할 수 있는 여러 가지 문제에 대해 집중적으로 알아볼 것이다. 만약 여러분의 아이가 식이장애나 중독, 자해 등의 문제를 겪고 있다면, 이를 해결할 수 있는 다양한 방법이 존재하며 해결책을 찾아나갈 수 있도록 여러 가지 조언을 할 것이다. 지극히 개인적인 조언이 필요할 수도 있지만, 그런 특수한 경우까지 일일이 설명할 수는 없다. 여기서는 좀 더 일반적인 문제만을 다루도록 하겠다.

학교에서 발생하는 문제는 아주 사소한 것에서부터 치명적인 것에 이르기까지 매우 다양하기 때문에 각 문제별로 적절한 접근 방식을 취해야 한다. 성적표의 결과가 잘 납득되지 않는 경우, 또는 특정 과목 교사의 수업방식이 마음에 들지 않는 경우는 비교적 사소한 문제로 볼 수 있다. 그러나 체벌 문제나 교사와 학생 간 다툼이 생긴 경우는 꽤 중대한 문제로 볼 수 있다. 아이가 교사로부터 학습이나 행동장애 진단을 받았지만 부모가 좀처럼 동의할 수 없는 경우 역시 마찬가지다.

이 같은 문제가 발생하면 부모는 당연히 개입해야 한다. 그러나 많은 부모들이 이런 상황에서 효과적으로 대처하는 방법을 잘 알지 못한다. '문제부모'라는 낙인 없이 현명하게 대처하길 원하지만 말이다. 원리는 단순하다. 국제정치에서와 마찬가지로 '적절한 수준'에서 대응하는 것이 최선의 방법이다. 내 아이가 학예회의 주인공을 맡지 못했을 때의 대처방법과 다른 아이를 괴롭힌 주범으로 지목되었을 때의 대처방법은 완전히 다를 것이다.

학교가 모든 부모의 요구조건을 늘 충족시킬 수는 없고, 그래서도 안 된다. 모든 부모의 요구가 늘 합리적이거나 타당한 것은 아니기 때문이다. 소셜 뉴스 웹사이트 '레딧Reddit'은 교사들에게 학부모로부터 받았던 가장 '이상한' 항의내용에 대해 물었다. 다음은 그중 일부를 발췌한 것이다.

• 한 엄마가 학교에서 자기 아들이 원하는 반으로 넣어주지 않는다고 항의를 했어요. 사실 그 아이는 2학년이었는데 학년

초에 한두 달 정도 매일 유치원 교실로 가버리곤 했어요. 장난감이 많다는 이유에서였죠. 아이는 그 반에서 자기보다 어린 아이들을 놀리고, 심지어 때리기까지 했어요. 바보인지 아닌지 확인해보겠다면서 말이죠. 그래서 부모님께 상황을 알렸고, 아이를 2학년 교실로 다시 데려올 수 있게 도움을 요청했죠. 하지만 그 엄마는 아들이 원하는 반으로 배정해주지 않는다고 볼멘소리를 하더라고요. 결국에는 본래의 교실로 다시 데려왔지만 아이의 문제행동은 계속되었고, 학교에서 자기 아이만 미워한다는 엄마의 생각도 바뀌지 않더라고요.

• 어느 학부모가 학교 청소부들이 딸아이의 물건을 훔치는 건 아닌지 의심된다며 그들의 신원을 물어왔어요. 청소부들은 용역업체를 거치지 않고 학교에서 직접 고용한 인력이라고 설명했죠. 하지만 좀처럼 설득이 되지 않더군요. "아니, 신원이 어떻게 되냐고요!" 아랑곳하지 않고 계속 물어오자 그만 돌아가달라며 교무실 밖으로 내보냈어요.

• 아이들의 행동지도 계획에 따라 전반적인 행동이 일정 기준 이하로 내려가지 않으면, 아이들은 일명 '금요일의 막대사탕'을 선물로 받아요. 그런데 하루는 한 아이가 사탕을 받지 못했어요. 다른 아이에게 침을 뱉어서 기준 점수 이하로 떨어졌기 때문이죠. 그러자 그 아이의 부모가 잔뜩 화가 난 채 학교로 달려와서는 자기 아들에게 사탕을 주라고 무섭게 소리쳤죠.

• 한 엄마가 아이 도시락을 깜빡한 일이 있었어요. 그러자 학

교로 전화해서는 담임교사인 제게 길 건너에 있는 샌드위치 가게에서 아이 점심을 좀 사다주라고 부탁하더군요.

- 읽기 과목에서 C를 줬다는 이유로 학생 아버지에게 신체적으로 공격을 당할 뻔했어요.

- 숙제 평가에서 한 아이에게 D를 준 적이 있어요. 그러자 부모가 연락해서는 제가 자기 아들을 미워한다고 항의하더군요. 아이가 적은 답이 대부분 오답이라는 걸 인정하면서도 당당하게 "좀 봐달라"고 요청했어요.

- 음악시간에 페르시아 전통 플루트 음악을 들려주었다고 항의를 받은 적이 있어요. 수업의 주제가 '전 세계의 언어와 문화'였기 때문에 날마다 다른 나라의 음악을 차례로 들려주었거든요. 그런데 그 부모는 제가 테러리스트를 동정한다며 '미국문화'만 가르치라고 요구했어요.

- 5학년 학생의 부모였는데 아들의 과제가 너무 쉬운 것 같다며 수준을 좀 높여달라고 요구해왔죠. 그래서 아이가 소화할 수 있을 정도로만 수준을 약간 높였어요. 그런데 얼마 후 아이의 성적이 떨어지자 이번에는 과제 수준이 너무 높다고 항의를 하더군요. 정말 화가 났어요.

- 어느 학부모가 제가 수업시간에 프랑스어를 너무 많이 사용한다고 항의를 해왔어요. 고등학교 프랑스어 수업 시간이 아닌 다음에야 이 정도 사용은 법적으로도 문제가 될 수 있다면서요.

- 한 엄마가 담임교사를 바꿔달라고 요구했어요. 고등학생인

자기 아들이 제 목소리가 너무 크고 허스키해서 수업시간에 집중하지 못할 만큼 무서워한다면서 말이죠. 그 아이는 189센티미터의 축구선수였고, 저는 173센티미터의 소프라노였는데 말이에요.

• 하루는 어느 학부모가 자기 아들을 홈스쿨링으로 교육하기로 했다고 알려왔어요. 그러면서 저한테 매일 몇 시에 '본인 집'에 와서 과제를 전달해주고, 몇 시에 다시 와서 그 과제를 봐줄 수 있는지 물었어요.

학부모로서 여러분의 불평은 누가 봐도 정당한 것일 수 있다. 하지만 행동으로 옮기기 전에 교사나 학교의 관점에서 다시 한번 생각해보기 바란다. 교사는 비단 여러분의 아이뿐 아니라 수많은 아이와 가족을 상대한다. 또 한 가지 기억해야 할 것은 학교에서 내 아이의 행동은 집에서와는 전혀 다를 수 있으며, 부모가 상상조차 못했던 행동도 얼마든지 할 수 있다는 점이다. 또 어떤 환경에서든 과잉보호는 정답이 아닐 수 있다는 사실도 명심해야 한다. 요컨대 부모는 결코 자신의 생각만 강요해서는 안 된다. 그럼에도 부모는 아이의 가장 큰 지지자이며, 그런 부모의 목소리가 학교에 반영되어야 한다는 사실만은 변하지 않는다.

학교는 무엇을 해결할 수 있는가

여러분이 정당하게 우려하는 부분이 있다면, 학교에 어떤 대응을 기대할 수 있을까? 적어도 학생과 학부모를 존중하면서 그 문제를 진지하게 생각하는 모습을 기대할 것이다. 물론 아닌 경우도 있을 수 있다. 내가 아는 한 학부모는 영어가 모국어가 아니었는데, 어느 날 학교에 요청할 게 있어 상담을 했더니 마치 방해하지 말라는 식으로 대하며 자신을 우습게 보더라고 전했다. 이건 결코 옳지 않다. 학교에서도 학생 문제를 다루는 데 어느 정도의 지침이 필요하다. 다음은 그 내용을 소개하고 있다.

- 학교는 학부모의 우려사항에 열린 자세로 대응하면서 학부모의 각종 요구를 충족시키지 못할 경우 그에 합당한 설명을 제공해야 한다. 서로에게 좋은 날짜를 정해 수업 시작 전후로 학부모와 직접 만나 관련 문제를 논의한다. 학교는 아이들의 학교생활이나 사회활동에 영향을 줄 수 있는 문제라면 기꺼이 부모의 상담 요청을 받아들여야 한다. 예를 들어, 아이가 작문수업에 어려움을 느끼는 경우 부모는 학교 측에 추가적인 도움이나 일대일 지원을 요청할 수 있다. 또 특정 무리의 친구들과 문제가 있는 경우 관계 개선을 위한 해결책을 요구할 수도 있다.
- 학교는 커리큘럼이나 학교 정책, 방과 후 특별활동 등의 문제와 관련해 학부모의 목소리를 들을 수 있는 자리를 마련

해야 한다. 대부분의 학교는 학부모교사협의체 주관으로 정기회의를 개최하여 학부모의 의견을 수렴한다. 만약 이 같은 정기회의가 없을 경우 관련 책임자와 논의하여 학부모로서 회의 개최를 요청할 수 있다.

- 학교는 각종 평가에 대해 학생 및 학부모와 열린 태도로 논의해야 한다. 이것은 학부모가 자녀의 점수를 올려달라고 요구하는 것과는 전혀 다른 문제다. 만약 아이가 받은 성적이 공평하지 않다고 생각한다면 성적 평가에 사용된 각종 지표를 구체적으로 요청할 수 있다. 근거자료가 합당한 경우에도 "여전히 우리 애는 A 학점을 받아야 해요"라고 주장하는 건 옳지 못하다.

만약 아이가 교사에 대해 계속해서 불평하거나 수업시간에 따라가기 힘들어하고 공부에 의욕이 전혀 없어 보인다면, 어떤 문제가 있는지 좀 더 주의 깊게 살펴보는 것이 중요하다. 학교와는 별 상관없는 다른 문제로 어려운 상황이더라도 그에 맞는 적절한 해결책을 강구하는 것이 필요하다. 또 학교에서 친구문제로 힘들어할 수도 있다. 이런 경우 대체로 아이들은 자신의 문제를 직접 토로하지만, 그전에 부모가 먼저 눈치채거나 다른 학부모에게 관련 이야기를 전해 들었다면 문제가 생각보다 심각한 상황일 수 있다. 부모가 특별히 주의를 기울이고 대처해야 한다. 하지만 행동으로 옮기기에 앞서 가장 먼저 해야 할 일은 터놓고 대화를 하면서 아이의 생각을 들어보는 것이다.

문제가 확실해진 경우, 다음 절차는 교사와 면담을 진행하는 것이다. 아이에 대해 가장 잘 아는 사람은 부모다. 그러나 동시에 교사의 역할도 존중해야 한다. 이때 교사는 여러분의 아이뿐 아니라 여러 명의 아이를 동시에 맡고 있기 때문에 학생이나 학부모로부터 받는 압박 역시 몇 배나 크다는 사실을 기억해야 한다. 아이의 문제를 명확히 하되 이에 대한 교사의 생각도 열린 태도로 받아들여야 한다. 이 같은 태도는 자신의 생각만을 고집하며 무작정 화를 내는 방법보다 훨씬 긍정적인 해결책을 만들어낼 수 있다.

　　만약 이 방법이 통하지 않는다거나 어떤 이유로든 아이의 담임교사와 더 이상의 대화가 어렵다면 학교장을 찾아가야 한다. 이 면담을 성공적으로 이끌어내기 위해서는 교장의 의견도 존중해주는 자세가 필요하다. 담임교사가 여러 명의 아이를 관리하느라 더 이상의 여력이 없는 경우, 학교 전체를 통솔하고 책임지는 일은 교장의 몫이다. 뿐만 아니라 교육감이나 교육위원회 등 여러 이해당사자의 의견을 수렴하고 중재하는 일 역시 교장의 역할이다.

　　미셸 크라우치Michelle Crouch는 수상 경력을 지닌 기자로 자녀교육 및 건강 문제를 주로 취재하고 있다. 이 문제와 관련해 미셸은 미국의 전·현직 교장을 인터뷰하여 「내 자녀에 관해 교장이 말해주지 않는 22가지」라는 기사를 작성했다.[1] 다음은 그중 일부를 발췌한 것이다.

- "저와의 상담을 원한다면, 정신이 맑은 아침에 약속을 잡아주세요. 오후에는 쉽게 지치고 피로할 수 있습니다."

- "학부모님 말씀이 맞습니다. 그 교사는 문제가 많아요. 그래서 지금 해고 절차를 진행 중에 있습니다. 사실 이런 얘기를 발설하면 법적으로도 문제가 될 수 있지만, 어쨌든 지금 제가 학부모님의 불만을 가만히 듣고 있는 것은 교사의 문제를 인정하기 때문입니다."
- "가장 불쾌한 경우는 담임교사와 면담을 거치지 않고 제게 직접 항의하는 사례입니다."
- "아이들은 수월해요. 상대하기 힘든 건 학부모들이죠. 학부모가 나서서 아이 문제를 대신 해결하려 들기 때문입니다."

이것은 교장들이 학부모와의 만남을 두려워한다는 의미가 결코 아니다. 오히려 내가 만나본 대부분의 교장은 학교의 발전과 학생 및 학부모의 안녕을 위해 누구보다 열심히 노력하고 있었다. 이들은 학부모의 걱정과 염려를 잘 해결해나가는 것이 자신의 역할임을 잘 알고 있었다. 따라서 여러분이 학교를 찾기 전에 이미 교사나 교장은 여러분이 우려하는 상황에 대해 충분히 인지하고 신중하게 받아들이고 있음을 확신하기 바란다.

교장과 면담을 할 때는 문제를 명확히 해야 한다. 여러분이 문제로 보는 것과 그 증거, 그리고 해결 방향을 정확히 전달해야 한다. 담임교사와 나누었던 대화내용의 일부를 묘사하듯 설명해도 좋다. 효과적인 면담을 위해서는 충분한 준비가 필수적이다. 아이를 다른 반으로 옮기거나 학교에 특별한 지원을 요청하는 등의 민감한 주제와 관련된 경우에는 더욱 그렇다.

교장과의 면담이 크게 도움이 되지 않은 경우라면 학부모회 측에 도움을 요청할 수도 있다. 앞서 학부모회의 역할에 대해서는 충분히 설명했기 때문에 여기서는 더 이상 언급하지 않겠다. 보통 학부모회 이사진은 굳건한 신뢰관계를 바탕으로 학교 행정부와 업무적으로 긴밀하게 연결되어 있다. 자녀의 문제 상황을 설득력 있게 전달한다면, 여러분이 직접 나서는 것보다는 훨씬 효과적으로 문제를 해결할 수 있을 것이다.

이 모든 방법을 시도해봤지만 여전히 문제가 해결되지 못할 수도 있다. 그렇다면 교육감이나 교육위원회 측과 논의하면 된다. 이 경우에는 지금까지 진행된 내용을 최대한 상세하게 서면으로 작성하여 증거자료를 준비한다. 이 자료는 교육감이나 교육위원회 관련자들이 면담에 앞서 전후 상황을 파악하는 데 상당한 도움이 될 것이다. 만약 정기회의 도중에 면담이 진행되는 경우라면 더욱 그렇다.

마지막 수단으로는 외부 지지단체에 도움을 요청할 수 있다. 예를 들어 특수한 상황이나 학교의 지원 거부로 인해 자녀에게 특별한 도움이 필요한 경우, 관련 지역단체에서 학교 측에 어느 정도의 압력을 행사할 수 있다. 가장 강력한 방법은 변호사를 선임하는 것이다. 그러나 이 방법은 최후의 수단으로 사용해야 하며, 소송의 잠재적 결과에 대해 충분히 인지하고 있어야 한다.

그렇다면 학부모가 가장 우려하는 세 가지 문제, 스트레스·괴롭힘·약물치료에 대해 좀 더 구체적으로 살펴보고, 이에 대한 최선의 접근방식을 논의해보도록 하자.

스트레스

앞서 말했듯 부모가 생각하는 자녀의 스트레스 정도는 자녀가 실제로 느끼는 스트레스의 정도보다 훨씬 낮다. 이처럼 부모가 자녀의 스트레스를 제대로 파악하기란 결코 쉽지 않다. 그렇다면 학교에서는 아이들의 스트레스 문제에 어떤 도움을 줄 수 있을까?

모멘토우스 스쿨은 텍사스주 댈러스에 있는 실험학교다. 3세부터 10세까지의 아이들을 교육하고 있으며, 다른 학습과정과 더불어 아이들의 사회적 건강과 정서적 건강에 특별히 집중하는 것으로 유명하다. 학교의 부설기관 모멘토우스연구소 부소장 미셸 킨더Michelle Kinder는 학교의 프로그램과 관련하여 이렇게 설명한다. "우리는 학부모 참여의 중요성을 강조합니다. 학교와 집에서 동시에 인정받을 때 아이는 비로소 건강하게 성장할 수 있기 때문입니다." 특징적으로 이곳에서는 전 학년 아이들에게 뇌의 구조를 이해함으로써 스스로의 감정을 이해하고 통제하는 방법을 가르치고 있다. 예를 들면 이런 식이다. "우리 뇌의 편도체는 감정 영역을, 전두엽 피질은 의사결정 과정을 담당한다. 또 해마는 기억을 관장한다." 이를 통해 아이들은 자신이 느끼는 감정을 생물학적으로 이해함으로써 훨씬 효과적으로 통제할 수 있다. 생물학적 구조를 정확하게 이해하고 나면, 아이들은 화가 났을 때에도(편도체가 장악했을 때에도) 심호흡을 하면서 감정을 다스리는 데 집중할 수 있다.[2]

이와 관련하여 학교에서 가장 선호하는 방법은 우리 뇌를 반짝이는 공에 비유하는 것이다. "공을 흔들면 반짝임이 조금씩 퍼져나가며 공 전체를 물들인다. 우리 뇌 역시 마찬가지다. 특정한 감정에 휩싸이면 정확한 상황판단이 어렵고 현명한 결정을 내릴 수 없다." 그러나 시간을 갖고 심호흡을 하면서 자신의 감정에 집중하면 마음이 서서히 안정되면서 정확한 상황판단을 하게 되고 전두엽 피질을 통해 올바른 결정을 내릴 수 있다. 아이들은 공의 반짝임, 즉 문제가 여전히 남아 있는 상황에 우려한다. 하지만 반짝임이 조금씩 잦아들기 시작하면 아이들은 스스로에게 책임의식을 느끼고 해결책을 찾아나간다. 이 프로그램의 기본 전제는 뇌 구조에 대한 이해를 통해 자기 통제력과 주변 이해력을 높임으로써 아이들이 잠재력을 최대한 발휘할 수 있도록 하는 것이다.[3] 요컨대 모멘토우스 스쿨은 우리의 삶이 감정에 좌우된다는 것을 인정하면서 어린 시절부터 스스로의 감정, 특히 부정적인 감정을 이해하고 통제하는 방법을 배우면 당면한 문제나 상황에 좀 더 효과적으로 대처할 수 있다고 판단한 것이다. 이것은 모든 학교가 본보기로 삼아야 한다.

만약 여러분의 자녀가 학교생활 문제로 극심한 스트레스를 겪고 있다면 학교에 조언을 구하는 것이 중요하다. 학교에서는 학생들의 스트레스 문제를 해결하기 위한 프로그램을 운영 중일 수 있다. 만약 그렇지 않은 경우라면 적절한 해결책을 요구해야 한다. 학교생활에서 오는 스트레스는 비단 여러분의 자녀만 느끼는 게 아니다. 일부 학교는 학생들의 스트레스 문제를 심각하게 받아들이고 이를 해결하기 위해 최선의 노력을 기울이고 있다. 다음은 스트레스 완화를 위해 일부 학교에서 운영 중인 프로그램이다.[4]

- **요가** 뉴욕 스미스타운고등학교에서는 체육시간에 학생들이 팀스포츠나 생활스포츠, 프로젝트 모험활동, 개인 피트니스, 요가 등 네 가지 프로그램 가운데 하나를 선택할 수 있다.

- **애완동물** 애완동물은 스트레스 완화에 탁월한 효과를 나타낸다. 이 같은 효과를 인정하여 일부 고등학교에서는 애완동물을 스트레스 치료에 적극 활용하고 있다. 일리노이주 마운트 프로스펙트의 프로스펙트고등학교 학생 상담팀에는 주니라는 이름의 8개월 된 골든레트리버가 상담사로 이름이 올라가 있다. 주니는 학생들의 마음을 위로하고 편안하게 해주는 치료사 역할을 맡고 있다.

- **초월명상** 명상의 한 형태인 초월명상은 매일 15분에서 20분간 눈을 감은 채 만트라 주문을 외우는 방식으로 진행된다. 학생들의 심리적 스트레스 완화에 상당한 효과가 있는 것으로 알려졌으며, 많은 고등학교에서 초월명상 시간을 운영하고 있다. 실제로 샌프란시스코의 다수 학교에서는 각종 명상 프로그램을 통해 상당한 효과를 본 것으로 전해졌다.

- **낮잠시간** 학습을 위한 에너지 충전을 위해서는 초코바나 탄산음료를 먹는 것보다 깊고 짧게 낮잠을 자는 것이 훨씬 효과적이다. 조지아주 레이크사이드고등학교를 비롯한 일부 학교에서는 30분간의 자율학습시간과 낮잠시간을 제공함으로써 학생들의 체력 회복 및 인지기능 향상을 돕고 있다.

- **건강관리실** 메인주 벨파스트고등학교에서는 낡은 어학실습실을 건강관리실로 개조하여 전체 교직원과 학생들이 이용

할 수 있도록 운영하고 있다. 지역 내 대체의학 전문가들을 초청해 건강관리법 강좌를 열거나 기치료, 침술, 지압요법 등을 실시함으로써 학생들의 스트레스 완화에 적극적으로 나서고 있다.

- **휴식** 6장에서 언급했던 일부 학교에서는 휴식과 놀이활동에 대한 가치를 인식하면서 각 수업시간 사이에 20분간의 쉬는 시간을 두어 학생들의 긴장 완화를 돕고 있다. 미네소타주 챈허슨고등학교에서는 쉬는 시간에 더해 이따금씩 '숙제 없는 날'을 운영함으로써 학생들의 잠재적인 학습 부담을 줄여주고 있다.

- **자존감 회복 콘퍼런스** 학업 및 대인관계 스트레스와는 별도로 자존감 및 외모 관련 문제는 고등학생들에게 또 다른 스트레스의 원인이다. 그래서 일부 고등학교에서는 관련 수업과 콘퍼런스를 통해 건강한 자존감과 신체상을 회복할 수 있도록 돕고 있다. 실제로 뉴저지주 유니언카운티고등학교 여학생들은 '행복하고 건강한 인격체: 청소년기 여성의 자존감 회복을 위한 콘퍼런스'라는 제목으로 열리는 콘퍼런스의 정식 홍보행사에 초대되어 관련 내용을 학습한다. 또 캐나다 브리티시컬럼비아주 그레이엄중학교에서는 학생들이 직접 주도하여 일주일에 한 번 일체의 화장품이나 헤어제품을 사용하지 않고 등교함으로써 자연스러운 아름다움의 중요성을 강조하고 있다.

- **'마음챙김' 훈련** 점점 더 많은 학교에서 명상을 통한 '마음챙

김'으로 학생들이 일과시간 동안 좀 더 편안한 마음으로 학습에 집중할 수 있도록 돕고 있다. '마인드업'이라는 프로그램이 가장 잘 알려져 있으며, 학생들의 대인관계 및 정서적 학습을 중시하는 다수 학교에서 운영하고 있다.

유명 여배우 골디 환Goldie Hwan의 주도로 만들어진 '마인드업' 프로그램은 신경과학자 및 인지심리학자로 구성된 전문가들이 기본 설계를 맡았으며, 현재 북미지역 및 유럽 전역 수백 곳의 학교에서 성공적으로 운영되고 있다. 이 프로그램은 부모가 자녀의 정서적 상태를 지속적으로 파악하는 데 도움을 주는 일곱 가지 전략을 다음과 같이 설명하고 있다.

- **아이가 힘들어하고 있다는 신호를 무시하지 마라.** 행동의 변화는 일시적으로 나타나는 현상일 수도 있지만, 아이가 뭔가 내면적으로 혼란을 겪고 있다는 증거일 수 있다.
- **아이의 감정을 사소하게 취급하지 마라.** 내 아이가 겪고 있는 과정이 다른 모든 아이가 겪는 과정('끔찍한 두 살'처럼)이라고 단정하지 말고, 아이의 외모와 행동이 달라졌다면 변화의 이유를 구체적으로 확인해야 한다.
- **민감한 상태로 집중해서 살펴보되 즉각적인 반응이나 훈육은 피하라.** 부모가 열린 마음으로 자녀와 대화하는 것은 아이의 정서적 건강상태를 파악하는 가장 좋은 방법이다. 그러나 아이의 감정상태를 제대로 평가하려면 방어적으로 대응하지

말아야 한다.

- **아이와 함께 시간을 보내라.** 함께 놀거나 시간을 같이 보내는 것만으로도 자연스레 대화를 유도할 수 있고, 아이가 어떤 문제를 겪고 있는지 쉽게 파악할 수 있다.

- **고민을 털어놓지 않는다면, 아이가 부모를 믿고 의지할 수 있도록 노력하라.** 때로 아이들은 부모에게 이야기하기를 꺼릴 수 있다. 이런 경우 다른 사람의 도움을 받아서라도 문제를 해결하는 편이 좋으며, 부모는 아이의 상황을 충분히 이해하고 공감하고 있음을 납득시켜야 한다.

- **상황이 심각하면 필요한 도움을 적극적으로 탐색하라.** 때로는 자신의 아이에게 문제가 있다는 사실을 다른 사람에게 알리고 싶지 않다는 부모의 생각 때문에 아이가 제대로 된 도움을 받지 못하는 경우가 있다. 하지만 부모는 이러한 수치심을 극복해야 한다.

- **부모 스스로의 정서적 건강을 돌보라.** 아이는 부모가 생각하는 것 이상으로 부모의 감정상태에 늘 주목하고 있다. 따라서 부모 스스로 자신의 정서적 건강상태를 주기적으로 확인해보는 것이 중요하다.

괴롭힘

학교생활에서 오는 스트레스 가운데 가장 극단적인 형태는 단연 괴롭힘으로 인한 스트레스다. 또래집단의 괴롭힘은 우울과 불안, 식이장애, 성적 저하 등 심각한 폐해로 이어질 수 있다. 이 같은 결과는 오래도록 영향을 끼치며 성인이 된 이후까지 지속되는 경우도 있다. 때로는 목숨까지 앗아갈 수도 있다.

지난 2012년 열다섯 살 아만다 토드는 유튜브에 9분짜리 동영상 하나를 올렸다. 영상 속에서 아만다는 플래시 카드를 사용, 누군가의 강압을 받아 상반신을 탈의한 사진을 찍게 되었으며, 그로 인해 지독한 사이버 왕따를 겪고 있다고 고백했다. 온갖 괴롭힘 속에서 심신의 고통을 겪었음은 물론 또래들로부터 끊임없는 신체적·정서적 학대를 당했다. 그 결과 아만다는 자해와 약물중독 상태에까지 이르게 되었다. 이 짧은 영상은 무려 1,700만 뷰를 기록하며 삽시간에 전 세계로 퍼져나갔고, 괴롭힘에 반대하는 일종의 슬로건으로 사용되기 시작했다. 그러나 유감스럽게도 이 영상이 아만다 자신까지 보호해주지는 못했다. 아만다는 결국 스스로 목숨을 끊고 말았다.[5]

미국 학생 가운데 약 3분의 1은 어떤 형태로는 학교에서 괴롭힘을 당해본 것으로 나타났다. 여러분의 자녀 역시 그중 한 명일 수도 있다. 부모가 미처 알아채지 못한 상황에서도 말이다. 괴롭힘을 경험해본 많은 아이들은 다시 떠올리는 것조차 두려울 정도로 고통스러운 기억이라고 말한다. 어떤 아이들은 피해자임에도 불구하고 오히려 스스로를 비난하며 죄책감을 느끼기도 한다. 그렇다면 내 아이가 괴롭힘을 당하고 있다는 것을 어떻게 알아차릴 수 있을까? 이와 관련해 웹사이트 NoBullying.com은 부모와 교사,

학생들에게 도움이 될 수 있는 여러 가지 자료를 제공하고 있다. 자녀가 괴롭힘을 당하고 있는지 여부를 판별할 수 있는 단서는 다음과 같다.

- 개인 소지품을 종종 잃어버린다.
- 용돈을 더 달라고 하거나 점심 사먹을 돈을 잃어버렸다고 한다.
- 두통이나 복통을 자주 호소한다.
- 방과 후 활동을 가기 싫어한다.
- 학교에 일찍 가거나 아예 늦게 간다.
- 학교에 가지 않으려고 아픈 척하는 횟수가 늘어난다.[6]

그렇다면 괴롭힘이란 무엇이고, 이를 해결하기 위해 부모와 학교는 어떤 조치를 취할 수 있을까?

괴롭힘의 종류는 크게 두 가지로 나눌 수 있다. 대상을 앞에 두고 해를 가하는 직접적 괴롭힘, 그리고 좋지 않은 소문을 퍼뜨리는 등의 방식으로 해를 가하는 간접적 괴롭힘이다. 직접적 괴롭힘은 다시 신체적·언어적·관계적·물리적 괴롭힘의 네 가지 종류로 나눌 수 있다. 가장 일반적인 형태는 신체적·언어적 괴롭힘으로 이는 중학교에서 흔히 발생한다. 사이버 괴롭힘의 경우, 6학년부터 12학년 학생 가운데 열 명 중 한 명이 당했다고 응답해 미디어를 통해 알려진 것에 비하면 실제로는 그리 많지 않은 것으로 나타났다. 그러나 성적 소수자 학생 두 명 가운데 한 명은 사이버 괴

롭힘을 당한 것으로 조사되었다.[7]

아이가 학교에서 괴롭힘을 당하는 경우 부모로서 해줄 수 있는 일은 극히 제한적이다. 아이가 괴롭힘을 당하는 것이 확인되었다면 즉각 학교 측과 연락해야 한다. 학교에서는 문제해결을 위해 명쾌한 정책을 수립해야 하며, 정책 실행을 위해 적극적으로 나서야 한다. 또 학생 및 학부모가 참여하는 관련 기구를 운영할 수도 있다. 괴롭히는 행위 자체를 비난하는 것만으로는 문제를 해결할 수 없다. NoBullying.com은 각 학교가 괴롭힘 문제를 해결하고 관련 정책 수립을 할 수 있도록 기본 틀을 제시하고 있다. 괴롭힘 문제는 단순히 감독관 한 명으로 해결되지 않는다면서 적절한 훈련을 받은 담당 교사와 감시요원을 두어 학생들이 모이는 모든 곳에 늘 배치해야 한다고 설명한다. 이와 함께 학생들 스스로 괴롭힘이 야기할 수 있는 문제를 인식하고 자기 검열을 할 수 있는 이른바 '반反괴롭힘 문화'를 만들어가는 것이 중요하다고 지적한다.

학교는 괴롭힘 문제에 대응할 때 명확한 기대를 갖고 일관된 태도를 유지해야 한다. 또 이 같은 학교의 입장을 학부모에게 전달함으로써 학생과 학부모 전체가 학교 정책을 정확히 이해할 수 있도록 해야 한다.[8]

만약 내 아이가 친구들을 괴롭히는 가해자라는 사실이 밝혀졌다면 여러분은 어떻게 하겠는가? 그런 일은 있을 수 없다고 생각할지 모른다. 하지만 전체 학생 가운데 약 3분의 1은 또래 친구들을 괴롭혀본 경험이 있다고 응답했다.[9] 이에 대해 뉴욕의 청소년 가해방지협회 부회장 메리 풀리도Mary Pulido는 다음과 같이 말한다. "괴롭힘의 종류와 범위는 매우 다양합니다. 괴롭힘은 모든 민족과 인종, 사회경제적 계층, 성별, 지역에서 발생합니다. 여러분의 아이가 주변 친구들을 일부러 괴롭히고 모욕했다는 사실을 알게 된다면 그 충격은 매우 클 것입니다."[10]

내 아이가 다른 아이를 괴롭혔다는 사실을 알게 되더라도 절대 흥분해서는 안 된다. 우선은 마음을 가라앉히고, 관련 상황에 대해 최대한 많은 정보를 확보한 다음, 아이에게 자신이 저지른 잘못이 얼마나 나쁜 일인지를 설명하며 피해를 입은 친구의 처지에서 생각해볼 수 있도록 돕는다. 이때 괴롭힘은 절대 허용되지 않는다는 사실을 분명히 한다. 이 같은 노력에도 상황이 나아지지 않을 경우에는 전문가의 도움을 구한다. 메리는 집에서 부모가 모범을 보이는 것도 중요하다고 설명한다. 괴롭힘의 가해자가 되는 아이들 중에는 집안 상황이 좋지 못하거나 가족들로부터 괴롭힘을 당한 경험이 있는 경우가 많기 때문이다.[11]

ADHD와 약물치료

학교생활에 적응하고 일상생활을 제대로 해내가기 위해 점점 더 많은 아이들이 약물치료에 의존하고 있다는 사실은 슬픈 현실이 아닐 수 없다. 늘어나는 약물치료의 대표적인 원인으로는 주의력결핍 과잉행동장애, 즉 ADHD 환자의 증가를 꼽을 수 있다. ADHD라는 개념은 불안 및 초조, 집중력 저하, 충동적 성향, 주의력 부재 등의 현상과 관련된 행동적 특징을 일컫는다. 오늘날 점점 더 많은 아이들, 심지어 성인들조차 ADHD 진단을 받고 있으며, 이들 중 상당수는 약물치료를 병행하고 있다. ADHD의 속성과 상태, 치료를 둘러싼 논쟁은 여전히 진행 중이며, 이 부분에 대해서는 부모들이 꼭 알고 있어야 한다. 그렇다면 ADHD 환자의 특징은 무엇이며, 만약 내 아이가 진단받은 경우에는 어떻게 해야 할까? 진단이 제대로 이루어졌는지 어떻게 확인할 수 있으며, 제대로 이루어진 경우 약물치료에 반드시 동의해야 할까? 동의하지 않는다면 어떤 대안을 선택할 수 있을까?

사실, 과잉행동의 역사는 인류의 역사만큼이나 오래되었다. 의학 연구, 특히 심리학 관련 연구가 좀 더 체계적으로 진행되기 시작하면서 과잉행동에 대한 연구는 심도 있게 이루어졌고, 미세 뇌기능 장애, 학습 및 행동 장애 등 다양한 이름으로 불리게 되었다. 오늘날 통용되는 ADHD의 개념은 1930년대 로드아일랜드주 프로비덴스의 정신과 의사 찰스 브래들리Charles Bradley 박사가 연구한 내용에서 발전된 것이다. 브래들리 박사는 과잉행동을 비롯해 각종 행동장애를 겪는 아이들을 치료하는 과정에서 각성제의 일종인 벤제드린이라는 이름의 암페타민 약물이 상당한 치료효과를 보인다는 사실을 발견했다. 이후 여러 의사와 연구자들 역시 이같은 문제행동이 뇌기능 장애와 연관이 있다는 사실을 알게 되었고, 약물치료로 완화될 수 있음을 깨달았다.

미국의 경우, 미국정신의학회에서 발행한 정신장애 진단 및 통계 매뉴얼DSM을 바탕으로 관련 기준을 마련해놓고 있다.[12] 해당

매뉴얼에 따르면 ADHD는 18가지 특징으로 구분되며, 그중 9가지는 주의력 결핍 문제, 나머지 9가지는 과잉행동 및 충동장애와 관련이 있다.

주의력 결핍 문제

- 특정 상황에 집중하지 못하고 부주의하게 실수를 저지른다.
- 특정 업무나 활동에 집중력을 유지하는 데 어려움이 있다.
- 상대방과의 대화에 집중하지 못한다.
- 주어진 지침을 따르지 않고, 과제를 완료하지 못한다.
- 업무나 활동을 구성하는 데 어려움이 있다.
- 지속적으로 정신적 노력이 필요한 일에는 참여하지 않으려고 한다.
- 특정 업무나 활동에 필요한 것들을 자주 잃어버린다.
- 외부 자극에 쉽게 산만해진다.
- 일상적인 활동을 자주 잊어버린다.

과잉행동 및 충동장애

- 가만 앉아 있지 못하고 손가락이나 몸을 계속해서 움직인다.
- 자리를 지키고 앉아 있어야 하는 상황에서도 쉽게 일어나 돌아다닌다.
- 적절하지 못한 상황에서도 돌출행동을 하며 난동을 부린다.
- 조용하고 차분하게 집중해야 하는 여가활동에 참여할 수 없다.

- 마치 자동차가 폭주하듯 거친 행동이 불쑥 튀어나온다.
- 때로 과하게 이야기한다.
- 질문이 끝나기도 전에 불쑥 대답해버린다.
- 차례를 기다리는 데 어려움을 느낀다.
- 다른 사람을 방해하거나 막아선다.

위의 전체 항목 가운데 최소 다섯 개의 증상에 해당되면 ADHD로 진단을 내릴 수 있다. 전문가들은 이 같은 증상이 아이들의 성별에 따라 다른 양상을 보인다고 설명한다. 보통 3세부터 7세까지의 아이들에게서 발병하며, 이 중 약 3분의 1은 성인기까지 증상이 지속된다. 진단은 정신과 또는 소아과 의사의 면담내용을 바탕으로 아이의 행동에 대한 부모나 교사, 주변 사람들의 종합적 의견을 더해 내려진다.

진단 요인이 다양한 탓에 ADHD 발병 여부에 대해서는 전문가에 따라 견해 차이를 보인다. 미국의 경우 정신의학회에서는 아동 열 명 중 한 명, 성인 스무 명 중 한 명이 ADHD라고 진단한다. 그러나 질병통제예방센터CDC의 경우 발병 규모를 이 숫자의 두 배로 추산한다. 또 영국에서는 전체 아동 가운데 3~7퍼센트에 해당하는 약 40만 명의 아이들이 ADHD라고 보고 있다. 미국과 영국의 경우 각 기관별로 추정치는 다르지만 최근 10년간 ADHD 인구가 급격히 늘어난 것만은 명백한 사실이다.

한편 ADHD 치료에는 크게 두 가지 방법이 사용된다. 약물치료와 인지적 행동요법이다. 보통은 두 방법이 함께 사용되며, 그 형

태는 증상의 정도에 따라 달라진다. 미국에서 흔히 처방되는 약은 리탈린과 애더럴이다.[13]

ADHD를 둘러싼 논쟁

다수의 정신과 의사와 소아과 의사, 교육가, 전문기관, 환자 가족은 ADHD가 명백한 질환이며, 진단을 받은 후 적절한 치료가 이루어지면 증상이 호전된다는 사실을 굳게 믿는다. ADHD 증상으로 인해 개인은 물론 가족 전체의 삶까지 통제할 수 없는 상황에 이르렀으나 약물 및 행동치료를 통해 안정을 찾은 사례도 다수 보고된 바 있다. 이들은 특히 ADHD가 질환이라는 데 조금도 의심을 품지 않으며, 반대의 주장은 말도 안 된다는 식으로 치부해버린다. 또 이들의 주장을 뒷받침할 만한 연구 결과 및 의학적 견해 역시 충분한 상황이다.

최근 한 연구 결과 ADHD의 물리적 증거가 발견되었다. ADHD 아동의 뇌는 일반 아동의 뇌와 아주 미세하지만 큰 차이를 보인다는 사실이다.[14] 뇌를 촬영한 결과 ADHD 환자의 뇌는 다섯 개 영역에서 일반 사람의 뇌보다 크기가 작은 것으로 나타났다. 또한 이 차이는 성인보다 아동에게서 더욱 뚜렷했다. 이번 연구 결과는 이 같은 차이는 일시적일 수 있으며, ADHD 아동의 뇌가 성숙해가면서 일반 아동의 뇌를 따라잡을 수 있다는 사실 또한 암시하고 있다. 연구자들은 이번 연구의 결과를 통해 ADHD에 대한 잘못된 인식, 예를 들어 신체기능의 장애가 아닌 성격적 결함이나 잘못된 양육의 결과로 인식하는 풍토가 사라지기를 기대하고 있다.[15] 이번 연구를 이끈 네덜란드 라드바우드대학교 마틴 후그먼Martine Hoogman 박사는 다음과 같이 설명한다. "이번 연구를 통해 ADHD 역시 우울증이나 강박증 등 다른 정신과 장애와 마찬가지로 뇌의 변화를 동반한다는 사실이 밝혀졌습니다. 따라서 약물치료나 행동요법 외 다른 방법으로 치료해야 할 명분이 사라진 것입니다."

그러나 일부 전문가와 환자 가족들은 ADHD가 알려져 있는 사실과는 많이 다르다고 주장한다. 그래서 진단방법이 신뢰할 만한지, 발생률이 실제로 그렇게 높은지, 또는 약물치료가 정확한 기준에 따라 시행되고 있는지에 대해 상당한 의구심을 나타낸다. 또 ADHD가 질환이라는 사실은 인정하지만, 실제 발병 숫자보다 훨씬 과도하게 진단이 내려지고 있다고 주장하는 경우도 있다.

행동신경학자로 미국신경학회와 미국소아학회 회원으로 활동하고 있는 리처드 솔Richard Saul 박사는 18가지 증상 가운데 5개만 해당되면 ADHD 진단이 내려지는데, 이 같은 증상에서 완벽히 자유로울 수 있는 사람은 아무도 없다고 설명하며 이렇게 언급했다. "이런 증상은 누구나 겪을 수 있습니다. 몇 개 증상에 해당된다고 해도 지극히 정상적인 범주에 속한다고 생각합니다. 이렇게 주관적인 기준을 적용한다면, 미국 국민 전체가 ADHD 환자로 진단받을 것입니다."[16]

솔 박사는 이들 증상에는 각기 다른 원인이 있을 수 있다고 설명한다. 오랜 연구 끝에 그는 ADHD 증상으로 이어질 수 있는 20

여 가지의 원인을 찾아냈으며, 여기에는 각기 다른 치료방식이 적용되어야 한다는 사실 또한 발견할 수 있었다. 대표적인 원인으로는 수면장애, 시각 및 청각 장애, 약물남용(특히 마리화나나 알코올 중독), 철분 결핍, 알레르기(특히 공기 중 물질 및 글루텐 알레르기), 조울증, 심각한 우울증, 강박증, 난독증 등의 학습장애가 포함되었다. 솔 박사는 이 같은 증상이 있는 경우에는 누구든지 ADHD 진단 기준에 부합되지만, 섣부른 약물치료는 오히려 독이 될 수 있다고 지적한다.

일부 아이들의 경우 또래보다 월령이 낮기 때문에 덜 성숙해서 ADHD 진단을 받을 수도 있다.[17] 한 연구에서 4세부터 17세까지 약 40만 명의 아동을 대상으로 연구를 진행한 결과 ADHD로 진단받는 비율은 출생 월에 따라 현격한 차이를 보이는 것으로 나타났다. 실제로 9월에 태어난 아이는 8월 출생자보다 ADHD로 진단받을 확률이 높았다. 같은 그룹 내에서도 최대 1년까지 월령 차이가 나타나지만, 이 같은 차이를 무시한 채 단순히 행동만 비교할 경우 ADHD로 진단이 잘못 내려질 수 있는 것이다.

진단의 방법에 대해서도 많은 우려가 존재한다. ADHD는 일종의 질환으로 분류되지만, 말라리아나 소아마비처럼 물리적 증상이 나타나는 전염성 병과는 전혀 다르다. 따라서 진단 자체가 결코 간단치 않고 전적으로 신뢰할 수도 없다. ADHD의 사례를 제대로 식별하려면 상당한 노력과 시간, 전문지식이 필요하다. 그러나 다수의 전문가 및 학부모와 대화를 해본 결과 현재 ADHD 진단은 지나치게 쉽게 내려지고 있으며, 여기에는 상당한 압박이 존재하는 것으로 나타났다.

　일부 사례의 경우 진단의 동기 자체를 의심할 만한 이유도 있었다. 실제로 일부 학생과 학부모, 학교는 학업성취도 평가와 관련해 시간을 좀 더 확보할 수 있다는 이유로 ADHD 진단을 희망하는 것으로 나타났다. 또 ADHD 치료약에 대한 수요가 높은 것은 증상의 여부와는 상관없이 단지 집중력 향상에 도움을 받고자 하는 아이들이 많기 때문이었다. 학교생활과 학습에 대한 압박 속에서 많은 아이들이 단순히 졸지 않고 맑은 정신으로 공부를 지속하기 위해 ADHD 약물을 사용하고 있는 것이다. 이러한 상황 속에서 ADHD 진단을 받는 것은 약물을 습득하기 위한 합법적 통로인 셈이다.

　합법적으로든 불법적으로든 오늘날 ADHD 약물, 특히 리탈린과 애더럴의 판매는 최근 10년 새 급격히 증가했다. 영국의 경우 ADHD 치료용으로 1년에 100만 건의 처방전이 발행되는데, 이는 10년 전과 비교하면 거의 두 배에 달하는 수치다. 미국에서도 ADHD 치료약 판매가 2010년부터 매년 빠른 속도로 증가하고 있으며, 2020년에 이르면 판매 규모가 약 19조 원에 달할 것으로 추정된다. 이렇게 되면 정신과에서 사용하는 약물 가운데 가장 높은 소비율을 기록하게 된다.[18] 실제로 제약회사는 ADHD 치료약에 상당한 투자를 해왔으며, 이 약품을 추천하고 처방하는 의사에게 상당한 혜택을 제공하고 있다.

　캘리포니아대학교 버클리캠퍼스의 건강 및 경제학, 공공정책학 교수이자 『ADHD 폭발The ADHD Explosion』의 공동저자인 리처드

셰플러Richard Scheffler 박사는 오늘날 ADHD 치료약 시장의 폭발적 성장은 전 세계적 현상으로, 특히 생산성과 학습능력에 비중을 많이 두는 문화권에서 두드러지게 나타난다고 설명한다. 실제로 이스라엘, 중국, 사우디아라비아에서의 판매 증가율은 미국에 비해 두 배나 빨랐다.[19]

질환으로서의 위치나 진단의 문제와는 별도로 ADHD 치료약의 공인되지 않은 부작용과 관련해서도 심각한 우려가 존재한다. 일부 사용자의 경우 식욕 억제, 체중 감소, 간질환, 수면부족, 불안 및 초조, 우울, 심지어 자살충동 같은 심각한 부작용이 나타날 수 있다. 또 드물지만 환각이나 망상, 중독증세로 이어질 수도 있다.

어린아이들의 경우 ADHD 치료약이 사춘기의 발달을 저해한다는 연구 결과도 있다. 가장 우려되는 부분은 영유아에게까지 ADHD 치료약이 처방되고 있다는 점이다. 지난 2016년 미국질병통제예방센터의 조사에 따르면 의사들은 2~3세 아동 약 1,000명에게 ADHD를 진단하고 애더럴 같은 치료약을 처방한 것으로 조사되었다. 이는 미국소아학회의 기준을 무시한 처사였다.

이에 대해 매사추세츠대학교 발달 및 뇌과학 교수 에드 트로닉 Ed Tronick 박사는 이렇게 설명한다. "2~3세 아동에게 이 같은 진단을 내린다는 건 결코 상상할 수 없습니다. 어른들은 매우 편협한 시각으로 아이들의 행동을 규정합니다. '아이들은 이렇게 해야 해'라는 잣대로 평가해버리죠. 여기서 조금이라도 벗어나는 아이는 ADHD 환자가 되는 겁니다. 그저 남들과 조금 다를 뿐인데 말이죠."[20]

휴스턴 소재 아동트라우마학회 선임연구원이자 행동장애 분야의 대가 브루스 페리Bruce Perry 박사는 여러 가지 심리적 문제를 보이는 아이들을 단순히 ADHD 환자로 치부해버리는 데 상당한 우려를 표한다. 또한 그 효과가 완전히 밝혀지지 않은 약물을 사용하는 것 역시 조심스러운 입장이다. 브루스는 행동요법이나 다양한 치료요법을 통해서도 얼마든지 같은 효과를 낼 수 있으며, 더욱이 이들 방법은 부작용이 전혀 없다고 강조한다. 브루스가 제안하는 치료요법에는 요가 등의 신체활동과 드럼 연주 등의 감각활동이 포함된다. 브루스는 또한 부모나 교사에 대한 지원을 통해 잘못된 방법으로 아이의 문제행동을 악화시키지 않도록 주의해야 한다고 강조한다. "부모나 교사 등 보호자에게 아이를 효과적으로 돌볼 수 있는 여러 가지 방법을 알려주어야 합니다. 여기에는 아이에 대한 현실적인 기대를 갖는 방법, 목표 달성이 가능한 기회를 제공하는 방법, 힘들어하는 아이에게 도움을 줄 수 있는 방법 등이 포함됩니다. (…) 이렇게 해서 어른들이 제대로 준비를 갖추고, 아이들에게 성취할 수 있는 목표를 부여하며 스스로 조절할 수 있도록 기회를 제공할 때 비로소 ADHD라는 꼬리표가 붙은 각종 문제를 해결할 수 있을 것입니다."[21]

지난 2014년 4월, 영국 노팅엄대학교 ADHD센터 및 신경발달장애학회의 선임연구원 7명은 ADHD에 대한 페리 박사의 주장에 반박하는 공식 성명을 발표하며 다음과 같이 언급했다. "페리 박사의 연구에는 행동요법 역시 약물치료와 같은 효과를 낼 수 있다는 점, 그리고 오늘날 약물치료의 효과가 지나치게 부풀려져 퍼져 있다는 점은 명시되어 있지 않았습니다. (…) ADHD 아동 및 가족들은 해당 질환의 복잡하고 다차원적인 속성을 좀 더 정확히 이해하고, 효과적인 치료법에 접근할 수 있어야 합니다. 단순히 여론몰이를 하거나 낙인을 찍는 방식으로 ADHD 환자나 가족들을 이용해서는 안 됩니다."[22]

부모를 위한 여섯 가지 조언

이처럼 복잡한 논란이 진행되는 상황 속에서, 만약 내 자녀가 ADHD로 의심되거나 진단을 받은 경우 여러분은 어떤 노력을 할 수 있을까? 다음 몇 가지 내용을 살펴보자.

- **아이를 한 명의 개인으로 바라보라.** ADHD가 일종의 질환임을 확신한다고 해도 관련 증상을 보이는 모든 아이가 ADHD 환자로 분류되지는 않는다는 사실을 기억하자. 성향에 따라 좀 더 외향적이고 적극적인 특성을 보이는 아이가 있다. 또 기질적으로 활동적인 성격의 아이가 있는 반면, 정적이고 조용한 성격의 아이도 있다. 어린아이들은 특히 뛰어다니면서 노는 걸 좋아한다. 이 같은 아동기의 특징을 병적인 현상으로 취급해서는 안 된다.
- **전후 상황을 고려하라.** 아이의 문제행동에 다른 요인이 있는지 확인해야 한다. 이를테면 수면부족이나 스트레스, 운동부

족이 원인일 수도 있고, 단지 연령별 발달단계상에 나타나는 현상일 수도 있다. 특히 요즘 아이들은 대부분의 시간을 앉아서 보낸다는 점을 기억하자. 하루 종일 앉아서 공부만 하다 보면 온몸이 들썩이고 밖으로 뛰쳐나가고 싶은 마음이 드는 건 당연한 일이다. 이 같은 상황에서는 여러분도 마찬가지일 것이다.

- **여러 전문가의 의견을 들어보라.** 아이가 한 병원에서 ADHD 진단을 받았다면, 다른 병원에서도 진단을 받아보기 바란다. ADHD에 대한 진단은 특정 바이러스를 발견하거나 골절된 뼈를 찾아내는 것과는 전혀 다른 범주에 속한다. ADHD의 발병원인은 매우 다양하며, 확신이 없는 경우 여러 전문가에게 기꺼이 자문을 구해야 한다.

- **여러 가지 치료방법을 탐색하라.** 약물치료를 선택하기 전에 다른 치료방법을 고려해보자. 아이가 신체활동을 싫어한다면 이전보다 몸을 많이 움직일 수 있도록 도와주자. 또 오래도록 집중하지 못하고 쉽게 싫증을 낸다면 아이가 흥미를 느낄 수 있는 다양한 활동을 제안해보자. 4장에서 신체적·정서적·인지적·정신적 발달의 조화를 이룰 수 있는 여러 가지 방법을 언급한 바 있다. 이들 가운데 몇 가지를 시도해보자.

- **적극적으로 알아보라.** 아이가 ADHD 질환이나 기타 정신장애가 의심되어 약물치료가 권고된 경우, 동의에 앞서 최대한 많은 정보를 탐색하면서 각종 의문에 대한 정확한 답을 찾아봐야 한다.

• **나쁜 쪽으로만 생각하지 마라.** ADHD의 일부 증상은 치유가 쉽지 않을 수도 있다. 그러나 장기적인 관점에서는 ADHD가 반드시 부정적이고 파괴적이며 유해한 영향을 끼치는 것은 아니다. 학교가 정해놓은 틀에서는 완전히 벗어났지만 직업적으로 성공하며 만족스러운 삶을 살아가는 사람들도 많다. 특이한 성격을 '극복'한 것이 아니라 오히려 그 '덕분'에 이뤄낸 결과인 셈이다.

앞서 언급했듯 교육은 나중의 삶을 위한 준비과정이 아니다. 정말 그렇다. 우리의 삶은 고등학교를 졸업한 이후에도 계속된다. 그렇다면 아이들은 어떤 길을 선택해야 하고, 우리는 어떤 도움을 줄 수 있을까?

제10장

사람은 표준화될 수 없다

You, Your Child, and School

아이들이 10대로 접어들면 고등학교 졸업 후, 또는 홈스쿨링 종료 후 진로 선택이라는 문제가 다가온다. 물론 진로가 이미 정해진 아이들도 있다. 일찌감치 자신의 재능과 소질(엘리먼트)을 발견해서 나아가야 할 방향을 정해둔 경우다. 하지만 앞으로 뭘 해야 할지 구체적인 진로를 발견하지 못한 아이들도 있다. 이 같은 아이들에게는 어떤 기준을 갖고 어떻게 지도해야 할까? 물론 여기에는 정답이 없다. 정답이 있는 게 오히려 더 이상하다.

대학 진학만이 최선인가

보통의 경우 18세까지는 학교라는 틀 안에서 보호를 받는 것이 일반적이다. 이후 고등학교를 졸업하고 나면 하나의 독립적 개체가 되어 스스로 삶을 개척해나간다. 하지만 이것은 어디까지나 이론일 뿐이다. 오늘날에는 성인으로 전환되는 시기가 대학 졸업 이후로 늦춰지는 것이 점차 당연시되고 있다. 이것은 비교적 최근에 생겨난 개념이다. 한두 세대 전까지만 해도 대학에 진학하는 사람은 아주 드물었다. 대부분의 사람들은 고등학교 졸업과 동시에 직업전선에 뛰어들었다. 오늘날 대학진학률이 급속도로 상승한 이유는 정부의 적극적인 장려 정책 때문이다. 정부는 첨단기술과 정보 중심의 성공적인 경제성장을 위해서는 고학력 졸업자들이 이전보다 훨씬 더 많이 필요하다고 판단했다. 하지만 5장에서 언급했듯 나를 포함한 많은 학자들은 이 같은 정부정책에 상당한 우려를 표하고 있다. 정부가 경제적인 이유에서 대학 진학을 장려하고 있기 때문이다. 하지만 부모의 관점에서는 자녀의 대학 진학에 다른 이유가 있을 수 있다. 다음은 그중 일부다.

- **개인적 학습과 만족** 여러분의 자녀는 특정 분야에 흥미를 느끼고, 좀 더 깊이 있는 학습을 추구할 수 있다. 수학에서부터 순수예술, 천문학, 중세음악 등으로 다양하지만 취업과는 크게 상관없는 분야일 수도 있다. 이 경우 학문의 목적은 오직 학문연구 그 자체에 있다.
- **성장과 독립** 성인으로서 온전한 책임을 부담하기 전, 대학생활을 통해 좀 더 안전한 환경에서 자립할 수 있는 방법을 터득할 수 있다. 이때 대학은 일종의 현대식 '교양학교' 역할을 하는 셈이다. 새로운 친구를 사귀고 다양한 가치와 생활방식을 탐색할 수 있다.
- **전문자격 취득** 법이나 의학 등 특정 분야의 진로를 선택한

경우라면 대학 진학은 필수요건이다.

- **사회적 지위와 기회 획득** 일부 부모의 경우 대학을 사회생활의 유용한 통로로 간주한다. 다양한 사회적 네트워크로 연결되는 중요한 발판으로서 개인적으로나 직업적으로 중장기적 관점에서 상당한 도움이 된다는 것이다.
- **수익성과 안전성** 자녀의 적성이나 소질과는 별개로 부모는 대학졸업장만 있으면 안정적인 직업을 가질 수 있다고 생각할 수 있다.
- **단순한 이유** 대부분의 아이들처럼 그저 고등학교를 졸업한 다음에는 대학에 가야 한다고 단순하게 생각할 수 있다. 많은 부모가 고등학교 성적이나 대학입학시험을 중시하는 이유도 이 때문이다. 좋은 성적을 내는 것은 고등학교 생활을 개선하기 위해서가 아니라 좋은 대학에 진학하기 위해서다. 만약 대학을 안 간다면, 아이의 목적은 어디에 있는 것일까?

부모가 대학 진학을 권하는 이유는 여러 가지일 것이다. 또 개인적인 상황에 따라 다른 이유가 있을 수도 있다. 어떤 쪽이든 아이에게 대학을 가라고 하는 이유가 타당한지, 대학 진학이 내 아이에게 최선의 방법인지는 한번쯤 생각해봐야 한다.

5장에서 우리는 교육의 네 가지 기능, 즉 경제적 기능·사회적 기능·문화적 기능·개인적 기능에 대해 살펴보았다. 대학교육을 통해 본인에게 적합한 직업을 찾고 경제적으로 독립할 수 있을 것이라는 부모의 기대는 매우 타당하다. 하지만 대학졸업장이 도움이 될 수는 있을지언정 모든 경우에 반드시 필요한 건 아니다. 즉, 일반적인 대학에 진학해 학위를 따는 것이 도움이 되는 경우도 있지만, 이것이 모든 아이에게 유일한 또는 최선의 방법은 아니다. 대학을 무조건 나와야 한다는 생각도 옳지 않다. 대학만큼 훌륭한 직업 프로그램도 있고, 취업 후 학업을 병행할 수 있는 프로그램도 얼마든지 있다.

자녀의 대학 진학과 관련해 다음 두 가지는 반드시 명심해야 한다. 첫째, 진로를 탐색할 때는 자녀의 적성과 소질, 특성에 가장 적합한 기회를 찾아야 한다는 것. 둘째, 오늘날의 사회가 어떻게 변하고 있는지를 인식하고 자녀가 진로에 필요한 기술과 역량을 계발할 수 있도록 도와야 한다는 것이다.

엘리먼트 찾아 나서기

스스로의 엘리먼트를 찾아나서는 길은 결코 쉽지 않다. 그 여정이 얼마나 힘들고 어려우면 책까지 나왔겠는가![1] 더군다나 부모가 자녀의 엘리먼트를 찾을 수 있도록 돕는 일은 더더욱 어렵다. 그러니 우선은 마음을 편하게 먹자. 자녀에게 엘리먼트를 찾아주는 게 부모의 역할이 아니다. 부모는 그저 아이들 스스로 재능과 적성을 발견할 수 있도록 여건을 만들어주면 된다. 『행복한 아이 핸드북 The Happy Kid Handbook』의 저자 케이티 힐리Katie Hurley 역시 이에 동의한다. 힐리는 이 책에서 자녀의 엘리먼트 탐색을 돕기 위한

네 가지 전략을 소개하고 있다.[2]

- **내 아이만의 독특한 흥미를 발견하라**. 그저 주변 아이들이 한다는 이유로 동네 축구클럽이나 중국어 수업에 넣지 마라. 대신 아이가 어떤 분야에 흥미를 느끼는지 탐색하라(특히 놀이 활동을 할 때).
- **고정관념에서 벗어나라**. 아이의 재능은 운동장이나 연극무대에서만 나타나는 게 아니다. 주방이나 목공 작업장, 뒷마당 풀숲 등 다양한 곳에서 드러날 수 있다. 부모는 아이가 풍부하게 경험할 수 있도록 하라는 조언에 상당한 부담을 느끼지만 모든 경험이 꼭 크고 화려할 필요는 없다.
- **긍정적인 시각을 길러주라**. 이와 관련해서 케이티는 "긍정적인 아이는 건강한 태도로 위험을 감수하며 현명하게 문제를 해결하고 긍정적인 관계를 맺어나간다"라고 설명한다. 실패는 우리 삶의 한 부분이기 때문에 아이들은 언제든 각종 문제와 실패를 경험하게 된다. 이때 긍정적인 시각을 갖고 있으면 훨씬 더 쉽게 극복할 수 있다.
- **판단을 피하라**. 아이가 흥미를 보이는 분야에 대해 부모가 부정적인 판단을 해버리면 아이는 이내 의욕을 잃어버릴 수 있다. 내 아이는 이 세상의 다른 어떤 아이와도 비교할 수 없는 유일한 존재임을 인정하는 동시에 나 자신과도 구별되는 독립된 개체임을 결코 잊어서는 안 된다. 아이의 잠재력을 무시한 채 부모의 생각대로 끌고 나가면 아이는 내면적으로 큰

혼란을 겪을 수 있다.

베스트셀러 저자 밸러리 프랭클Valerie Frankel은 10대로 접어든 두 딸이 특별한 재능이나 소질을 보이지 않자 무척 초조해하며 아이들의 적성 계발에 집착하기 시작했다. 그러다 어느 순간, 아이들이 진정으로 흥미를 느끼는 것을 자신은 보지 못하고 있었다는 사실을 깨닫게 되었다. 의외로 가까운 데 있었는데 말이다. 아이들의 소질 계발에 조바심을 낸 탓에 수만 가지 선택지를 제 손으로 날린 밸러리는 제대로 된 방향조차 잡지 못했음을 시인했다. 결국 그녀는 아이들을 다그치며 일방적으로 몰고 가던 방법을 중단했다. 그리고 두 딸을 바라보며 아이들의 목소리에 귀 기울이기 시작했다. "그렇게 몇 주가 지났어요. 딸 매기 방을 청소하는데 수북한 종이꾸러미가 나오더군요. 한 장 한 장 그림이 그려져 있었죠. 매기가 그림 그리기를 좋아하는 건 알고 있었지만 전에는 공부에 방해가 된다며 나무랐어요. 하지만 이번에는 제 판단을 미루고 찬찬히 살펴봤어요." 그림에는 온갖 욕설을 퍼붓는 커다란 개 한 마리가 아주 세밀하게 묘사되어 있었다.

"이 개가 누구냐고 묻자 매기는 '피도Fido'라고 대답했어요. 요즘 작업하고 있는 캐릭터라고 하더군요. 그래서 제가 그림 그리는 게 좋은지 물었죠. 매기는 요즘 미술수업을 듣고 있어요. 놀라운 건 아이가 점점 더 흥미를 느낀다는 사실이죠. 푹 빠져드는 게 눈에 보일 정도니까요. 얼마 전에는 학교에서 전시회를 했는데 그때 확실히 알았죠. 매기는 그림에 흥미를 느낄 뿐 아니라 소질도 있

다는 사실을요. 나중에 픽사Pixar 같은 유명한 곳에서 일하게 되면 좋겠어요."³

충분히 가능할 것이다. 어쨌든 아이가 스스로의 잠재력을 최대한 끌어낼 수 있도록 여건을 만들어주는 것은 부모의 몫이다. 여기에는 너무 빠른 시기도, 너무 늦은 시기도 없다. 바로 지금 시작하면 된다. 자, 그럼 앞으로 돌아가 토머스 암스트롱이 정의한 천재의 개념을 다시 떠올려보자. 여러분은 자녀가 어떻게 '기쁨을 낳을 수' 있도록 도와주겠는가? 이에 대해 암스트롱은 50가지 방법을 제시하고 있다.⁴ 여기서는 그중 일부만 살펴보도록 하겠다.

- 실수를 용인하라. 뭐든지 완벽하게 해내야 한다면 아이들은 위험을 감수하려 들지 않을 것이다. 위험 감수는 자신의 소질을 발견하고 계발하는 데 꼭 필요한 과정이다.
- 학습을 지나치게 강요하지 마라. 적성 계발을 목적으로 매일같이 특별수업을 받는다면 스트레스 때문에 쉽게 지쳐버릴 수 있다.
- 격려는 하되 다그치지는 마라. 부모 스스로 자신의 소질을 계발해가는 모습을 보여주라. 아이들은 저절로 부모를 따라 하게 될 것이다.
- 부모의 성공담을 공유하라. 하루에 일어났던 기쁜 일, 좋은 일을 서로 나누면 아이들의 자신감이 높아질 수 있다.
- 자유시간을 제공하여 아이 혼자 뒹굴거리며 상상의 나래를 펼칠 수 있도록 하라.

- 학년이 올라갈수록 자신의 미래에 대해 긍정적이고 창의적으로 사고할 수 있도록 격려하라.
- 아이의 미래를 지원하되 특정 분야로 국한하지 마라.
- 아이 스스로 자신의 직관과 능력을 신뢰할 수 있도록 격려하라.
- 아이가 자신의 재능을 마음껏 펼칠 수 있도록 다리가 돼주어라. 적성 탐색과 계발의 기회를 찾을 수 있도록 적극 지원하자.

직업의 세계

직업의 세계는 급격히 변화하고 있으며, 앞으로는 그 속도가 더욱 빨라질 전망이다. 따라서 우리 아이들은 더 많은 난관과 도전에 부딪히게 될 것으로 보인다. 많은 부모들이 아이가 대학에 진학해 법학이나 의학, 회계학처럼 '안정적인' 분야의 학위를 받으면 미래는 어느 정도 보장될 것이라고 생각한다. 물론 일부 국가에서는 아직도 그렇다. 하지만 미국 같은 이른바 선진국의 경우는 전혀 그렇지 않다. 미국의 경우 국민 1,000명당 변호사 숫자는 45명으로 1인당 평균 변호사 비율이 전 세계에서 가장 높다. 실제로 법대 졸업자 상당수가 관련 업계에서 활동하지 못하고 있는 상황이다. 단순히 자신이 원하지 않아서 그런 경우도 있지만, 일자리가 부족한 이유가 훨씬 크다. 이 같은 미국 변호사의 과잉공급은 점점 복잡해지고 있는 입법 및 소송체계와 무관하지 않다. 결국 변호사도 생계를 위해 다른 일을 해야 하는 상황이다.

대학졸업장이 경제적 안정의 지름길인 것은 여전히 사실이다. 지난 2014년, 퓨리서치센터의 연구에 따르면 좀처럼 커지지 않던 대학 졸업자와 고등학교 졸업자의 임금격차는 비교적 단시간 내에 급격히 벌어진 것으로 나타났다.[5] 그럼에도 대학졸업장은 이제 더 이상 안정된 직업의 보증수표라고 할 수 없다. 아니 그 어떤 직업도 마찬가지다.

한 통계자료에 따르면, 최근 대학 졸업자 가운데 45퍼센트는 굳이 '대학졸업장이 필요 없는 일'에 종사하고 있는 것으로 나타났다. '대학졸업장이 필요한 일'이란 회사 동료 직원 가운데 최소 50퍼센트 이상이 학사 이상의 학위를 갖고 있는 경우를 뜻한다. 이 같은 현상은 대공황 시절 대학 졸업자들이 택시 운전사나 매장 점원으로 근무하던 것과 유사하다. 그러나 통계자료에서는 45퍼센트라는 수치가 정확하지 않다고 설명한다. 이들 가운데 일부는 몇 년 안에 대학졸업장이 필요한 곳으로 자리를 옮길 수 있기 때문이다.[6]

또 한 가지 눈여겨봐야 할 부분은 대학등록금이 점차 인상되면서 학자금 대출 역시 그 규모가 커지고 있다는 점이다. 이러한 사실은 대학이 결코 모든 학생에게 장밋빛 미래를 보장해주지는 않는다는 것을 방증한다. 실제로 미국의 대학등록금은 지난 2000년 평균 2,000만 원에서 2015년 4,200만 원으로 급격히 인상되었다.[7] 이는 209퍼센트의 상승폭으로 같은 기간 전체 물가상승률보다도

71퍼센트가 높은 수치다. 이처럼 높은 비용을 부담할 수 있는 가정은 많지 않기 때문에 결국 학자금 대출의 비율이 높아지는 것이다. 2015년 기준으로 학자금 대출을 받은 학생의 1인당 대출금액은 3,800만 원 이상인 것으로 나타났다.[8] 결국 아이들이 빚을 떠안은 채 사회로 진입하는 셈이다.

요약하면, 오늘날의 대학 졸업자는 학비를 마련하느라 꽤 많은 빚을 진 상태로 사회에 진출하지만, 굳이 졸업장이 필요 없는 일을 하며 살아간다는 것이다. 기대치보다 못한 직장이라 해도 당장의 생활을 위해서는 어쩔 수 없다. 이 같은 상황은 모든 부모에게 경종을 울린다. 무조건 대학 진학을 강요하기보다 자녀의 진로에 학위가 꼭 필요한 것인지 꼼꼼히 따져봐야 한다는 것이다. 이러한 문제의 원인으로는 의사나 변호사, 또는 경영학 석사학위를 지닌 전문직만 우선시하는 분위기를 꼽을 수 있다. 부모는 아이들에게 이른바 '사' 자 붙은 직업만을 강요하면서 그 외의 직업을 갖는 것은 쓸모없는 사람이 되는 것이나 마찬가지라는 무언의 메시지를 끊임없이 전달하고 있다.

대학학위 vs. 직업훈련

그러나 한편으로는 청년실업률이 치솟고 있는 추세다. 일부 국가에서는 전체 청년 가운데 50퍼센트가 실직한 상태이거나 한 번도 경제활동을 한 적이 없는 것으로 나타났다. 미국의 청년실업률은

10퍼센트 내외를 기록하고 있지만, 일부 국가의 경우 이 수치의 거의 두 배에 달한다. 미국에서는 청년 일곱 명 가운데 한 명, 전국 적으로 약 600만 명이 그 어떤 노동이나 교육, 직업훈련 과정에 포 함되어 있지 않은 것으로 조사되었다. 경제활동에서 아무런 역할 도, 지분도 없는 셈이다. 그래서 이들을 두고 사회와 차단되었다고 설명하기도 한다.[9]

그러나 이 같은 상황과는 모순적으로 수백만 개의 일자리가 적 합한 사람을 구하지 못한 채 여전히 비어 있다. 2020년 무렵이면 이처럼 공석으로 남아 있는 일자리가 전 세계적으로 9,500만 개에 이를 것으로 예상된다.[10] 지난 2016년 미국의 경우에는 550만 개 에 달했다.[11] 이들 직업 중 상당수는 대학 학위가 아닌 특별 직업훈 련이 필요한 숙련공 관련 분야다.

이에 대해 콰드런트 리서치의 밥 모리슨 대표는 전문적인 직 업훈련이 필요한 분야에서조차 대학 진학이 우선시되는 오늘날 의 풍토가 얼마나 많은 문제를 낳고 있는지 구체적으로 언급한다. "이곳 뉴저지의 규모가 꽤 있는 학군에서 교장직을 맡은 적이 있 습니다. 그때 확실히 알 수 있었죠. 이른바 '좋은' 고등학교를 평가 하는 기준은 대학진학률입니다. 그래서 학교에서는 전체 순위를 끌어올리기 위해 어떻게든 많은 학생을 대학에 보내려고 안간힘 을 쓰죠. 직업 및 기술 전문학교의 행태도 문제가 많습니다. 이들 중 상당수는 STEM 과목, 즉 과학, 기술, 공학, 수학 네 개 과목에서 엘리트 교육을 시행하는 곳으로 거듭났습니다. 그중에서도 특히 기술과목에 많은 투자를 했죠. 하지만 정작 취업과 직결되어 있는 실질적인 기술교육은 거의 손을 떼다시피 했습니다. 따라서 더 많은 학생이 대학이라는 테두리를 벗어나 자신의 진로를 탐색할 수 있도록 돕는 것도 중요하지만, 최근 들어 직업 및 기술 전문학교로 학생들이 몰리고 있는 현상을 좀 더 면밀히 주시해볼 필요가 있습니다. 직업 및 기술 전문학교를 포함해 모든 학교가 그저 대학진학률을 높이는 데만 혈안이 돼 있는 상황에서 가장 우려되는 부분은, 머지않아 대학 진학 대신 취업을 선택한 이들을 지원해줄 수 있는 최소한의 기반시설조차 갖추지 못할 수도 있다는 것입니다."[12]

오늘날 미국 학교에서는 직업훈련 과정이 거의 운영되지 않는다. 그 결과 인턴 프로그램이나 기타 직업훈련에 참가할 수 있는 기회가 사라져버렸고, 이는 곧 기술역량의 저하로 이어졌다. 이에 대해 시엔엔머니CNNMoney 기자 패트릭 길레스피Patrick Gillespie는 이렇게 지적했다. "현재 미국에는 숙련공이 될 만한 기술을 갖춘 인력이 거의 없습니다. 이 같은 기술역량의 공백상태는 현재 미국에서 심각한 문제로 대두되고 있습니다."[13] 2018년 현재 공석으로 남아 있는 미국의 일자리 가운데 약 3분의 1은 대학졸업장이 아닌 전문적인 직업훈련이 필요한 자리지만, 적합한 자격을 갖춘 노동력은 단 12퍼센트에 불과한 것으로 나타났다. 물론 예외는 있다.[14] 직업훈련의 대표적인 성공사례 빅 픽처 러닝BPL에 대해 살펴보도록 하자.

빅 픽처 러닝

빅 픽처 러닝은 지난 1995년 학생들의 자기주도학습 역량 배양을 목표로 로드아일랜드에 처음 설립되었다. 공동설립자 데니스 릿키Dennis Littky와 엘리엇 와셔Elliot Washor는 모두 교사와 교장을 역임하며 30년 이상 교육계에 몸담은 인물로, 지금까지의 학습과 학교는 완전히 달라져야 함을 역설했다. 이후 BPL은 지난 2000년 96퍼센트의 졸업률을 기록하며 첫 졸업생을 배출했다. 오늘날 미국 전역에는 65곳 이상의 학교가 BPL 네트워크로 운영되고 있으며, 더 많은 수의 학교가 오스트레일리아, 네덜란드, 이탈리아, 캐나다 등지에서 운영되고 있다. BPL 학교의 두 가지 특징으로는 첫째, 맞춤교육을 강조한다는 것, 둘째, 교내로 제한돼 있던 학생들의 활동범위를 확대했다는 점을 꼽을 수 있다. 또한 BPL 학교 학생들은 멘토의 감독하에 꽤 많은 시간을 지역공동체 내에서 보내고 있다. 이들에 대한 평가는 단지 시험성적이 아닌 성취에 대한 스스로의 동기, 성취 결과를 묘사하고 표현해내는 능력, 평소에 나타나는 사소한 습관·태도·자세 등 일상생활의 여러 가지 기준을 토대로 이루어진다.[15]

학습 계획

빅 픽처 러닝은 학생들을 열다섯 명씩 소그룹으로 나누어 맞춤식 교육을 제공한다. 각 그룹에는 학생들을 지도하는 상담교사가 배치되는데, 이들은 학생 개개인과 긴밀한 관계를 유지하며 그룹을 이끌어나간다. 학생들은 같은 그룹 내에서 4년을 보내게 되며, 교사와 일대일 관계를 유지하는 가운데 적성과 흥미를 식별하고 최선의 학습법과 동기부여 방식을 터득함으로써 자신만의 학습법을 개발해나간다. 학부모도 학생들의 학교생활에 적극 참여하여 필요한 도움을 제공한다. BPL의 가장 핵심적인 부분은 학생 개개인별로 '학습계획서'를 작성하는 것이다.

학습계획서는 학생이 한 학기 동안 해야 할 모든 활동과 학습을 기술해놓은 자료다. 모든 학생은 학생과 학부모, 교사, 멘토로 구성된 '학습계획팀'을 갖고 있다. 필요에 따라 특별 교육전문가, 추가적인 가족구성원, 학교 교직원 등이 팀원으로 합류한다. 학습계획팀의 주도하에 학생 개개인별로 학습계획표가 작성되며, 학년이 올라가면서 계획표는 새롭게 업데이트된다. 1년에 네 번, 학생들은 팀원들 앞에서 자신의 학습 결과물을 발표한다.

학습 과정

학생들은 자신만의 소질과 적성에 따라 학습계획표를 작성하기 때문에 단 한 명도 같은 계획표를 갖고 있지 않다. 대부분의 계획표는 인턴십 및 관련 프로젝트 활동을 중심으로 작성되며, 여기에는 각종 세미나, 대학 수업, 방과 후 특별활동이 포함되기도 한다. 학생들은 멘토의 도움으로 자신이 선택한 분야의 인턴십 기회를 얻고, 이를 통해 해당 분야에서 실제로 활동하고 있는 전문가와 일대일로 연결된다. 이렇게 형성된 인턴, 멘토, 전문가의 삼각관계를 토대로 학생들은 현장에서 필요한 지식과 기술을 습득해나간다. 이때 교사는 관련 프로젝트 진행 시 학생과 멘토를 지원하고 인턴십이 종료된 후에도 해당 능력을 계발해나갈 수 있도록 돕는다. 요컨대 BPL은 학생이 적극적으로 참여하는 학생 중심의 학습 과정인 셈이다. 학교와 교사, 학부모, 각 분야의 전문가는 학생 개개인의 특징을 파악하여 맞춤식 지원을 제공함으로써 학생들의 학습을 돕고 도전의식을 고취한다.

학부모의 역할

빅 픽처 러닝이 운영되는 학교에서는 학부모 역시 뚜렷한 역할을 갖고 있다. 자녀를 학교에 입학시키는 과정에서 부모는 왜 BPL을 선택하게 되었는지에 대한 에세이를 쓴다. 또 자녀와 함께 인터뷰에 참가함으로써 이 학교가 자신의 가족과 맞는지를 구체적으로 확인한다. 이렇게 해서 최종 입학을 결정하고 나면, 자녀의 학교생활을 다방면으로 지원하겠다는 서약서를 쓰게 된다. 이후 부모들은 학습계획표 관련 회의 및 과제 발표회, 각종 행사에 참석한다. 학생과 함께 학부모 역시 학교에 입학하는 것이나 마찬가지다. 이처럼 BPL로 운영되는 학교에 입학하는 데는 학교와 파트너십을 형성함으로써 자녀의 학교생활을 적극적으로 지원하겠다는 약속이 전제되어 있는 셈이다. 이 같은 약속에는 다음 내용이 포함된다.

부모는 다음 항목에 약속한다.

• 일 년에 네 번 열리는 과제 발표회에 모두 참석한다.

- 일 년에 네 번 열리는 학생별 '학습계획표' 작성 회의에 최소 두 번 이상 참석한다.
- 학교 전체 행사(오픈 하우스, 가족 재능 박람회, 연말 행사 등)에 최소 1회 이상 참여한다.
- 학생의 상담교사와 주기적으로 대화를 진행한다.
- 숙제를 잘할 수 있도록 지원한다.
- 지각 없이 출석할 수 있도록 확인한다.
- 일 년에 최소 10시간 학교 봉사활동에 참여한다(일일 자원봉사, 가족참여위원회 참여, 수학여행 도우미 활동 등).

학생은 다음 항목에 약속한다.

- 학교에 지각하지 않는다.
- 학교에서 주어진 과제를 성실히 수행한다.
- 숙제를 열심히 한다.
- 같은 반 친구들과 선생님을 존중한다.
- 멘토와 함께 매년 인턴십에 참가한다. 일주일에 세 번 일기를 쓴다.
- 학습계획표 작성팀과 함께 학습계획표를 작성한다.
- 일 년에 네 번 학습계획표 작성팀과 함께 학습계획표를 수정·보완한다.
- 일 년에 네 번 자신의 학습 결과물을 팀 구성원 앞에서 발표한다.

학교는 다음 항목에 약속한다.

- 모든 학생을 존중한다.
- 모든 학생에게 높은 기대를 갖는다.
- 학생의 학교생활에 대해 가족 구성원과 주기적으로 의사소통한다.
- 학생별 학습계획표를 개발하고, 최소 일 년에 네 번 생활기록부를 작성하며, 학생들의 대학 지원 및 진로 탐색을 돕는다.
- 일 년에 네 번 학생들이 자신의 학습 결과물을 공개적으로 발표할 수 있도록 자리를 마련한다.

학부모의 지원 아래 학교와 대학이 긴밀히 협력하여 적절한 취업교육을 실시한다면 지금보다 훨씬 많은 학생들이 취업시장에서 자신의 자리를 찾을 수 있을 것이다. 그러나 현재로서는 모든 노력이 대학 입학에 집중되어 있다.

그 결과 자신의 직업에 만족감을 느끼지 못하는 변호사만 수두룩하고, 열정과 기쁨으로 일하는 건설노동자는 턱없이 부족한 상황이다. 아이러니하게도 이러한 상황에서는 건설노동자가 변호사보다 수익이 높을 수도 있다. 이에 대해 고등학교 교사 질리언 고든Gillian Gordon은 PBS 뉴스아워와의 인터뷰에서 다음과 같이 밝혔다. "일부 학생의 경우 여전히 4년제 대학이 최고의 선택일 수 있습니다. 하지만 이것이 모든 학생에게 적용되는 듯한 지금의 풍토는 바뀌어야 합니다. 대학졸업장이 있다고 해서 '성공한 인생'

으로 볼 수 없으며, 또 없다고 해서 '실패한 인생'으로 볼 수도 없습니다."

다행스럽게도 대학 외에 선택할 수 있는 다양한 대안이 존재한다.

대학 외의 선택지

그렇다면 대학 외에 선택할 수 있는 대안에는 어떤 것이 있을까? 취업 및 기술 교육협회에 따르면, 현재 9,000곳 이상의 중등교육 기관에서 기술교육 프로그램을 제공하고 있다.[17] 또 일부 프로그램의 경우 지역 내 전문대학이나 각종 실업학교, 직업학교, 기술학교에서 운영되고 있다.[18]

또 다른 방법은 견습공 제도를 활용하는 것이다. 이 제도의 장점은 학교에 등록금을 내지 않고 오히려 돈을 받으면서 기술을 배울 수 있다는 점이다. 마이크 타일러의 경우 대학에 진학해 등록금으로 약 8,000만 원의 빚을 지고 나서 뒤늦게 이 제도를 알게 되었다. 타일러는 졸업 후에 식당 종업원처럼 봉급이 낮은 일을 전전하며 생계만 겨우 꾸려나갔다. 그러던 중 우연찮은 기회에 뉴욕 퀸즈 지역에서 주관하는 배관공 견습 프로그램을 알게 되어 참여했다.[19] 그리고 지금은 자신 소유의 집을 샀을 만큼 높은 수익을 올리고 있다. 또 5년간의 견습 프로그램을 마치고 나면 약 1억 원의 연봉을 받게 된다. 대학 졸업자나 박사학위 소지자보다도 많은

금액이다.[20]

다른 나라의 경우 참여자의 요구사항을 훨씬 더 구체적으로 반영한 취업교육 프로그램을 운영하고 있다. 『학교혁명』에서 나는 세계적으로 유명한 핀란드의 교육 시스템을 언급한 바 있다. 수학·과학·언어 영역에서 핀란드 학생들의 학업성취도가 세계 최고 수준이라는 사실은 익히 알려져 있다. 그러나 핀란드 고등학생의 45퍼센트는 졸업 후 대학이 아닌 직업학교로 진학한다는 사실은 상대적으로 덜 알려져 있다. 핀란드에서는 직업학교 진학이 대학 진학만큼 사회적으로 인정받고 있으며, 직업교육에 대한 재정 지원이 충분히 뒷받침되고 있다는 사실에 주목해야 한다.[21] 그래서 의과대학에 진학할 수 있을 정도의 높은 실력을 가진 아이들도 자신의 소질과 적성에 따라 직업학교를 선택한다. 요컨대 핀란드에서의 직업교육은 어쩔 수 없이 선택하는 대안이 아닌 것이다. 직업학교 학생들은 대학에 진학하는 학생들과 똑같이 인정받고 존중받는다. 또 직업학교는 꼭 필요한 학습기관으로 인식된다. 이 같은 사회적 분위기가 학생들 스스로의 인식과 더불어 직업학교 선택에 대한 가치 인식의 차이를 만들어내는 것이다.

오스트리아 역시 직업교육훈련 프로그램을 활발하게 운영하는 것으로 유명하다. 오스트리아 학생들은 공통적으로 처음 9년 동안은 일반학교에서 생활한다. 그러나 이 과정이 끝나고 나면 대학 준비반과 직업교육반 둘 중에 하나를 선택하여 진학하게 된다. 이 점이 미국의 교육 시스템과 가장 큰 차이를 보이는 부분이다. 미국의 경우 대부분의 고등학생은 대학준비반으로 진학해 혹독한

입시를 치른다. 자신의 진로가 대학과는 특별히 상관없는 학생들도 마찬가지다. 그러나 오스트리아 고등학생 가운데 80퍼센트는 직업교육반을 선택한다. 이 가운데 절반은 숙련공 견습 프로그램(일주일에 하루나 이틀은 일반적인 교과 수업에 참여한다)에 참여하며, 나머지 절반은 학교에 출석하여 간호학, 금융학, 회계학 등의 수업을 듣는다. 견습 프로그램을 이수한 학생들은 수료증을 받는데, 이후 대학에 진학할 수도 있다. 그 결과 오스트리아의 청년실업률은 미국의 절반, 유럽연합 평균에 비하면 3분의 1 수준이다.[22]

직업교육 프로그램으로는 오스트레일리아도 빼놓을 수 없다. 오스트레일리아의 경우 매년 40만 명의 외국 학생들을 직업교육 과정에 유치하고 있다. 이 같은 직업교육의 성공요인으로는 우수한 교사진을 꼽을 수 있다. 직업교육 프로그램을 운영하는 모든 교사는 최소 5년 이상의 관련 분야 경력이 필수적이다. 또한 빠른 속도로 변하고 있는 노동시장의 특징을 반영하여 학생들에게 유연하게 선택할 수 있는 여지를 제공하고 있다. 15세부터 19세까지 오스트레일리아 학생의 약 40퍼센트는 직업교육 프로그램에 참여하고 있다.[23]

아르헨티나 교육부 산하 국립직업교육원 부원장 가브리엘 산체스 지니Gabriel Sanchez Zinny는 부에노스아이레스에서 열린 한 심포지엄에서 오스트레일리아 직업교육 프로그램 개발자들을 만나본 소감을 이렇게 밝혔다. "교육의 질에 대한 논의 수준이 매우 높다는 점이 특히 인상적이었습니다. 직업교육 프로그램 참가자들이 상당한 자부심을 갖고 있다는 점도 놀라웠습니다. 좌파 진영의 노동당이나 우파 진영의 연립여당이나 각종 공공기관 및 재단, 사설 교육기관 모두 한목소리로 학생과 교육의 품질을 가장 우선시했습니다."[24]

내 아이가 어떤 분야에 흥미와 소질을 보이든 상관없이 학교에서 어떤 직업 프로그램을 제공하는지 정도는 반드시 알아두어야 한다. 실질적인 취업교육에 대한 학교의 태도는 자녀의 학교를 선택할 때 중요한 평가기준이 되어야 하기 때문이다.

창업

대학 진학 외에 또 다른 대안은 창업을 하는 것이다. 대학졸업장 없이 창업을 해서 시장을 선도한 사례는 수없이 많다. 이 같은 성공은 이례적이라 하더라도 블로그 운영이나 앱 개발, 온라인을 통한 수제품 판매, 제품 및 서비스의 마케팅 활동 등으로 수익을 올리는 경우는 무수히 많다. 창업이 적성에 맞는지를 고려해볼 가치는 충분하다. 그렇다고 아무나 창업할 수 있는 것은 아니다. 열정과 노력, 투지는 물론 앞을 내다볼 수 있는 능력과 더불어 판매할 수 있는 시장도 필요하다. 만약 여러분의 자녀가 이 모든 자질을 충분히 갖추었고 재정적으로도 충분하다면 창업은 더없이 완벽한 선택일 수 있다.

드렉셀대학교의 찰스 D. 창업학교 설립자 겸 학장 도나 M. 드 캐럴리스Donna M. De Carolis는 누구나 어느 정도의 기업가 정신을 갖고 있다고 설명한다. 다음은 그녀가 〈포브스〉와의 인터뷰에서 밝힌 내용이다. "우리 모두는 생존 본능을 갖고 태어납니다. 이 같은 본능에는 혁신적 사고능력 또한 포함되어 있죠. 혁신적으로 사고하고 행동할 때 우리 모두는 기업가가 되는 셈입니다."[25]

쉬어가기

대학 진학은 여러분의 자녀에게 최선의 선택일 수 있다. 그러나 지금 당장은 아닐 수도 있다. 많은 학생들이 대학 합격과 동시에 그동안 짓눌렸던 모든 압박과 스트레스에서 벗어난다. 그러나 일부 아이들은 한두 달의 여름방학으로는 충분히 쉬었다고 느끼지 못할 수 있다. 너무 오랜 시간, 강도 높은 스트레스에 시달린 탓이다. 이 같은 현상은 공부를 잘하는 아이일수록 더 두드러지게 나타난다. 또 대학은 가고 싶지만 어떤 대학에서 무슨 공부를 해야 할지 정하지 못한 경우도 있다. 이런 아이들에게는 갭이어(고교 졸업 후 대학생활을 시작하기 전에 일을 하거나 여행을 하면서 보내는 일 년 – 옮긴이)가 적절한 선택일 수 있다.

갭이어는 일반적인 방학과는 전혀 다르다. 다시 말해, 온종일 낮잠이나 자면서 빈둥거리라고 만든 제도가 아니다. 제대로만 활용한다면, 갭이어를 통해 아이들은 좀 더 넓은 세계에서 다양한 경험을 하면서 곧바로 대학에 진학했다면 결코 기대하지 못했을 커다란 성장을 이뤄낼 수 있다. 갭이어의 가치는 이미 널리 알려져 있어 하버드대학교, 프린스턴대학교 등 다수의 미국 일류대학에서 학생들에게 이 제도를 적극 권장하고 있다. 관련 연구에 따르면 갭이어를 경험한 학생은 그러지 않은 학생에 비해 훨씬 적극적으로 대학생활을 하며 성적도 좋은 것으로 나타났다.[26]

가야 모리스는 대학에서 배울 내용을 미리 경험해보고 싶어 갭이어를 선택했다. 가야는 '글로벌 시티즌 이어'라는 프로그램을 통해 세네갈에서 7개월을 보냈다. 이 기간 동안 초등학교 봉사활동, 세네갈 여성의 문맹타파 교육, 고등학교 영어클럽 구성 등 다양한 경험을 할 수 있었다. "갭이어 활동기간 동안 저의 새로운 관심사를 많이 발견하게 되었어요. 개발도상국 초등학교 교육뿐 아니라 아이들에게 국어를 가르치는 일에도 남다른 흥미를 갖게 되었죠. 독특한 운율이 느껴지는 월로프어(세네갈, 감비아, 모리타니에서 쓰는 언어 - 옮긴이)도 무척 신기했고, 손으로 양파 잘랐던 경험이나 양동이 바닥을 겨우 채울 만큼 남아 있는 탁한 물로 옷을 빨아본 경험도 나름 재미있었어요. 이 같은 도전과 경험을 하고 난 이후의 대학생활은 정말 즐거웠어요. 공부를 위해 책을 보거나 컴퓨터를 켜는 것은 물론 새로운 사람들을 만나고, 예상치 못한 벽에 부딪혀 그것을 극복해내고, 전공분야의 여러 가지 내용을 학습하는 모든 과정이 그저 즐거움으로 다가왔죠."[27]

엘리자 터커는 바드대학 입학 전 코스타리카를 홀로 여행하며 갭이어를 보냈다. 터커는 이 경험을 통해 독립적으로 살아가는 방법을 배울 수 있었다. "혼자서 길을 잃을 수도 있는 그런 곳을 여행하고 싶었어요. 길을 잃은 채 홀로 여행을 하면서 제 자신을 깊이 들여다보게 되었죠. 내면의 소리에 귀 기울이며 제 자신이 원하는 것에 좀 더 솔직해질 수 있었어요." 터커는 대학 합격 후 이런 시간을 보낼 수 있다는 것이 무엇보다 감사하다고 전했다. "사실 이런 시간이 처음은 아니에요. 홀로 자유시간을 갖고 원하는 일을 할 수 있는 기회는 여러 번 있었죠. 하지만 이번 1년은 온전히 제 자신에게 집중하여 대학생활의 목표와 계획을 세울 수 있는 계기가 되었다는 점에서 특별합니다."[28]

애디슨 보엘즈는 여느 학생들처럼 인디애나대학교에 진학해 학교 기숙사 계약까지 마친 상태였다. 하지만 같은 고등학교 출신 친구와 룸메이트가 되자 실망감을 감추지 못했다. 대학에서는 새로운 친구를 사귀어보고 싶다는 마음이 컸기 때문이다. 애디슨은 더 늦기 전에 쳇바퀴처럼 굴러가던 생활에서 벗어나 새로운 경험을 해보기로 했다. 그렇게 무작정 뉴욕으로 건너가 패션기술대학을 둘러보게 되었다. 애디슨은 그곳에서 지금껏 느껴보지 못한 묘한 흥미를 느낄 수 있었다. 이후 패션업계에서 1년을 일하며 두 번의 인턴십도 경험해보았다. 이에 대해 애디슨은 이렇게 설명했다. "새로운 사람들을 만나고, 새로운 세상을 경험하며, 새로운 분야에서의 경력도 쌓게 되었죠. 이곳으로 떠나오지 않았다면 결코 해보지 못했을 값진 경험이었어요. 물론 뉴욕으로 올 때는 어느 정도 두려움도 있었죠. 학교에 지원할 때는 합격할 수 있다는 자신감도 없었어요. 그래서 제2의 대안을 생각해보기도 했지만 마땅히 떠오르진 않더군요." 다행히도 애디슨은 뉴욕 패션기술대학 3년 과정에 합격해 제2의 대안을 생각할 필요가 없게 되었다.[29]

지금까지의 사례에서 살펴봤듯 학생들은 갭이어를 활용해 곧바로 대학에 진학했다면 얻지 못했을 다양한 경험과 통찰력을 얻게 되었다. 여러분의 자녀가 갭이어 선택을 고려 중이고 또 부모로서 아이에게 도움이 된다고 판단한다면, 주저 없이 지원해주기 바란다. 단, 정확한 목적의식은 필수적이다. 갭이어 프로그램을 도입하는 대학이 점점 늘어나고 있기 때문에 이를 운영하는 대학에 지원하는 것도 좋은 방법이다. 갭이어에 대한 다양한 기회를 탐색해볼 수 있는 갭이어 박람회도 참고해볼 만하다.[30]

대학

그렇다고 대학에 곧장 진학하는 것이 나쁘다는 것은 결코 아니다. 많은 학생들이 고등학교 졸업 후 바로 대학에 진학하여 즐거운 대학생활을 경험한다. 내 주변에는 대학생활을 인생 최고의 경험으로 표현하는 아이도 여럿 있다. 대학생활을 통해 자기 자신을 깊이 들여다볼 수 있게 되면서 지금껏 느껴보지 못한 새로운 열정과 관심을 갖게 되었다는 것이다. 하지만 이것이 모든 학생에게 늘 똑같이 적용되는 것은 아니다. 그래서 아이들 한 명 한 명의 개인적인 소질과 재능, 성숙도, 독립성 등을 고려해 대학 진학이 아이의 진로에 가장 적합한 선택인지를 결정하는 것이 중요하다.

올바른 대학 선택 방법에 관한 책은 시중에 많이 나와 있다. 따라서 여기서 그 부분까지는 언급하지 않겠다. 하지만 우리가 한 가지 유념해야 할 것은 대학 못지않게 높은 수준의 커리큘럼을 제공하는 곳이 아주 많다는 것이다. 굳이 4년 또는 그 이상의 시간을 대학에 다니며 허비할 필요가 없다. 특히 최근 10년간 온라인 과정이나 사이버대학의 숫자가 급격히 늘었다. 일반 대학 등록금에 비해 훨씬 적은 돈으로 시간관리를 유연하게 해가면서 대학 수준의 강의를 들을 수 있다. 아직까지 시장이 덜 성숙한 탓에 실패하는 스타트업도 많고 사기성이 짙은 기관도 일부 발견된다. 따라서 온라인 교육을 선택할 때는 특별히 잘 알아보고 선택해야 한다. 그러나 이러한 문제는 시장이 성숙되고 관련 경험이 축적되면 쉽게 해결될 수 있는 문제다. 중요한 것은 온라인 교육 기회가 충분하다는 점이다.

교육에는 정답이 없다

요컨대 표준화된 교육의 위험성은 아이들에게 천편일률적인 접근방식을 취한다는 것이다. 그러나 만족스러운 삶을 살 수 있는 방법은 셀 수 없이 많다. 우리의 삶은 결코 한 가지 길을 따르지 않는다. 사람들은 때로 예상치 못했던 길로 접어든다. 그리고 그 속에서 새로운 흥미를 발견하고, 의외의 기회를 얻기도 한다. 이제 학교는 한 가지 교육방식을 모든 아이에게 똑같이 적용할 수 있다는 착각에서 벗어나야 한다. 이것은 아이들의 미래를 제한하는 일이다. 또한 부모는 특정 분야의 전공이 취업에 더 도움이 될 것이라고 생각할 수 있다. 하지만 세상이 변화할수록 이 같은 생각은 더욱 멀어질 뿐이다.

부모로서 할 수 있는 최선의 방법은 아이들이 고유의 적성과 흥미를 찾아 계발할 수 있도록 돕는 일이다. 그렇게 되면 아이들은 자신만의 삶을 스스로 그려나갈 것이다. 그저 최선을 다할 수 있도록 지켜봐주자. 부모가 대신해줄 수 있는 것은 아무것도 없다.

주석

제1장 교육 방향을 잡아라

1 이 시는 자신의 개인 블로그 'Motherhood for Slackers' 및 페이스북에도 게재되었다.

2 Peter Gray, "Welcome to the World of Self-Directed Education," Alternatives to School, http://alternativestoschool. com, accessed November 2, 2016.

3 "Learning Less: Public School Teachers Describe a Narrowing Curriculum," Farkas Duffett Research Group, 2012년 3월, http://great minds.net/maps/documents/reports/cc_learning-less-mar12.pdf.

4 자세한 내용은 다음 자료를 참고하기 바란다. *A Review of State and Regional Arts Education Studies* report prepared for Americans for the Arts by Yael Z. Silk, EdM, and Stacey Mahan, EdM, of Silk Strategic Arts LLC and Robert Morrison of Quadrant Research at http://www.americans forthearts. org/sites/default/files/State_Status_Report_Final.pdf.For further details, http://www.quadrantresearch.org/group-list/ priorresearch.

5 Anya Kamenetz, *The Test: Why Our Schools Are Obsessed with Standardized Testing—8212; But You Don't Have to Be* (New York: Public Affairs, 2015), p. 5.

6 상게서. p. 7. 각종 시험과 교육 표준화의 확대 및 영향, 공교육 민

영화에 관한 내용은 다음 자료를 확인하기 바란다. Diane Ravitch, *Reign of Error: The Hoax of the Privatization Movement and the Danger to America's Public Schools* (New York: Vintage Books, 2014).

7   "The Future of Jobs: Employment, Skills and Workforce Strategy for the Fourth Industrial Revolution," World Economic Forum Executive Summary, January 2016, http://www3. weforum.org/docs/WEF_FOJ_Executive_Summary_Jobs.pdf, accessed October 20, 2017.

8   Steven Peters, "Cities Where the Most (and Least) People Graduate High School," 24/7 Wall St., July 18, 2016, http://247wallst.com/special-report/2016/07/18/cities-where-the-most-and-least-people-graduate-high-school, accessed October 30, 2017.

9   상게서.

10   "Closing the Achievement Gap: Charter School FAQ," PBS, http:// www.pbs.org/closingtheachievementgap/faq.html, accessed September 3, 2017.

11   "Average Private School Tuition Cost (2016-2017)," *Private School Review*, September 7, 2016, http:// www. privateschoolreview.com/tuition-stats/private-school-cost-by-state. 버몬트주 사립 고등학교의 연평균 등록금은 약 4,200만 원에 달한다.

12   John S. Kiernan, "Private Schools vs. Public Schools—Experts Weigh In," WalletHub, July 30, 2016, https://wallethub.com/blog/private-school-vs-public-school/23323.

13   Christopher A. Lubienski and Sarah Theule Lubienski, *The Public School Advantage: Why Public Schools Outperform Private Schools* (Chicago: University of Chicago Press, 2013).

14   자세한 내용은 다음 자료를 참고하기 바란다. *Out of Our Minds:*
      The Power of Being Creative (Hoboken, NJ: Wiley, 2017).

15   Lily Eskelsen Garcia, personal communication, July 2017.

16   상게서.

17   Kiernan, "Private Schools vs. Public Schools—Experts Weigh
      In."

18   『학교혁명』은 앞으로 나의 일부 견해를 뒷받침하는 논거로 종종 사
      용될 것이다. 따라서 이 부분의 내용을 이해하려고 책 전체를 읽어볼
      필요는 없다. 그러나 완독할 수 있다면 더할 나위 없이 좋을 것이다.

제2장   부모의 역할을 제대로 알라

1   Phillip Cohen, "Family Diversity Is the New Normal for
     America's Children," Family Inequality, September 4, 2014,
     https://family inequality.files.wordpress.com/2014/09/family-
     diversity-new-normal.pdf.

2   Natalie Angier, "The Changing American Family," *New*
     York Times, November 25, 2013, http://www.nytimes.
     com/2013/11/26/health/families.html.

3   1800년도부터 1930년도까지 전 세계 인구는 10억에서 20억가량 급
     속도로 증가했다.

4   그러나 일반적으로 아버지의 성을 따랐으며, 귀족가문의 경우 모든
     재산과 지위가 남자아이 위주로 승계되었다.

5   영화제 수상작품 〈인도의 딸India's Daughter〉은 집단 강간을 당한 뒤
     죽음에 이른 스물세 살 여대생 죠티 싱Jyoti Sing의 이야기를 다루고 있
     다. 이 같은 사건은 인도에서 너무나 흔한 일이었기에 이후 죠티의
     죽음은 인도 전역의 항의시위로 번져나갔다. 인도에서는 매년 5,000
     명의 여성과 소녀가 강간을 당하고 있으며, 가해자는 대부분 주변 사
     람들이다. 또 최소 1,000명 이상의 여성과 소녀가 이른바 '명예살인'
     이라는 이름으로 희생되고 있다. 이 경우 가해자는 대개 가족들이다.

대부분의 명예살인은 가족이 원하지 않는 상대와 연인관계를 유지하고 있다는 이유로 행해진다. 그러나 죠티의 경우 단순히 남성인 친구와 늦은 시간까지 밖에 있었다는 것이 살인의 이유였다. 더욱 충격적인 것은 살인을 통해 가족이 당한 수치심을 갚을 수 있다고 굳게 믿는 남자들의 사고방식이다.

6   Compassion International, "What Is Poverty?" http://www.compassion.com/poverty/what-is-poverty.htm, accessed September 3, 2017.

7   Virginia Morell, "Why Do Animals Sometimes Kill Their Babies?" *National Geographic*, March 28, 2014, news.nationalgeographic.com/news/2014/03/140328-sloth-bear-zoo-infanticide-chimps-bonobos-animals.

8   Foggy Mommy, "Do Parents Feel Peer Pressure Too?" December 8, 2014, http://www.foggymommy.com/parents-face-peer-pressure.

9   많은 사람들이 이 부분에 깜짝 놀란다. 그러면서 체벌은 학교에서 금지된다고 생각한다. 하지만 그렇지 않다. 1977년 미국 대법원은 해당 지역 학군에서 체벌을 금지하지 않는 경우 지역 내 학교에서의 체벌은 여전히 유효하다고 판결한 바 있다. 현재 31개 주에서 공립학교에서의 체벌을 금지하고 있지만, 남부지역의 최소 9개 주에서는 학내 체벌이 일상적으로 이루어지고 있다.

10   스토르게는 아이의 개인적인 성격이나 특성에 따라 그 가치가 달라지는 조건적 사랑이 아니다. 물론 아이가 성장하면서 부모에게 끼치는 영향이 증대될 수는 있다. 이처럼 스토르게는 부모와 자녀 관계의 본질적 사랑이다. 자녀가 어린 시절에는 부모 스스로 자녀를 두고 이른바 '짝사랑'을 한다고 느낄 수 있다. 그러나 아이가 자라고 부모도 나이가 들면서 존경과 인정에 대한 부모의 욕구가 변화하고, 이들의 사랑은 균형을 찾아간다.

11   내 아버지의 경우 45세 당시 산업재해로 목이 부러졌고, 결국 사지가

마비된 채 여생을 보내야 했다.

12   Foggy Mommy, "Do Parents Feel Peer Pressure Too?"

13   Angela Mulholland, "'Super Parent' Pressure Taking Mental Health Toll, Research Shows," CTVNews, September 12, 2014, http://www.ctvnews.ca/lifestyle/super-parent-pressure-taking-mental-health-toll-research-shows-1.2003955.

14   Kendra Cherry, "The 4 Styles of Parenting," About.com Health, October 12, 2014, http://psychology.about.com/od/developmental psychology/a/parenting-style.htm.

15   IU News Room, Indiana University, "'Helicopter Parents' Stir Up Anxiety, Depression," newsinfo.iu.edu/web/page/normal/6073.html, accessed September 27, 2017.

제3장 자녀를 제대로 알라

1   Macrina Cooper-White, "Nature or Nurture? The Long-Running Debate May Finally Be Settled," *Huffington Post*, May 29, 2015, http://www.huffingtonpost.com/2015/05/20/nature-nurture-debate-settled_n_7314120.html.

2   Alison Gopnik, Andrew N. Meltzoff, and Patricia K. Kuhl, *The Scientist in the Crib: What Early Learning Tells Us about the Mind* (New York: HarperPerennial, 2001), p. 1.

3   Harvey Karp and Paula Spencer, *The Happiest Toddler on the Block: How to Eliminate Tantrums and Raise a Patient, Respectful and Cooperative One- to Four-Year-Old* (New York: Bantam Books, 2008).

4   Priyanka Pulla, "Why Do Humans Grow Up So Slowly? Blame the Brain," *Science*, August 25, 2014, http://www.sciencemag.org/news/2014/08/why-do-humans-grow-so-slowly-blame-brain.

5   미엘린의 더딘 발달이 가져오는 단점으로는 어린아이에서부터 사춘기 시절까지 우울증이나 조현병 등 정서적·정신적 장애에 훨씬 취약해질 수 있다는 점을 꼽을 수 있다.

6   Ethan Remmel, "The Benefits of a Long Childhood," *American Scientist*, May-June 2008, http://www.americanscientist.org/bookshelf/pub/the-benefits-of-a-long-childhood.

7   Saul McLeod, "Jean Piaget," *Simply Psychology*, http://www.simply psychology.org/piaget.html#stages, accessed April 18, 2016.

8   다수의 학자가 아동의 발달단계를 서로 다른 시각에서 정의하고 있다. 에릭 에릭슨Erik Erikson의 경우 아동의 발달은 다섯 단계로 이루어진다고 설명한다. 제1단계는 '신뢰 vs. 불신(출생부터 1세까지)'의 단계로 이 시기에는 누가 나를 돌봐주고, 누구에게 의지할 수 있는지를 탐색한다. 제2단계는 '자율성 vs. 수치심과 의심(초기 아동기)'의 단계로 이 시기에는 간단한 의사결정을 하고 자신의 신체와 주변 환경을 어느 정도 통제할 수 있게 된다. 제3단계는 '진취성 vs. 죄책감(미취학 아동기)'의 단계로 이 시기에는 다양한 활동을 통해 책임감을 느끼면서 다른 사람과 협력하는 것의 중요성을 깨닫기 시작한다. 제4단계는 '근면함 vs. 열등감(5세부터 11세까지)'의 단계로 이 시기에는 성취감과 자부심을 키워나간다. 마지막으로 제5단계는 '정체성 vs. 혼란(사춘기)'의 단계로 이 시기에는 다른 사람과 어울려 살아가는 법을 배우면서 동시에 자의식과 독립심을 키워나간다.

9   Fritha Keith, "10 Modern Cases of Feral Children," Listverse, March 7, 2008, http://listverse.com/2008/03/07/10-modern-cases-of-feral-children/; Dainius, "Shocking Real Stories of Feral Children Told with Dark Photos," BoredPanda, http://www.boredpanda.com/feral-children-wild-animals-photos-julia-fullerton-batten, accessed April 19, 2016.

10 Kitty Stewart and Kerris Cooper, "Does Money Affect

Children's Outcomes? A Review of Evidence on Casual Links," UNICEF, November 2013, http://www.unicef.org/socialpolicy/files/CPI_October_2013.pdf.

11   Lawrence M. Berger, Christina Paxson, and Jane Waldfogel, "Income and Child Development," *Science Direct*, September 2009, http://www.sciencedirect.com/science/article/pii/S0190740909001108.

12   일반적으로 알려진 성적발달장애DSDs로는 총 24가지가 있다. 중성인 사람들의 경우 XX 염색체와 XY 염색체를 모두 갖고 있어 고환과 난소 세포가 동시에 발달한다. 일부 성적발달장애는 마치 쌍둥이처럼 흔히 알려져 있지만, 아주 드문 경우도 많다. 런던과 뉴욕 같은 대도시에서는 약 10만 명이 성적발달장애를 겪고 있을 것으로 추산되고 있다.

13   "Understanding Gender," Gender Spectrum, https://www.gender spectrum.org/quick-links/understanding-gender.

14   Alice Robb, "How Gender-Specific Toys Can Negatively Impact a Child's Development," *New York Times*, August 12, 2015, http://nytlive.nytimes.com/womenintheworld/2015/08/12/how-gender-specific-toys-can-negatively-impact-a-childs-development.

15   Thomas Armstrong, *Awakening Genius in the Classroom* (Alexandria, VA: Association for Supervision and Curriculum Development, 1998).

16   "The Components of MI," Multiple Intelligences Oasis, http://multi pleintelligencesoasis.org/about/the-components-of-mi, accessed April 27, 2016.

17   "Intelligence—Triarchic Theory of Intelligence," StateUniversity.com, http://education.stateuniversity.com/pages/2104/Intelligence-TRIARCHIC-THEORY-INTELLIGENCE.html,

accessed April 27, 2016.

제4장 자녀를 강하게 키워라

1   Sharon Jayson, "Teens Feeling Stressed, and Many Not Managing It Well," *USA Today*, February 11, 2014, http://www. usatoday.com/story/news/nation/2014/02/11/stress-teens-psychological/5266739.

2   "Promoting Children's Mental Health," American Academy of Pediatrics, https://www.aap.org/en-us/advocacy-and-policy/federal-advocacy/pages/mentalhealth.aspx, accessed June 2, 2016.

3   Public Relations Staff, "APA Stress Survey: Children Are More Stressed Than Parents Realize," APA Practice Organization, November 23, 2009, http://www.apapracticecentral.org/update/2009/11-23/stress-survey.aspx.

4   아이폰이 등장하기 전에도 휴대전화는 있었지만 그 기능이 아이폰만큼 탁월하지 않았다. 사실 1990년대 후반까지만 해도 대부분의 사람들은 휴대전화조차 갖고 있지 않았다.

5   "The Top 20 Valuable Facebook Statistics—Updated August 2017," Zephoria Digital Marketing, August 1, 2017, https://zephoria.com/top-15-valuable-facebook-statistics.

6. 2016년 기준으로 게임시장은 가치는 약 100조 원 규모로 추산되며, 지금도 계속 성장하고 있다. 자세한 내용은 다음 자료를 참고하기 바란다. Mike Minotti, "Video Games Will Become a $99.6B Industry This Year as Mobile Overtakes Consoles and PCs," Venture Beat, https://venturebeat.com/2016/04/21/video-games-will-become-a-99-6b-industry-this-year-as-mobile-overtakes-consoles-and-PCs.

7   Christopher Bergland, "Social Media Exacerbates Perceived

Social Isolation," *Psychology Today*, March 7, 2017, http://www.psychologytoday.com/blog/the-athletes-way/201703/social-media-exacerbates-perceived-social-isolation. 지난 2014년, 해당 연구팀은 19세부터 32세까지 총 1,787명의 성인을 대상으로 당시 가장 유행하던 소셜 미디어 플랫폼 11종류의 사용 패턴을 관찰했다. 여기에는 페이스북, 유튜브, 트위터, 구글 플러스, 인스타그램, 스냅챗, 레딧, 텀블러, 핀터레스트, 바인, 링크드인 등이 포함된다. 다음의 또 다른 연구 역시 비슷한 내용을 담고 있다. David Hopper, "Brian Primack, University of Pittsburgh—Social Media and Depression," *Academic Minute*, May 18, 2016, https://academicminute.org/2016/05/brian-primack-university-of-pittsburgh-social-media-and-depression/. 연구결과 일주일에 58회 이상 소셜 미디어 사이트를 방문한 사람의 경우 9회 이하로 방문한 사람에 비해 사회적으로 고립될 위험이 세 배나 증가한 것으로 나타났다. 더욱이 결과에 영향을 끼칠 수 있는 사회인구학적 요소를 충분히 고려한 후에도 이처럼 높은 연관성을 보였다는 데 주목해볼 필요가 있다. 이에 대해 공동연구자인 피츠버그대학교 소아과 교수 엘리자베스 밀러Elizabeth Miller는 다음과 같이 설명했다. "소셜 미디어 사용과 사회적 고립, 이 두 가지 가운데 어떤 것이 원인인지는 아직 밝혀내지 못했습니다. 따라서 사회적 고립감을 느낀 아이들이 소셜 미디어에 빠져들었을 가능성도 있고, 반대로 지나친 소셜 미디어 사용이 현실세계와 차단된 것 같은 고립감으로 이어졌을 가능성도 있습니다. 또 두 가지 모두가 원인일 수도 있습니다. 만약 사회적 고립이 먼저 발생한 경우라면 온라인상에서 많은 시간을 보낸다고 해서 완화되지는 않는 것으로 나타났습니다." 다음의 기사 역시 비슷한 내용을 보여준다. "Social Media Is Increasing Loneliness among Adults, Say Psychologists," HuffPost United Kingdom, June 3, 2017, http://www.huffington post.co.uk/entry/social-media-making-adults-feel-lonely-study_uk_58bd26c9e4b

05cf0f4016e11.

8   "How Technology Is Changing the Way Children Think and
        Focus," *Psychology Today*, December 4, 2012, https://www.
        psycholo gytoday.com/blog/the-power-prime/201212/how-
        technology-is-changing-the-way-children-think-and-focus.

9   Cris Rowan, "The Impact of Technology on the Developing
        Child," Huffington Post, May 29, 2013, http://www.
        huffingtonpost.com/cris-rowan/technology-children-
        negative-impact_b_3343245.html.

10   "Childhood Obesity Facts," Centers for Disease Control
        and Prevention, August 27, 2015, http://www.cdc.gov/
        healthyschools/obesity/facts.htm.

11   Rowan, "The Impact of Technology on the Developing Child."

12   "Drug Use Hurts Families," National Institute on Drug Abuse,
        https://easyread.drugabuse.gov/content/drug-use-hurts-
        families, accessed March 31, 2017.

13   PersilUK, "Free the Kids—Dirt Is Good," YouTube, March 21,
        2016, https://www.youtube.com/watch?v=8Q2WnCkBTw0.

14   "The Decline of Walking and Bicycling," Saferoutesinfo.org,
        http://guide.saferoutesinfo.org/introduction/the_decline_of_
        walking_and_bicycling.cfm, accessed August 1, 2016.

15   David Finkelhor, "Trends in Children's Exposure to Violence,
        2003 to 2011," *JAMA Pediatrics* 168, no. 6 (2014): 540. 50가지
        범죄 동향을 조사한 결과 27가지 종류에 대해서는 급격한 감소를 보
        였고, 2003년부터 2011년까지는 전체적으로 급격한 증가율을 보이
        지 않았다. 이와 관련해 웹사이트 〈Free-Range Kids〉에는 최근 다
        음과 같은 내용의 보고서가 게재되었다. 해당 보고서에 따르면 범죄
        율은 휘발유 가격이 1갤런에 29센트이던 시절과 컬러TV가 등장하
        기 이전 시대 수준으로 하락했으며, 보행사고 및 자전거 사고, 교통

사고 사망률은 최근 10년 내 가장 낮은 수치를 보였다.

16   Lisa Firestone, PhD, "7 Tips to Raising an Emotionally Healthy
        Child," *Psychology Today*, November 20, 2012, https://www.
        psychologytoday.com/blog/compassion-matters/201211/7-
        tips-raising-emotionally-healthy-child.

17   Victoria Tennant, "The Powerful Impact of Stress," School
        of Education at Johns Hopkins University, September 2005,
        http://archive.education.jhu.edu/PD/newhorizons/strategies/
        topics/Keeping%20Fit%20for%20Learning/stress.html. She
        goes on: "High levels of the major stress hormone, cortisol, can
        depress the immune system and have even been implicated in
        the incidences of AIDS, MS, diabetes, cancer, coronary artery
        disease, Alzheimer's disease, and Parkinson's disease."

18   Melissa Cohen, "Student Guide to Surviving Stress and
        Anxiety in College & Beyond," LearnPsychology, http://www.
        learnpsychology.org/student-stress-anxiety-guide, accessed
        May 12, 2017.

19   "Identifying Signs of Stress in Your Children and Teens,"
        American Psychological Association, http://www.apa.org/
        helpcenter/stress-children.aspx, accessed November 22, 2016.

20   Matthew Walker, *Why We Sleep: Unlocking the Power of Sleep
        and Dreams* (New York: Scribner, 2017).

21   상게서.

22   Arianna Huffington, *The Sleep Revolution: Transforming Your
        Life One Night at a Time* (New York: Harmony Books, 2016), p.
        20.

23   매슈 워커Matthew Walker 및 아리아나 허핑턴Arianna Huffington의 저서
        는 모두 이에 대한 실질적인 가이드라인을 제공해줄 것이다. 두 권
        모두 적극 추천한다. 이와 함께 다음의 웹사이트 또한 참고하기 바란

다. http:// www.thrive.com.

24   좀더 자세한 내용은 다음 자료를 참고하기 바란다. "Report of the Commission on Ending Childhood Obesity," World Health Organization, 2016, http://apps.who.int/iris/bitstre am/10665/204176/1/9789241510066_eng.pdf, accessed October 30, 2017.

25   자세한 내용은 다음 자료를 참고하기 바란다. John J. Ratey, *Spark: The Revolutionary New Science of Exercise and the Brain* (New York: Little, Brown, 2008), p. 3.

26   레이티 교수는 다음과 같이 덧붙였다. "신경과학자들은 또한 인슐린 등의 물질도 성장인자IGF_1 및 혈관내피성장인자VEGF로서 성장에 중요한 역할을 한다고 설명하며 몸과 마음의 연관성에 대해 완전히 새로운 시각으로 접근하고 있다. 우리 뇌의 미세환경에서 어떤 일이 일어나는지에 대해서는 아직도 밝혀지지 않은 부분이 많다. 하지만 현재까지 알려진 내용만으로도 인간의 삶은 물론 사회 전체를 충분히 변화시킬 수 있을 것이라고 생각한다."

27   자세한 내용은 다음 자료를 참고하기 바란다. Ratey, Spark, p. 5.

28   자세한 내용은 다음 자료를 참고하기 바란다. "A Conversation with Dr. Alison Gopnik," National Association for the Education of Young Children, http://www.naeyc.org/files/tyc/file/TYC_ V3N2_Gopnik.pdf, accessed June 2, 2016.

29   Richard Louv, *Last Child in the Woods: Saving Our Children from Nature-Deficit Disorder* (Chapel Hill, NC: Algonquin, 2005), p. 3.

30   Alan Henry, "Surround Yourself with Nature to Boost Your Productivity," *Lifehacker*, January 16, 2012, http://lifehacker. com/5876390/surround-yourself-with-nature-to-boost-your-productivity.

31   Tim Smedley, "Swings, Slides and iPads: The Gaming

Companies Targeting Kids' Outdoor Play," *The Guardian*, April 11, 2016, http://www.theguardian.com/sustainable-business/2016/apr/11/ipads-playground-gaming-companies-targeting-kids-outdoor-play.

32   Gever Tulley and Julie Spiegler, *50 Dangerous Things* (*You Should Let Your Children Do*) (New York: New American Library, 2011), p. xv.

33   Angela Lee Duckworth, "Transcript of 'Grit: The Power of Passion and Perseverance,'" TED, April 2014, https://www.ted.com/talks/angela_lee_duckworth_grit_the_power_of_passion_and_perse verance/transcript?language=en.

34   "Six Declines of Modern Youth—Kurt Hahn," Wilderdom, August 30, 2004, http://www.wilderdom.com/sixdeclines ofmodernyouth.html.

35   "Four Antidotes to the Declines of Modern Youth—Kurt Hahn," Wilderdom, March 10, 2007, http://www.wilderdom.com/fourantidotes.html.

36   "Philosophy," Outward Bound International, http://www.outward bound.net/about-us/philosophy, accessed August 3, 2016.

제5장 학교의 존재 이유를 이해하라

1   자세한 내용은 다음 자료를 참고하기 바란다. Mark Muro, "Manufacturing Jobs Aren't Coming Back," *MIT Technology Review*, November 18, 2016, https://www.technologyreview.com/s/602869/manufacturing-jobs-arent-coming-back.

2   아동 및 청년 인구, 즉 24세 이하 인구가 전 세계 인구의 약 40퍼센트를 차지한다.

3   Mark Phillips, "Why We Need Vocational Education,"

Washington Post, June 5, 2012, https://www.washingtonpost.com/blogs/answer-sheet/post/why-we-need-vocational-education/2012/06/04/gJQA8jHbEV_blog.html.

4   여기에는 다음 기관에서의 활동이 포함된다. The Hammer Museum at UCLA, Skirball Cultural Center, L.A. Central Library and Readers of Homer, Project 51's Play the River initiative, the Chinese American Museum, the California African American Museum, the GRAMMY Museum, and UCLA Art and Global Health Center.

5   학교에서 진행된 3년간의 레벨1의 아트웍스LA 워크숍 참여 이후 조너선은 Art Center College of Design and Street Poets에서 실시하는 11주 과정의 레벨2 프로그램을 이수했다. 또한 아트웍스LA 장학 프로그램을 통해 레벨3 과정을 마쳤으며, 2014년에는 GRAMMY Museum에서 진행된 1주간의 GRAMMY Summer Sessions 프로그램을, 2015년에는 캘리포니아대학교 로스앤젤레스캠퍼스에서 진행된 조각 및 공예과정을 이수했다.

6   미국 대학의 경우 대개 다음의 과목 및 성적을 기준으로 학생을 선발한다. 3~4년간의 수학성적(대수학·기하학·미적분학), 4년간의 영어성적(작문·문학·말하기), 3~4년간의 인문학 과목 성적(역사·사회·심리·정치사회·지리·경제), 3년간의 과학성적(생물학·화학·물리학·지구과학)

7   Grace Fleming, "What Are Core Academic Classes?" ThoughtCo, March 11, 2016, https://www.thoughtco.com/what-are-core-academic-classes-1857192.

8   창의력의 개념 및 역할에 대한 좀 더 구체적인 내용은 다음에 소개하는 나의 저서를 참고하기 바란다. *Out of Our Minds: The Power of Being Creative* (Hoboken, NJ: Wiley, 2017).

9   비판적 사고에 대한 관심은 점차 높아지고 있다. 이에 대한 구체적인 내용은 다음 자료를 참고하기 바란다. Edward M. Glaser, *An Experiment in the Development of Critical Thinking* (New

York: Teacher's College, Columbia University, 1941).

10   Ken Robinson with Lou Aronica, *Finding Your Element: How to Discover Your Talents and Passions and Transform Your Life* (New York: Viking, 2014).

11   Martin Seligman, *Flourish: A Visionary New Understanding of Happiness and Well-Being* (New York: Free Press, 2011).

12   상게서.

13   Tom Rath, *Well Being: The Five Essential Elements* (New York: Gallup Press, 2011). Kindle, loc. 60-65/1997.

14   상게서. Kindle, loc. 78/1997.

15   상게서. Kindle, loc. 138/1997.

16   Sonja Lyubomirsky, *The How of Happiness* (New York: Penguin, 2008), p. 21.

17   상게서.

18   Matthieu Ricard, Happiness: *A Guide to Developing Life's Most Important Skill* (New York: Little, Brown, 2007), p. 7.

제6장   아이에게 알맞은 학교를 선택하라

1   구체적인 사례는 다음 자료를 참고하기 바란다. *Creative Schools* and especially the examples of Grange Elementary School in England and Room 13 in Scotland.

2   구체적인 사례는 다음 자료를 참고하기 바란다. *Arts Eduaction Data Project, California Executive Summary Report*, Quadrant Research, October 2016, http://www.createca.dreamhosters.com/wp-content/uploads/2016/09/California-Data-Project-Executive-Summary-Report1.pdf.

3   '학교가 창의력을 죽이는가?'라는 주제로 진행한 테드 강의는 전 세계 150개 국가에서 4,700만 건으로, 테드 역사상 가장 많은 조회 수를 기록했다고 한다. 따라서 강연의 메시지에 많은 울림이 있었던 것

만은 분명해 보인다. 강연에서는 주로 예술과목에 대해 언급했지만, 사실 그 부분만 특정지어 말한 것은 아니었다. 오늘날의 교육 전반의 문제를 지적하며 학습 및 교습 방식에 좀 더 창의적인 접근이 필요함을 역설했다. 내 강연을 듣고 난 후 예술 및 과학·기술·수학·공공생활·경영 등 다수 분야의 전문가들은 오늘날의 교육정책이 매우 잘못된 방향으로 가고 있다는 사실을, 그리고 아이들은 물론 사회 전체를 위해 이 같은 흐름이 바뀌어야 한다는 사실을 정확히 인식했다. 강연의 전체 영상은 다음 링크를 확인하기 바란다. https://www.youtube.com/watch?v=5oNrxHX5GKU

4 영국에서도 미국에서처럼 수학이라는 의미의 mathematics를 단수 형태의 math가 아닌 복수 형태의 maths로 축약해서 사용한다. 일반적으로도 잘 이해되지 않는 부분이다.

5 Charlotte Svendler Nielsen and Stephanie Burridge, *Dance Education around the World: Perspectives on Dance, Young People and Change* (New York: Routledge, 2015).

6 이 내용은 본 프로그램에 대해 2년 동안 연구를 진행한 컬럼비아대학교 사범대학 예술교육연구소 부소장 롭 호로위츠Rob Horowitz가 내놓은 결과다. 연구결과 및 댄싱 클래스룸에 대한 좀 더 자세한 내용은 다음 자료를 참고하기 바란다. Audrey Cleo Yap, "Learning Empathy through Dance," The Atlantic, January 22, 2016, https://www.theatlantic.com/education/archive/2016/01/learning-empathy-through-dance/426498/. Dancing Classrooms was also featured in the 2005 documentary *Mad Hot Ballroom.*.

7 구체적인 내용은 다음 자료를 참고하기 바란다. "Dancing Principals Special Edition—Toni Walker, Lehigh Elementary, Lee County, FL," Dancing Classrooms, April 25, 2014, http://www.dancingclassrooms.org/principalspotlight.

8 "Dancing Principals—Antwan Allen, St. Mark the Evangelist

School, Harlem, NY," Dancing Classrooms, February 19, 2013, http://www.dancingclassrooms.org/principalspotlight.

9   "Principal Spotlight," Dancing Classrooms, http://www.dancing classrooms.org/principalspotlight.

10   John J. Ratey, *Spark: The Revolutionary New Science of Exercise and the Brain* (New York: Little, Brown, 2013), p. 8.

11   레이티 교수는 네이퍼빌 203학군이 인구통계학적으로 매우 유리한 조건을 갖추고 있다고 설명한다. "83퍼센트가 백인이고, 저소득층 인구는 2.6퍼센트에 지나지 않는다. 일리노이주 전체 인구의 40퍼센트가 저소득층이라는 것을 감안하면 매우 낮은 수치다. 네이퍼빌 203학군에 속한 두 곳의 고등학교는 97퍼센트의 졸업률을 자랑한다. 학군 내 부모의 직업 분포는 과학 계통 종사자가 다수를 이루며, 이들은 주로 아르곤 국립연구소, 페르미 국립가속기연구소, 루슨트테크놀로지 등에 근무하는 것으로 나타났다. 이는 곧 나파빌 203학군 아이들의 부모는 고등교육을 받은 고급인력임을 의미한다. 따라서 이 지역 학생들은 환경적으로나 유전적으로나 상당한 이점을 갖고 있다고 볼 수 있다."

12   구체적인 내용은 다음 자료를 참고하기 바란다. Ratey, *Spark*, p. 15.

13   상게서.

14   상게서. p. 22.

15   *A Review of State and Regional Arts Education Studies* report prepared for Americans for the Arts by Yael Z. Silk, EdM, and Stacey Mahan, EdM, of Silk Strategic Arts LLC and Robert Morrison of Quadrant Research, May 2015, http://www. americansforthearts.org/sites/default/files/State_Status_Report_ Final.pdf. 구체적인 내용은 다음 자료를 참고하기 바란다. see http://www.quadrantresearch.org/group-list/priorre search.

16   Maryellen Weimer, PhD, "Five Things Students Can Learn through Group Work," Magna: Faculty Focus, March 15, 2017,

https://www.facultyfocus.com/articles/teaching-professor-blog/five-things-students-can-learn-through-group-work.

17   Lilian G. Katz, "The Benefits of Mixed-Age Grouping," *ERIC Digests* (May 1995): 1—6, http://files.eric.ed.gov/fulltext/ED382411.pdf.

18   창조적 학교의 사례는 무척 많다. 인터넷으로 검색만 해봐도 다수의 사례를 확인할 수 있을 것이다.

19   "Eric Schaps," Aspen Institute, https://www.aspeninstitute.org/our-people/eric-schaps, accessed October 31, 2016.

20   Eric Schaps, "Creating a School Community," *Educational Leadership* 60, no. 6 (March 2003): 31—33, http://www.ascd.org/publications/educational-leadership/mar03/vol60/num06/Creating-a-School-Community.aspx.

21   구체적인 내용은 다음 웹사이트를 참고하기 바란다. http://www.educationrevolution.org.

22   Jerry Mintz, *School's Over: How to Have Freedom and Democracy in Education* (Roslyn Heights, NY: Alternative Education Resource Organization, 2017).

23   구체적인 내용은 다음 자료를 참고하기 바란다. The Institute for Democratic Education at http://www.democratic.co.il/en/local-municipalities.

24   홈스쿨링을 고려하고 있다면, 매거진 〈부모Parents〉가 많은 도움이 될 것이다. 다음 웹사이트를 통해 확인하기 바란다. http://www.parents.com/kids/education/home-schooling/best-homeschooling-resources-online.

25   Bridget Bentz Sizer, "Unschooling 101," PBS, http://www.pbs.org/parents/education/homeschooling/unschooling-101, accessed December 8, 2016.

26   일부 주의 경우 언스쿨링 교육이 조금 까다로울 수 있다. 언스쿨링을

고려하고 있다면, 거주지역의 가이드라인 및 규정을 먼저 확인해야
한다.

27 Earl Stevens, "What Is Unschooling?," The Natural Child
Project, http://www.naturalchild.org/guest/earl_stevens.html,
accessed December 8, 2016.

28 Luba Vangelova, "How Do Unschoolers Turn Out?"
MindShift, September 2, 2014, https://ww2.kqed.org/
mindshift/2014/09/02/how-do-unschoolers-turn-out. The
public television and radio station KQED has compiled a
list of homeschooling and unschooling resources at https://
ww2.kqed.org/mindshift/2014/06/17/guide-to-the-best-
homeschooling-and-unschooling-resources.

29 Ken Robinson with Lou Aronica, *Creative Schools: The
Grassroots Revolution That's Transforming Education* (New
York: Penguin, 2015), p. 254.

30 구체적인 내용은 다음 자료를 참고하기 바란다. "What Is Steiner
Education?" at http://www.steinerwaldorf.org/steiner-
education/what-is-steiner-education.

31 구체적인 내용은 다음 웹사이트를 참고하기 바란다. http://www.
summerhillschool.co.uk/about.php.

제7장 좋은 교사가 좋은 학교를 만든다

1 Alistair Smith, *High Performers: The Secrets of Successful
Schools* (Carmarthen, Wales: Crown, 2011).

2 Sarah M. Fine, "A Slow Revolution: Toward a Theory of
Intellectual Playfulness in High School Classrooms," *Harvard
Educational Review* 84, no. 1 (2014): 1-23.

3 Judy Willis, *Research-Based Strategies to Ignite Student
Learning: Insights from a Neurologist and Classroom Teacher*

(Alexandria, VA: Association for Supervision and Curriculum Development, 2006).

4 Christopher Emdin, "Transcript of 'Teach Teachers How to Create Magic,'" TED, October 2013, http://www.ted.com/talks/ christopher_emdin_teach_teachers_how_to_create_magic/ transcript?language=en. He is the founder of Science Genius B.A.T.T.L.E.S. (Bring Attention to Transforming Teaching, Learning and Engagement in Science), which shows how to bring the tools of hip-hop into classrooms.

5 William Kremer, "Does Confidence Really Breed Success?" BBC News, January 4, 2013, http://www.bbc.com/news/ magazine-20756247, accessed October 30, 2017.

6 "Overview," Building Learning Power, https://www. buildinglearn ingpower.com/about/, accessed June 20, 2017.

7 Anthony F. Grasha, "A Matter of Style: The Teacher as Expert, Formal Authority, Personal Model, Facilitator, and Delegator," *College Teaching* 42, no. 4 (1994): 143, http://www.jstor.org/ stable/27558675?origin=JSTOR-pdf.

8 Pasi Sahlberg, "Q: What Makes Finnish Teachers So Special? A: It's Not Brains," *The Guardian*, March 31, 2015, https://www. the guard ian.com/education/2015/mar/31/finnish-teachers-special-train-teach.

9 상게서.

10 Amanda Ripley, "What Makes a Great Teacher," The Atlantic, January-February 2010, http://www.theatlantic. com/magazine/archive/2010/01/what-makes-a-great-teacher/307841.

11 상게서.

12 에드캠프의 성공사례는 미국 교육부를 포함해 교육감독 및 커리큘럼

개발협회, 테드, 빌 앤드 멜린다 게이츠 재단 등 다수 기관 및 단체에 매우 깊이 있는 메시지를 전달했다. 더욱 중요한 것은 이를 통해 상당한 공감대가 형성되었으며, 교사로서의 역량 계발에 힘쓰는 교육자를 다수 발굴할 수 있었다는 점이다. 자세한 내용은 다음 웹사이트를 참고하기 바란다. http://www.edcamp.org.

13   Anthony S. Bryk, Penny Bender Sebring, Elaine Allensworth, Stuart Luppescu, and John Q. Easton, "Organizing Schools for Improvement: Lessons from Chicago," Urban Education Institute, University of Chicago, January 2010, https://consortium.uchicago.edu/publications/organizing-schools-improvement-lessons-chicago.

14   Anne T. Henderson, Karen L. Mapp, and Amy Averett, *A New Wave of Evidence: The Impact of School, Family, and Community Connections on Student Achievement* (Austin, TX: National Center for Family and Community Connections with Schools, 2002).

15   Alfie Kohn, *The Homework Myth: Why Our Kids Get Too Much of a Bad Thing* (Cambridge, MA: Da Capo Press, 2008).

16   해당 설문조사는 미국의 정규직 교사 1,000명 이상을 대상으로 여론조사 기관 해리스Harris가 피닉스대학교 사범대학을 대신하여 온라인상에서 진행했다. 좀 더 자세한 내용은 다음 웹사이트를 확인하기 바란다. http://www.phoenix.edu/news/releases/2014/02/survey-reveals-how-much-homework-k-12-students-are-assigned-why-teachers-deem-it-beneficial.html.

17   National Center for Education Statistics, "Table 35: Average Hours Spent on Homework per Week and Percentage of 9th-through 12th-Grade Students Who Did Homework outside of School and Whose Parents Checked That Homework Was Done, by Frequency of Doing Homework and Race/Ethnicity:

2007," http://nces.ed.gov/pubs2012/2012026/tables/table_35.
asp, accessed September 6, 2017.

18 National Center for Education Statistics, "NAEP 1994 Trends
    in Academic Progress," November 1996, https://nces.ed.gov/
    nationsreportcard//pdf/main1994/97095a.pdf.

19 University of Phoenix, "Homework Anxiety: Survey Reveals
    How Much Homework K-12 Students Are Assigned and Why
    Teachers Deem It Beneficial," news release, February 25, 2014,
    http://www.phoenix.edu/news/releases/2014/02/survey-
    reveals-how-much-homework-k-12-students-are-assigned-
    why-teachers-deem-it-beneficial.html.

20 Allie Bidwell, "Students Spend More Time on Homework
    but Teachers Say It's Worth It," U.S. News & World Report,
    February 27, 2014, https://www.usnews.com/news/
    articles/2014/02/27/students-spend-more-time-on-
    homework-but-teachers-say-its-worth-it.

21 Harris Cooper, Jorgianne Civey Robinson, and Erika A.
    Patall, "Does Homework Improve Academic Achievement?
    A Synthesis of Research, 1987—2003," *Review of Educational
    Research* 76 no. 1 (2006): 1—62.

22 Duke Today, "Duke Study: Homework Helps Students Succeed
    in School, as Long as There Isn't Too Much," news release,
    March 7, 2006, https://today.duke.edu/2006/03/homework.
    html.

23 쿠퍼는 숙제에 대한 연구방법에 많은 한계가 있음을 인정한다. 예를
    들어, 인종이나 사회경제적 지위, 개인의 역량 수준이 학생의 성취에
    서 숙제가 차지하는 비중에 영향을 끼치는지에 대해서는 연구가 거
    의 이루어지지 않았다.

24 Duke Today, "Duke Study."

25 Katie Reilly, "Is Homework Good for Kids? Here's what the Research Says," *Time*, August 30, 2016, http://time.com/4466390/homework-debate-research.

26 Maureen Healy, "New Trend: No Homework for Elementary Students," *Psychology Today*, August 1, 2017, https://www.psychologytoday.com/blog/creative-development/201708/new-trend-no-homework-elementary-students.

27 Valerie Strauss, "What Happened When One School Banned Homework—And Asked Kids to Read and Play Instead," *Washington Post*, February 26, 2017, https://www.washingtonpost.com/news/answer-sheet/wp/2017/02/26/what-happened-when-one-school-banned-homework-nd-asked-kids-to-read-and-play-instead/?utm%5fterm=.bce0129859e4.

28 Healy, "New Trend: No Homework for Elementary Students."

29 Patrick F. Bassett, "When Parents and Schools Align," *Independent School*, Winter 2009, http://www.nais.org/Magazines-Newslet ters/ISMagazine/Pages/When-Parents-and-Schools-Align.aspx.

제8장 교육 생태계를 구축하라

1 Allan Ahlberg, *Collected Poems* (London: Puffin, 2008).

2 블랙보드 런에 대해서는 웹사이트 http://www.blackboard.com/learning-management-system/blackboard-learn.aspx에서, 프레시 그레이드에 대해서는 웹사이트 https://www.freshgrade.com에서 보다 자세한 정보를 확인할 수 있다.

3 리처드와 관해서는 『엘리먼트』에 구체적으로 나와 있다. 리처드는 현재 교육 및 협력개발 분야의 작가로, 연사로, 조언가로 활동 중이다. 보다 자세한 내용은 다음 홈페이지를 참고하기 바란다. http://

www.richardgerver.com.

4   Lisa Capretto, "38 Easy Ways to Get Involved in the
        Classroom," Oprah.com, June 18, 2010, http://www.oprah.
        com/relationships/38-Ways-for-Parents-to-Get-Involved-in-
        the-Classroom-Back-to-School.

5   Marian Wilde, "Real-Life Stories about Improving Schools,"
        Great Schools, April 2, 2015, http://www.greatschools.org/gk/
        articles/improving-schools.

6   Jo Ashline, "5 Reasons You Should Volunteer at Your Child's
        School," Orange County Register, October 15, 2012, http://
        www.ocregister.com/articles/child-374635-reasons-volunteer.
        html.

7   "National Standards for Family- School Partnerships:
        E-Learning Course Notes," PTA.org, September 2014, http://
        www2.pta.org/NewNationalStandards/story_content/external_
        files/National%20Standards%20Course%20Notes%20(v1.0).
        pdf.

8   Otha Thornton, "Families: An Essential Ingredient for Student
        Success and Excellent Schools," Huffington Post, April 29,
        2014, http://www.huffingtonpost.com/otha-thornton/families-
        an-essential-ing_b_5232446.html.

9   "Home-to-School Connections Guide," Edutopia, http://www.
        edutopia.org/home-to-school-connections-resource-guide,
        accessed September 3, 2017.

10   교육위원회 활동에 관심이 있다면 다음 웹사이트를 참고하기 바란
        다. https://www.nsba.org/services/state-association-services.

11   Allyson Criner Brown, personal communication, October 5,
        2016.

12   상게서.

13   상게서.

14   자세한 내용은 다음 자료를 참고하기 바란다. President's
      Committee on the Arts and Humanities, 2015, *Turnaround
      Arts, Summary of Key Findings*, https://pcah.gov/sites/
      default/files/Turnaround%20Arts%20phase%201%20Final%20
      Evaluation_Summary.pdf.

15   오차드가든초등학교에 대한 자세한 내용은 다음 자료를 참고하기
      바란다. http://orchardgardensk8.org/about/a-message-from-
      principal-megan-webb/. See also http://www.huffingtonpost.
      com/2013/05/02/orchard-gardens-andrew-bott_n_3202426.
      html.

16   『학교혁명』에 비슷한 사례가 다수 등장한다.

17   Valerie Strauss, "Concrete Victories Won by the Anti-Testing
      Movement (So Far)," *Washington Post*, November 17, 2015,
      https://www.washingtonpost.com/news/answer-sheet/
      wp/2015/11/17/concrete-victories-won-by-the-anti-testing-
      movement-so-far.

18   "What We Believe," Parents Across America, July 5, 2016,
      http://parentsacrossamerica.org/what-we-believe-2.

19   "Advocacy," Center for Education Reform, https://www.
      edreform.com/issues/choice-charter-schools/advocacy,
      accessed November 29, 2016.

20   "School Transformation," Parent Revolution, http://
      parentrevolution.org/school-transformation, accessed
      November 29, 2016.

제9장   학교생활 문제를 어떻게 해결할 것인가

1   Michelle Crouch, "22 Things Your Kid's Principal Won't
      Tell You," *Reader's Digest*, http://www.rd.com/advice/

parenting/13-things-your-kids-principal-wont-tell-you, accessed September 13, 2016.

2 "Services," Momentous School, Momentous Institute, http://mo mentousinstitute.org/services/momentous-school.

3 상게서.

4 Carolyn Gregoire, "School Stress: 8 Awesome Ways High Schools Are Helping Students Unplug & Recharge," *Huffington Post*, March 4, 2013, http://www.huffingtonpost. com/2013/03/04/school-stress-8-awesome-w_n_2806869. html.

5 "The Unforgettable Amanda Todd Story," NoBullying.com, May 19, 2017, https://nobullying.com/amanda-todd-story.

6 "School Bullying," NoBullying.com, October 13, 2016, https:// no bullying.com/school-bullying.

7 "Facts about Bullying," StopBullying.gov, October 14, 2014, https://www.stopbullying.gov/news/media/facts/#listing.

8 "Designing Effective Bullying Prevention Response," NoBullying.com, December 22, 2015, https://nobullying.com/ designing-effective-bullying-prevention-response.

9 "Facts about Bullying," StopBullying.gov.

10 Mary L. Pulido, Ph.D, "My Child Is the Bully: Tips for Parents," Huffington Post, April 19, 2012, http://www.huffingtonpost. com/mary-l-pulido-phd/bullying_b_1435791.html.

11 상게서.

12 정신장애 진단 및 통계 매뉴얼(DSM)은 1952년 최초로 발간되었으며, 이후 주기적으로 개정판이 출간되고 있다. 제2차 개정판까지는 ADHD가 보편적인 질환으로 수록되지 않았다. 제2차 개정판은 1968년에 발간되었으며, ADHD와 비슷한 양상을 보이는 아동에 대해 과활동 반응 아동이라는 명칭만 사용했다. 이후 제3차 개정판에

서 주의력결핍장애ADD라는 명칭이 처음 사용되었다. 이후 제5차 개정판부터는 ADHD라는 용어를 사용하고 있다.

13 리탈린은 중추신경계를 자극하여 우리 뇌의 도파민 분비를 촉진한다. 1950년대 중반 미국 식품의약국은 리탈린을 과잉행동장애 치료약으로 승인했다. 애더럴은 벤제드린이라는 이름의 암페타민 물질로 1996년부터 하나의 약품명으로 사용되고 있다.

14 Martine Hoogman et al., "Subcortical Brain Volume Differences in Participants with Attention Deficit Hyperactivity Disorder in Children and Adults: A Cross-Sectional Mega-Analysis," *The Lancet* 4, no. 4 (April 2017): 310—319, http://www.thelancet.com/pdfs/journals/lanpsy/PIIS2215-0366(17)30049-4.pdf. 신경과학 연구팀은 4세부터 63세(중위연령 14세)까지 3,200명 이상의 뇌 영상 사진을 분석했다. 이들은 전체적인 뇌의 크기와 더불어 ADHD 발병과 연관이 있다고 추측되는 일곱 개 영역의 크기를 측정했다. 참가자의 약 절반은 ADHD라고 진단받은 이들이었다.

15 "첫 번째 오해: ADHD는 장애가 아니다" 이에 대한 내용은 다음 자료를 참고하기 바란다. CHADD, http://www.chadd.org/understanding-adhd/about-adhd/myths-and-misunderstandings.aspx#myth1, accessed September 3, 2017.

16 Richard Saul, "ADHD Does Not Exist, Writes Dr. Richard Saul," *Time*, March 14, 2014, http://time.com/25370/doctor-adhd-does-not-exist.

17 9월에 태어난 남자아이의 경우 ADHD 발병률이 2.8퍼센트인 데 비해 8월에 태어난 남자아이의 경우 4.5퍼센트로 나타났다. 여자아이의 경우 9월 출생자는 0.7퍼센트, 8월 출생자는 1.2퍼센트를 보였다. 연구팀은 월령에 따른 상대적 연령이 ADHD 진단 및 약물치료에 상관관계가 있다고 결론지었다. 하지만 연구팀은 나이가 반드시 ADHD 증상에 영향을 준다고 단정하기에는 무리가 있다고 지적하며 이렇게 설명했다. "어릴 적에는 증상을 보이지 않다가 성인

이 되고 난 이후에 ADHD 증상을 보이는 경우도 많습니다. 요컨대, 우리의 연구결과는 아동에 대한 ADHD 진단 및 등급 판정 시 월령이 중요한 요소로 고려되어야 한다는 점을 강조하고 있습니다." 이에 대한 자세한 내용은 다음 자료를 확인하기 바란다. Sarah Knapton, "ADHD Is Vastly Overdiagnosed and Many Children Are Just Immature, Say Scientists," *The Telegraph*, March 10, 2016, http://www.telegraph.co.uk/news/science/science-news/12189369/ADHD-is-vastly-overdiagnosed-and-many-children-are-just-immature-say-scientists.html.

18 시장조사기관 IBIS World의 보고서를 참고하기 바란다. https://www.ibis world.com/industry-trends/specialized-market-research-reports/life-sciences/prescription-drugs/adhd-medication-manufacturing.html.

19 Luke Whelan, "Sales of ADHD Meds Are Skyrocketing. Here's Why," *Mother Jones*, February 24, 2015, http://www.motherjones.com/environment/2015/02/hyperactive-growth-adhd-medication-sales/; see also Stephen P. Hinshaw and Richard M. Scheffler, *The ADHD Explosion: Myths, Medication, Money, and Today's Push for Performance* (New York: Oxford University Press, 2014).

20 Alan Schwarz, "Still in a Crib, Yet Being Given Antipsychotics," *New York Times*, December 10, 2015, https://www.nytimes.com/2015/12/11/us/psychiatric-drugs-are-being-prescribed-to-infants.html?_r= 0; Alan Schwarz, "Thousands of Toddlers Are Medicated for A.D.H.D., Report Finds, Raising Worries," *New York Times*, May 16, 2014, http://www.nytimes.com/2014/05/17/us/among-experts-scrutiny-of-attention-disorder-diagnoses-in-2-and-3-year-olds.html.

21 Daniel Boffey, "Children's Hyperactivity 'Is Not a Real Disease,'

Says US Expert," *The Guardian*, March 30, 2014, https://www.
theguardian.com/society/2014/mar/30/children-hyperactivity-
not-real-disease-neuroscientist-adhd.

22   "The Reality of ADHD—CANDAL Researchers," IMH Blog
(Nottingham), April 14, 2014, https://imhblog.wordpress.
com/2014/04/14/the-reality-of-adhd-candal-researchers.

제10장 사람은 표준화될 수 없다

1   Ken Robinson with Lou Aronica, *Finding Your Element: How
to Discover Your Talents and Passions and Transform Your
Life* (New York: Viking, 2013).

2   Susan Newman, PhD, "How to Support and Nurture Your
Child's Passions," *Psychology Today*, October 20, 2015, https://
www.psychologytoday.com/blog/singletons/201510/how-
support-and-nurture-your-childs-passions.

3   Valerie Frankel, "Help Your Kid Find Her Passion,"
Good House-keeping, October 11, 2011, http://www.
goodhousekeeping.com/life/parenting/tips/a18330/nurture-
your-childs-interests.

4   Thomas Armstrong, PhD, "50 Ways to Bring Out Your
Child's Best," American Institute for Learning and Human
Development, http://www.institute4learning.com/articles/50_
ways.php, accessed April 28, 2016.

5   25세부터 32세까지 정규직 근로자의 연소득 격차는 1만 7,500달러
이상이다. 1979년 초기 베이비부머 세대의 경우 소득 격차는 9,690
달러(모두 달러로 변환)였다. Danielle Kurtzle-ben, "Study: Income
Gap Between Young College and High School Grads Widens,"
U.S. News & World Report, February 11, 2014, http://www.
usnews.com/news/articles/2014/02/11/study-income-gap-

between-young-college-and-high-school-grads-widens.

6   Jaison R. Abel and Richard Deitz, "Working as a Barista after College Is Not as Common as You Might Think," *Liberty Street Economics*, January 11, 2016, http://libertystreeteconomics. newyorkfed.org/2016/01/working-as-a-barista-after-college-is-not-as-common-as-you-might-think.html#.VpPCi_k4Fph.

7   Travis Mitchell, "Chart: See 20 Years of Tuition Growth at National Universities," *U.S. News & World Report*, July 29, 2015, http://www.usnews.com/education/best-colleges/paying-for-college/articles/2015/07/29/chart-see-20-years-of-tuition-growth-at-national-universities.

8   Jeffrey Sparshott, "Congratulations, Class of 2015. You're the Most Indebted Ever (for Now)," *Wall Street Journal*, May 8, 2015, http://blogs.wsj.com/economics/2015/05/08/congratulations-class-of-2015-youre-the-most-indebted-ever-for-now.

9   *See One in Seven*, a report of the Measure of America Project of the Social Sciences Research Council, http://www.measureofamerica.org. 해당 보고서는 다음과 같이 기술하고 있다. "25개 대도시 및 보스톤, 미네아폴리스-세인트 폴 지역 청소년을 조사한 결과 10명 중 1명은 학교 및 사회와 유리되어 있는 것으로 나타났다. 피닉스 지역의 경우 5명 중 1명으로 그 숫자가 급격히 늘어났다. 인종적으로 보면 흑인 청소년의 사회 차단 비율이 22.5퍼센트로 가장 높게 나타났다. 실제로 피츠버그, 시애틀, 디트로이트, 피닉스 지역의 흑인 청소년 4명 가운데 1명 이상은 사회와 차단되어 있었다. 라틴계 청소년은 18.5퍼센트의 비율로 그 뒤를 이었다. 보스톤, 뉴욕, 피닉스 지역의 라틴계 청소년 5명 중 1명은 사회와 차단되어 있었다."

10   "A Multilateral Approach to Bridging the Global Skills Gap,"

Cornell HR Review, May 8, 2015, http://www.cornellhrreview.
org/a-multilateral-approach-to-bridging-the-global-skills-
gap.

11   "Table A. Job Openings, Hires, and Total Separations by
      Industry, Seasonally Adjusted," U.S. Bureau of Labor Statistics,
      November 8, 2016, http://www.bls.gov/news.release/jolts.
      a.htm.

12   Bob Morrison, personal correspondence, July 2017.

13   Patrick Gillespie, "America Has Near Record 5.6 Million Job
      Openings," CNNMoney, February 9, 2016, http://money.
      cnn.com/2016/02/09/news/economy/america-5-6-million-
      record-job-openings.

14   "Report: Vocational Training Misses Mark in Many Countries,"
      U.S. News & World Report, November 18, 2014, http://www.
      us news.com/news/articles/2014/11/18/report-vocational-
      training-misses-mark-in-many-countries.

15   "Our Story," Big Picture Learning, http://www.bigpicture.
      org/apps/pages/index.jsp?uREC_ID=389353&type=d&pREC_
      ID=882353, accessed September 14, 2017.

16   Jillian Gordon, "Why I'm Telling Some of My Students Not
      to Go to College," *PBS Newshour*, PBS, April 15, 2015, http://
      www.pbs.org/newshour/updates/im-telling-students-go-
      college.

17   "Frequently Asked Questions," Association for Career &
      Technical Education, https://www.acteonline.org/general.
      aspx?id=2733#many_cte, accessed December 1, 2016.

18   실업학교 목록은 다음 웹사이트에서 확인할 수 있다. http://www.
      rwm.org. 이와 함께 소비자보호위원회는 캘리포니아주 사립중등교
      육국BPPE으로부터 승인받은 학교 목록을 다음 사이트에 제공하고 있

다. http://www.bppe.ca.gov/schools/approved_schools.shtml.

19   마이크가 처음 프로그램을 시작할 때의 시급은 28달러였지만, 필수
      역량을 갖추고 난 이후에는 42달러로 인상되었다. 견습공 제도는 상
      당한 경쟁력을 갖춘 프로그램이지만 종종 실행단계에서 어려움이 생
      길 수 있다. 미국 노동부에서 운영하는 견습 프로그램은 다음 웹사이
      트에서 확인할 수 있다. https://www.careeronestop.org/toolkit/
      training/find-apprenticeships.aspx.

20   Patrick Gillespie, "The $100,000 Job: Be an Apprentice and
      Bridge the Jobs Skills Gap," CNNMoney, October 2, 2015,
      http://money.cnn.com/2015/10/01/news/economy/america-
      job-skills-gap-apprentice/?iid=EL.

21   Mark Phillips, "Why Should We Care about Vocational
      Education?" Edutopia, May 29, 2012, https://www.edutopia.
      org/blog/vocational-education-benefits-mark-phillips.

22   Tom Duesterberg, "Austria's Successful Model for Vocational
      Education: Lessons for the US," *Aspen Institute*, October 1,
      2013, https://www.aspeninstitute.org/blog-posts/austria-s-
      successful-model-vocational-education-lessons-us.

23   "Vocational Education and Training (VET)," Australian Bureau
      of Statistics, May 24, 2012, http://www.abs.gov.au/ausstats/
      abs@.nsf/Lookup/by%20Subject/1301.0~2012~Main%20
      Features~Vocational%20education%20and%20training%20
      (VET)~106.

24   Gabriel Sanchez Zinny, "Vocational Education and Training:
      The Australian Model," Huffington Post, June 28, 2016, http://
      www.huffingtonpost.com/gabriel-sanchez-zinny/vocational-
      education-and-_b_10587444.html.

25.   Donna M. De Carolis, "We Are All Entrepreneurs: It's a
      Mindset, Not a Business Model," *Forbes*, January 9, 2014,

http://www.forbes.com/sites/forbeswomanfiles/2014/01/09/
we-are-all-entrepreneurs-its-a-mindset-not-a-business-
model/#7d90bcc4cd16.

26   "Gap Year Data & Benefits," American Gap Association, 2015,
http://americangap.org/data-benefits.php.

27   "The Princeton Gap Year Network: Our Stories," Princeton
University, https://gapyear.princeton.edu/blurbs, accessed
December 2, 2016.

28   Weezie Yancey-Siegel, "Taking a Gap Year to Get Ahead: 4
Alumni Share Their Stories," InformED, November 18, 2016,
http://www.opencolleges.edu.au/informed/alternative-
education/taking-a-gap-year-to-get-ahead-4-alums-share-
their-stories.

29   Alex Gladu, "Taking a Gap Year before College: 3 Collegiette
Success Stories," Her Campus, June 12, 2013, http://www.
hercampus.com/high-school/taking-gap-year-college-3-
collegiette-success-stories?page=2.

30   갭이어에 대한 자세한 내용은 다음 두 곳의 웹사이트에서 확인할 수
있다. https://usagapyearfairs.org/programs. The American Gap
Association (http://www.americangap.org).

KI신서 9850

누가 창의력을 죽이는가

1판 1쇄 인쇄 2019년 5월 17일
개정1판 1쇄 발행 2021년 8월 10일

지은이 켄 로빈슨 **옮긴이** 최윤영
펴낸이 김영곤 **펴낸곳** (주)북이십일 21세기북스
해외기획팀 정영주 이윤경
영업팀 한충희
제작팀 이영민 권경민
표지디자인 어나더페이퍼 **본문디자인** P.E.N.

출판등록 2000년 5월 6일 제406-2003-061호
주소 (우 10881) 경기도 파주시 회동길 201 (문발동)
대표전화 031-955-2100 **팩스** 031-955-2151 **이메일** book21@book21.co.kr

(주)북이십일 경계를 허무는 콘텐츠 리더

21세기북스 채널에서 도서 정보와 다양한 영상자료, 이벤트를 만나세요!
페이스북 facebook.com/jiinpill21 　　**포스트** post.naver.com/21c_editors
인스타그램 instagram.com/jiinpill21 　　**홈페이지** www.book21.com
유튜브 www.youtube.com/book21pub

당신의 인생을 빛내줄 명강의! 〈유니브스타〉
유니브스타는 〈서가명강〉과 〈인생명강〉이 함께합니다.
유튜브, 네이버, 팟캐스트에서 '유니브스타'를 검색해보세요!

ⓒ 켄 로빈슨, 2019
ISBN 978-89-509-9693-2 03370